Histoire Populaire De La Garde Nationale De Paris, Juillet 1789- Juin 1832 – Primary Source Edition

Horace Raisson

PL. 1

E. Lami inv.
Imp Lith de Roissy
Leves lith
LE ROI LOUIS PHILIPPE PASSANT LA REVUE DE LA GARDE NATIONALE.

HISTOIRE POPULAIRE

DE LA

GARDE NATIONALE

DE PARIS.

JUILLET 1789.—JUIN 1832.

PAR

M. Horace Raisson,

AUTEUR DE L'HISTOIRE POPULAIRE DE NAPOLÉON, DE L'HISTOIRE DE LA RÉVOLUTION, ETC.

ORNÉE DE QUATORZE LITHOGRAPHIES

D'APRÈS M. EUGÈNE LAMI.

PRÉFACE.

La Garde nationale est la sauve-garde de nos libertés. C'est sur son honneur, sur son patriotisme, sur sa foi, que la France se fie du maintien de ses institutions ; c'est sous la protection de ce noble corps que le roi-citoyen, en montant sur le trône, a sagement placé la Charte, pour qu'elle fût désormais une vérité.

Certes, l'histoire de la Garde nationale est un des plus brillans épisodes de nos annales;

et le livre qui la retracera dans son ensemble imposant, dans ses dramatiques détails, ne saurait manquer d'exciter un vif intérêt. Premier bienfait de la révolution de 1789, la Garde nationale se recommande, dès son origine, à la reconnaissance de la patrie : on la voit tout d'abord protéger le berceau de la liberté naissante; elle s'élance des décombres de la Bastille pour assurer la première victoire du peuple, et défendre son ouvrage; le despotisme tremble devant cette milice citoyenne qui devient à la fois une sauve-garde contre l'anarchie, une barrière contre le pouvoir absolu : les bataillons sur lesquels la cour compte n'osent croiser le fer avec les soldats populaires, ils se rappellent qu'ils font eux-mêmes partie de la grande nation. Du jour de sa naissance, la Garde nationale veille au maintien des institutions menacées par les agitateurs, qui surgissent toujours à la suite des commotions violentes. elle est inaccessible aux séductions comme à la crainte; l'étranger l'admire et la redoute : devant elle il balance à franchir nos frontières, il hésite à céder aux sollicitations des émigrés qui l'appellent au sein de la France.

Et cependant cette France, déchirée par les
partis, livrée aux fureurs des discordes civiles,
ne semblait-elle pas présenter alors une prise
facile à la coalition des rois? Mais la Garde nationale était en armes, l'œil incessamment fixé
sur les ennemis du dedans et du dehors. Au
premier signal de son chef, de ce Lafayette,
le héros de Deux-Mondes, qui devait être aussi
le héros de deux révolutions, la milice citoyenne
était prête à voler aux frontières, pour repousser
l'invasion qui menaçait la patrie.

Mais le signal est enfin donné : qui comp-
terait les soldats qui se précipitent à la frontière? Tous ils sortent de nos rangs; tous ils lais-
sent dans nos villes leurs femmes, leurs enfans;
tous ils courent affronter la mort; tous ils
échangent les douceurs d'une existence facile,
contre le rude apprentissage, de la vie militaire.
Un seul jour a suffi pour leur donner l'attitude, la
fermeté du soldat stillé dans les camps; et l'ennemi étonné des coups qu'ils frappent, recule à
Valmy, à Jemmapes, devant ces vétérans d'un
jour, qui marchent à la première bataille comme
à une fête, et qui tombent sous la balle du

Prussien ou de l'émigré, en entonnant une strophe de l'hymne républicain.

La Garde nationale a sauvé la France : c'est de son sein que sont sortis les généraux, les officiers qui guidèrent, vingt-cinq ans durant, nos bataillons à la victoire. Parcourez la liste des illustres soldats que le plus grand capitaine des tems modernes choisit pour lieutenans, comptez ceux qu'il honora de la première dignité militaire; il n'en est pas dont la Garde nationale ne puisse s'enorgueillir comme d'un ancien frère d'armes.

Fidèle à sa mission d'ordre et de dévoûment, la Garde nationale toutefois ne s'est pas vue constamment à l'abri de l'ingratitude et de l'injustice : trop souvent un pouvoir oublieux méconnut son utilité et ses services; toujours cependant le pays la retrouva prête à voler aux armes pour sa défense. Aux jours cruels de l'invasion, la France, à l'aspect de cet uniforme, qui réveillait tant d'illustres souvenirs, ne désespéra pas de son salut; elle ne compta plus les millions de soldats que l'Europe conjurée vomissait sur notre territoire. Le sang de la Garde nationale se mêla à celui des soldats de ligne sous les murs de Paris; et la trahison seule put faire perdre les fruits d'un dévoûment aussi héroïque.

Cependant, alors encore la milice citoyenne imposa à la victoire honteuse de la coalition; l'ennemi n'osa dicter des lois outrageantes au courage malheureux qu'il respectait. La contenance de la Garde nationale de Paris put mettre un instant en problême la chute de Napoléon, qui comptait alors à peine cinquante mille braves sous ses drapeaux.

Mais la bataille de Paris n'était qu'une sublime épreuve de patriotisme et de dévoûment. Napoléon le sentait, il avait perdu dès lors tout espoir de sauver la France : il dut souscrire à une abdication qui préservait le sol des horreurs de la guerre civile.

Alors la Garde nationale de Paris se résigna; mais les humiliations, prodiguées par la restauration à l'armée, ne devaient pas lui être épargnées : elle était coupable aussi d'avoir combattu les ennemis de la France.

Une nouvelle médiation armée de la part de la Garde nationale devint encore une barrière puissante contre les excès d'une seconde invasion.

Cependant la restauration ne pouvait par-
donner à la milice citoyenne ni son patriotisme
ni son origine. Une ordonnance de Charles X
la licencie : dès lors tous les liens sont rompus
entre le peuple et les Bourbons de la branche
aînée. La révolution de juillet voit la garde nationale renaître au premier cri de liberté, et
réformer ses rangs au rappel du canon, comme
aux jours glorieux de 89. C'est le même élan,
le même enthousiasme, les mêmes principes :
Liberté, ordre public, telle est la glorieuse devise
inscrite sur son drapeau ; devise qui comprend
tous les sentimens, tous les devoirs ; gage de
sécurité, de confiance pour la patrie ; terreur
des factieux, quel que soit le masque dont ils
se couvrent.

Ici s'ouvre une nouvelle carrière de travaux
et de dévoûment pour la Garde nationale ; l'a-
narchie vient encore se briser contre cette égide
de nos institutions, et ne peut lasser sa constance. Grâce à la Garde nationale, l'immortelle
révolution de juillet ne se déshonore pas par
une publique vengeance, et de grands coupables
ne sont pas soustraits à leurs juges pour tomber
sous le poignard. Le peuple de Paris sort pur

d'une lutte terrible où il n'a pas cessé d'être un moment magnanime.

Tel est le résumé de la tâche que nous nous sommes imposée en traçant l'Histoire populaire de la milice citoyenne; nous avons laissé parler les faits, dans un exposé simple et rapide, car nous pensions que les faits, assez éloquens par eux-mêmes, n'avaient pas besoin de ces digressions emphatiques qui embarrassent un récit, et en affaiblissent l'intérêt.

Il nous fallait d'ailleurs avant tout être fidèle aux promesses de notre titre; et nous croyons avoir atteint le but que nous nous proposions, car nos lecteurs trouveront dans l'*Histoire populaire de la Garde nationale* de nobles exemples, d'utiles leçons.

HISTOIRE POPULAIRE

DE LA

GARDE NATIONALE.

<hr />

CHAPITRE PREMIER.

Sommaire.

Projets de la cour. — Attitude de l'assemblée nationale. — Paris est cerné par des troupes. — Craintes des habitans de Paris. — Mouvemens populaires. — Création de la milice parisienne. — Organisation. — Prise de la Bastille. — M. de Lafayette est nommé commandant-général.

<hr />

DE la convocation des états-généraux date la révolution française. C'est cette mémorable assemblée qui porta les premiers coups à la vieille monarchie, c'est elle qui commença pour la France l'ère des libertés constitutionnelles. La cour le reconnut trop tard! Louis XVI et son ministère n'avaient vu dans la convocation des états-généraux qu'un moyen de sortir des embarras où les avait jetés la dilapidation de la fortune publique; mais bientôt l'attitude imposante du tiers-état, la sympathie que les hardis discours de Mirabeau et les pamphlets de Sieyès trouvaient dans le public, leur firent reconnaître qu'ils s'étaient mépris; ils mesurèrent avec effroi le redoutable adversaire qu'ils avaient suscité au pouvoir absolu; les résolutions de l'assemblée ne tardèrent pas à les convaincre qu'il n'y avait désormais que la force et la terreur qui pussent arrêter sa marche et mettre le trône à l'abri des empiétemens de ceux qu'il avait cru appeler à son aide.

Un coup-d'état fut résolu : douze des membres les plus marquans de l'assemblée devaient être arrêtés, jugés et exécutés prévôtalement comme rebelles.

Mais l'assemblée nationale avait de l'appui au-dehors, et ce n'était qu'en déployant un appareil imposant de forces militaires que l'on pouvait espérer d'intimider ses partisans; la cour se hâta donc d'assembler autour de Versailles et de Paris tous les régimens sur le dévouement desquels elle pouvait compter; tout annonça que les mesures extrêmes arrêtées dans le conseil allaient être mises à exécution.

Paris ne voyait pas sans effroi ces préparatifs

menaçans; déjà les citoyens s'étaient alarmés en voyant s'introduire dans leurs murs un grand nombre d'hommes étrangers à la capitale, et dont l'aspect effrayant annonçait quelque projet sinistre.

C'est au milieu de ces circonstances que, le 8 juillet, Mirabeau proposa à l'Assemblée nationale une adresse au roi, pour demander l'éloignement des troupes. « Déjà, s'écriait l'orateur, un grand nombre de troupes nous environnait : il en est arrivé davantage; il en arrive chaque jour. Des trains d'artillerie les suivent; on intercepte tous les passages : nos chemins, nos ponts, nos promenades sont changés en postes militaires; les préparatifs de la guerre frappent tous les yeux et remplissent d'indignation tous les cœurs. »

L'Assemblée nationale adopta la proposition de Mirabeau, et l'adresse fut présentée au roi. Il répondit « que les représentans s'effrayaient à tort; que les troupes rassemblées autour de Paris n'étaient destinées qu'à réprimer ou à prévenir les troubles, à maintenir le bon ordre et l'exercice des lois, à assurer et à protéger même la liberté qui devait régner dans les délibérations de l'Assemblée, et que des gens mal intentionnés pourraient seuls égarer le peuple sur les

vrais motifs des mesures de précaution qui
avaient été prises (1).

« Si pourtant, ajoutait le roi, la présence nécessaire des troupes dans les environs de Paris
causait encore de l'ombrage, je me porterais,
sur la demande de l'Assemblée, à transporter
les états-généraux à Noyon ou à Soissons, et
alors je me rendrais à Compiègne pour maintenir la communication qui doit avoir lieu entre
l'Assemblée et moi. »

Une telle réponse était de nature à augmenter
les craintes et les soupçons, bien plus qu'à les
calmer ; et lorsque la députation vint la rapporter à l'Assemblée : « Nous avons demandé la retraite des troupes, s'écria Mirabeau ; nous n'a-
vons pas demandé à fuir devant elles. »

A Paris, la réponse du roi excita les réclamations les plus vives. Les électeurs, réunis à l'Hôtel-de-Ville, délibérèrent sur les moyens d'assurer la sécurité publique contre les entreprises

(1) Voici le détail de ces *mesures de précaution*. Dans l'intérieur de
Paris était caserné le régiment Royal-Dragon ; Royal-Allemand campait à
la Muette ; Royal-Cravate occupait Charenton ; Reynac, Suisses, était
à Sèvres ; Salis-Samade, Suisses, à Issy ; Provence et Vintimille à Saint-
Denis ; les hussards de Berchiny occupaient l'Hôtel-Militaire ; à Versailles
on avait placé les hussards de Lauzun et les deux régimens de Bouillon
et de Nassau. Ces troupes, qui cernaient exactement Paris, étaient sou-
tenues par une artillerie formidable.

perser ce paisible cortége, qui, arrivé près des Champs-Élysées, trouve le passage barré et défendu par quatre pièces d'artillerie et un régiment de dragons.

Jusque-là le sang n'avait pas coulé; les citoyens s'étaient contentés de témoigner leur douleur par des protestations pacifiques : tout-à-coup le régiment de cavalerie Royal-Allemand s'avance en ordre de bataille sur la place Louis XV, et son colonel, le prince de Lambesc, s'élance au galop dans le jardin des Tuileries. Un détachement de cavaliers le suit, et ces soldats étrangers, sans provocation, sans motifs, chargent à coups de sabre la foule inoffensive et désarmée.

Un seul cri, cri unanime, et que Paris fera toujours retentir contre une lâche agression : « Aux armes! aux armes! » est la réponse des citoyens. Les uns courent au Palais-Royal, un plus grand nombre à l'Hôtel-de-Ville; là ils demandent vivement aux électeurs qu'on leur donne des armes et que le tocsin retentisse pour porter l'alarme dans tous les quartiers à-la-fois. Les électeurs hésitent; le peuple s'empare des armes des gardes de la ville, court aux barrières, disperse les commis, et forme lui-même des postes pour veiller durant la nuit à la sûreté des habitans.

A Versailles on ignorait le mouvement pari-
sien. Le refus par lequel le roi avait répondu
aux députés de l'Assemblée nationale qui lui
demandaient l'organisation d'une garde bourgeoise, la terreur qui régnait dans Paris, le zèle
des troupes à exécuter des ordres barbares
contre le peuple désarmé, et surtout la composition du nouveau ministère, avaient rempli les
courtisans d'espérance et de joie; et, dans leurs
fêtes brillantes, ils n'avaient même pas la prudence de dissimuler leurs projets......

Mirabeau, cependant, aurait dû leur donner
l'éveil sur les grands événemens qui se préparaient. Au moment où, pour la cinquième fois,
l'Assemblée envoyait au roi une députation pour
demander l'éloignement des troupes, il adressait
à ses collègues ces éloquentes paroles : « Dites
bien à Louis que les hordes étrangères dont nous
sommes investis ont reçu hier la visite des princes et des princesses, des favoris et des favorites,
et leurs caresses, et leurs exhortations, et leurs
présens; dites-lui que toute la nuit ces satellites
étrangers, gorgés de vins et d'or, ont prédit
dans leurs chants impies l'asservissement de la
France, et que leurs vœux brutaux invoquaient
la destruction de l'Assemblée nationale. Dites-
lui bien que, dans son palais même, les courti-

sans ont mêlé leurs danses aux sons de cette
musique barbare; et que telle fut l'avant-scène
de la Saint-Barthélemy. »

Paris entier avait passé sur pied la nuit du dimanche au lundi, et cette journée du 13 que la
cour avait choisie pour frapper l'Assemblée nationale allait préparer sa propre perte. Dès le point
du jour le tocsin sonnait à toutes les paroisses,
et les électeurs, assemblés à l'Hôtel-de-Ville,
avaient pris un arrêté qui pourvoyait, entre autres objets, à l'organisation provisoire de la
garde bourgeoise par districts. L'article 5 était
ainsi conçu : « Il sera demandé sur-le-champ à
chaque district de former un état nominatif, d'a-
bord de deux cents citoyens (lequel nombre
sera augmenté successivement); ces citoyens
devront être reconnus en état de porter les armes;
ils seront réunis en corps de *milice parisienne*
pour veiller à la sûreté publique. » Aux termes
de l'article 7, tout particulier qui se trouvait
muni de fusils, pistolets et armes de toute espèce, était tenu de les porter immédiatement à
son district, pour y être distribués aux citoyens
formant la milice parisienne.

Telle fut la première origine de la garde nationale. Née de la nécessité où se trouvèrent les
citoyens d'assurer leur sûreté personnelle contre

les agressions du pouvoir absolu, dès le jour de sa création elle rend les plus éclatans services à la patrie, et commence à accomplir sa noble mission d'ordre et de liberté.

Cependant la terreur et le désordre allaient croissant. Une foule de brigands avaient incendié la maison de Saint-Lazare; d'autres mettaient le Garde-Meuble au pillage. Les régimens de dragons et de hussards s'avançaient vers la barrière du Trône; la place de l'Hôtel-de-Ville était couverte de citoyens demandant à grands cris des armes et des munitions pour marcher à l'ennemi; en vain le prévôt des marchands promet de distribuer douze mille fusils dans le courant de la journée, et de s'en procurer trente mille pour le lendemain, rien ne peut calmer l'effervescence populaire.

Le comité permanent des électeurs continuait ses travaux au milieu du tumulte, et par ses soins la milice parisienne allait recevoir une organisation régulière. Il décidait que le nombre des soldats citoyens serait porté à quarante-huit mille hommes; chacun des soixante districts devait fournir huit cents hommes, et les forces des soixante districts devaient former seize légions, douze composées de quatre bataillons et quatre de trois bataillons seulement. Chaque

bataillon devait porter le nom de son district.
Par le même arrêté, chaque bataillon devait être
composé de quatre compagnies et chaque compagnie de deux cents hommes ; un état major-
général était nommé pour les seize légions, et
un état major particulier pour chacune d'elles.
Le premier composé d'un commandant-général
des seize légions, d'un commandant-général en
second, d'un major-général et d'un aide-major-
général. L'état major particulier de chaque légion devait se composer d'un commandant en
chef, d'un commandant en second, d'un major,
de quatre aides-majors et d'un adjudant. Chaque compagnie serait commandée par un capitaine en premier, par un capitaine en second,
deux lieutenans et deux sous-lieutenans. Les
compagnies devaient être composées de huit
sergens, dont le premier sergent-major, de
trente-deux caporaux, cent cinquante-huit fac-
tionnaires et deux tambours.

La milice parisienne se trouvait ainsi organisée ; il restait à s'occuper de la nomination de
ses officiers. Le comité permanent des électeurs
arrête : que le commandant-général, le commandant-général en second, et le major-général
seront nommés par lui-même. Il se réserve
aussi la nomination de l'aide-major-général et

des états-majors de chacune des seize légions. Pour la nomination de tous les autres officiers et sous-officiers des bataillons composant les légions, les habitans de chaque district feront les choix à la pluralité des suffrages.

Le quartier-général de la milice parisienne sera constamment à l'Hôtel-de-Ville. Ses couleurs distinctives seront celles de la ville de Paris, bleu et rouge.

Les officiers composant le grand état-major auront séance au comité permanent des électeurs.

Il y aura seize corps-de-garde principaux pour chaque légion. Soixante corps-de-garde particuliers correspondront à chaque district.

Les patrouilles seront portées partout où il sera nécessaire, et la force de leur composition sera réglée par les chefs.

Les armes, prises dans le corps-de-garde, y seront laissées par chaque membre de la milice parisienne à la fin de son service, et les officiers en seront responsables.

Chaque citoyen admis à défendre ses foyers s'abstreindra, tant que les circonstances l'exigeront, à faire son service tous les quatre jours.

Cet arrêté, accueilli avec acclamation dans tous les districts, fut aussitôt mis à exécution.

Bientôt se présentent au comité permanent les clercs du Palais, ceux du Châtelet, et les élèves en chirurgie qui offrent de former un corps de volontaires : une députation des gardes françaises vient faire l'offre de se réunir, pour la défense de Paris, à la milice citoyenne ; le commandant du guet déclare aussi que sa troupe est prête à obéir aux ordres du comité.

Mais on manquait toujours d'armes. Le temps demandé par le prévôt des marchands pour fournir douze mille fusils était écoulé, et aucune distribution n'avait été faite ; l'inquiétude devenait plus vive et le peuple prenait une attitude menaçante. Le comité permanent, dans l'impossibilité où il se trouve de distribuer des fusils, ordonne aux districts de faire fabriquer des piques ; en moins d'un jour, grâce au zèle des ouvriers, on en confectionne cinquante mille.

Le péril devenait de minute en minute plus imminent ; le besoin d'ordre et de subordination fit hâter le choix des principaux chefs de la milice. Le commandement général fut alors déféré au duc d'Aumont : il demanda vingt-quatre heures pour réfléchir ; le marquis de la Salle, homme de cœur et de résolution, fut nommé commandant en second : il entra aussitôt en fonctions, nomma des chefs, prit toutes les mesures propres à prévenir une surprise ; les rues furent illuminées ; la garde parisienne se trouva formée le jour même de sa naissance, et dès cette nuit ses patrouilles firent le service de la capitale avec le zèle et l'intelligence de soldats aguerris.

Cette nuit du 13 juillet se passa dans les alarmes. A chaque instant des hommes effrayés se précipitaient dans la salle du comité permanent, apportant les plus effrayantes nouvelles : selon les uns, la rue Saint-Antoine était inondée de quinze mille soldats ; selon d'autres, Royal-Allemand et Royal-Cravate massacraient le peuple dans la rue de Charonne ; on venait annoncer que les troupes cantonnées à Saint-Denis avaient fait un mouvement sur la Chapelle, et s'apprêtaient à entrer dans le faubourg.

Les électeurs restent impassibles au milieu de cet effroi général. Ils font distribuer par l'abbé Lefèvre quatre-vingt-quatre barils de poudre dont on s'est emparé à l'Arsenal et sur le port Saint-Nicolas : dès le point du jour, ils ordonnent que le tocsin sonne dans tous les districts, qu'on dépave les rues, qu'on creuse des fossés, qu'on forme des barricades : ces ordres s'exécutent ; les Parisiens ont résolu de s'opposer à l'entrée des troupes : tous ceux qui sont armés se réunissent aux gardes françaises et s'apprêtent à vaincre ou à mourir.

Tel est l'aspect que Paris présente le matin du 14 juilet. Une population levée tout entière, une garde civique organisée, et à la tête du mouvement un comité d'hommes calmes et intrépides.

A cela qu'opposait la cour? Une armée dont les soldats désertaient par centaines, venant se joindre aux postes des barrières avec armes et bagages, et dont les officiers, dans leurs lettres qu'on intercepte, suppliaient leurs parens, leurs amis, de sortir de la ville contre laquelle on les forçait de marcher.

Le peuple demandait toujours des armes : le procureur de la ville se rend à l'Hôtel des Invalides pour obtenir du gouverneur la remise de celles qui y sont déposées ; une foule immense l'y accompagne. Ce gouverneur répond « que, prévoyant dès la veille la demande qui lui serait faite, il a demandé des ordres à la cour, dont il espère recevoir la réponse sous une demi-heure.» Un homme du peuple s'écrie qu'on veut gagner du temps, et que les dangers qui environnent la capitale ne permettent pas de tels retards. A ces mots, la foule se précipite dans les fossés, escalade les grilles, et dans un instant désarme les sentinelles, attelle des chevaux aux canons, et met au pillage un dépôt de trente mille fusils.

Des Invalides, la foule armée court à la Bastille, autour de cette forteresse un concours immense de citoyens s'était déjà rassemblé, effrayé de voir les canons pointés sur le faubourg Saint-Antoine, si facile à foudroyer en un instant. Le comité permanent, au premier avis de cette démonstration hostile, avait député plusieurs officiers près du gouverneur pour l'engager à retirer ses canons, et l'assurer qu'aucune agression ne serait dirigée contre lui, on ne lui demandait que sa parole de demeurer neutre entre les troupes et les citoyens.

M. Delaunay venait de promettre aux députés de ne pas tirer sur le peuple ; le comité s'apprêtait à publier cette réponse, tout-à-coup la détonation d'un canon se fait entendre. Aussitôt le peuple s'écrie : « A la trahison! » L'attaque de la Bastille commence avec fureur, et les décharges des citoyens répondent au feu de la place.

Le comité permanent tente en vain tous les moyens d'arrêter l'effusion du sang, ses députations sont accueillies à coups de fusils, plusieurs parlementaires sont blessés, et la fureur populaire ne connaît plus de bornes. C'est dans ce moment qu'arrivent les gardes françaises, avec les canons enlevés aux Invalides ; les milices se joignent à eux, et par des prodiges de bravoure

la place est emportée. Quatre-vingt-dix-huit citoyens restèrent sur le carreau, un plus grand
nombre fut blessé ; les assiégés perdirent une
quarantaine d'hommes, en comptant le gouverneur, M. Delaunay, qu'il fut impossible de sous-
traire à l'aveugle fureur populaire.

La Bastille était prise, et l'on ignorait encore à Versailles ce qui se passait à Paris. L'Assemblée nationale renouvelait près du roi ses
instances pour le retrait des troupes, lorsqu'une
députation du comité permanent introduite dans
son sein, lui annonça les grands événemens
qui venaient de s'accomplir si rapidement. Dès
le lendemain, une nombreuse députation de
l'Assemblée nationale, conduite par M. de Lafayette, vice-président, se rendit à l'Hôtel-de-
Ville pour complimenter l'assemblée des électeurs et les citoyens de Paris du triomphe qu'ils
venaient d'assurer à la cause de la liberté. M. de
Lafayette ajouta que le roi, détrompé, s'était rap-
proché avec confiance de l'Assemblée nationale,
avait donné des ordres pour l'éloignement des
troupes, et qu'il autorisait l'établissement de
la milice bourgeoise.

Les députés de l'Assemblée nationale allaient
se retirer, lorsqu'un électeur propose de nommer séance tenante un commandant de la mi-

liée parisienne. A l'instant M. de Lafayette est
élu par accclamations, et tirant son épée fait
serment de sacrifier sa vie au maintien de la liberté dont on lui confie la défense.

Flesselles, prévôt des marchands, frappé
d'un coup de pistolet au moment où il promet-
tait pour la cinquième fois des armes au peuple
exaspéré, était tombé victime de ses tergiversations et de sa faiblesse; on le remplace par
Bailly, à qui on défère le titre de maire de
Paris.

De ce jour le règne gothique du pouvoir absolu expira. Les citoyens venaient d'acquérir
la conscience de leur force, et l'instinct de
liberté qui leur avait mis les armes à la main ne
devait désormais se trouver satisfait que par l'é-
tablissement d'institutions protectrices en harmonie avec les besoins d'une civilisation nouvelle.

CHAPITRE II.

Sommaire.

La milice parisienne prend le titre de Garde nationale de
Paris. — Le roi vient à Paris. — Il adopte la cocarde de
l'insurrection. — Troubles : meurtres de Foulon et de
Berthier. — M. de Lafayette donne sa démission. — Il
est réélu commandant-général par tous les districts. —
La cocarde tricolore remplace celle de la ville. — Nou-
velle organisation provisoire de la Garde nationale. —
Repas des gardes-du-corps. — Le peuple marche sur
Versailles. — Journée du 6 octobre. — La Garde natio-
nale sauve la famille royale. — Voyage du roi à Paris.

Du 7 octobre 1789 au 1ᵉʳ septembre 1790.

Dès le lendemain de sa nomination, M. de
Lafayette exposa au comité permanent des électeurs combien il était urgent d'organiser la milice parisienne, et de lui donner un réglement
stable et particulier. Il fit sentir que cette réunion
de citoyens armés, après avoir montré tant de
courage, serait exposée à perdre le fruit de sa vic-

toire si elle n'était promptement soumise à l'ordre et à la discipline. «Toutes les communes de France ne manqueront pas, ajouta-t-il, de confier, à l'exemple de Paris, leur défense intérieure à un corps de citoyens armés ; c'est à la ville de Paris qu'il appartient de donner la première le titre qui convient à ces troupes citoyennes, armées pour la défense de la constitution nationale. Le titre qui me semble préférable est celui de GARDE NATIONALE. On y joindra le titre de la ville à laquelle la garde sera attachée. Quant à l'organisation urgente de *la garde nationale de Paris*, elle ne me semble légale et possible que sur un plan qui serait étudié et concerté par les députés de tous les districts qui apporteraient et réuniraient à l'Hôtel-de-Ville le vœu général de la commune. » L'Assemblée, reconnaissant la justesse des propositions du commandant-général, arrêta : «Que le corps militaire auquel seraient confiés la garde et la tranquillité de la ville serait désormais nommé *garde nationale de Paris ;* et que chaque district serait invité à députer à l'Hôtel-de-Ville une personne chargée de sa confiance, pour concourir, avec M. de Lafayette, à la confection d'un travail qui établirait l'organisation et le régime de ce corps militaire et citoyen. »

La cour avait résolu de se rendre à Paris, d'après le vœu émis par la population entière après la prise de la Bastille, et le jour de ce voyage fut fixé au 17 juillet. Aussitôt que la nouvelle s'en répandit, la garde nationale, qui n'avait encore reçu aucune organisation, se réunit. Deux cent mille hommes armés à la hâte de fusils, de piques, d'épées, de sabres, se forment en haie depuis l'Hôtel-de-Ville jusqu'à la barrière de la Conférence.

C'est à travers cette armée, improvisée par M. de Lafayette, que le roi et la députation de l'Assemblée nationale se rendirent à l'Hôtel-de-Ville. Bailly, qui avait été à sa rencontre pour lui présenter les clefs de la ville, lui adressa un discours dont la première phrase indiquait assez que les rôles du peuple et de la cour avaient bien changé en quelques jours : « J'apporte à Votre Majesté, dit-il, les clefs de sa bonne ville de Paris. Ce sont les mêmes qui ont été présentées à Henri IV ; il avait reconquis son peuple : ici c'est le peuple qui a reconquis son roi. »

L'impression profonde que ces paroles firent sur le roi et les courtisans, frappa l'immense concours qui les entourait. Dans le long trajet qu'avait parcouru le cortège, quelques rares acclamations s'étaient à peine élevées ; la con-

tenance de la population était grave comme la
circonstance. Arrivé à l'Hôtel-de-Ville, le roi
reçut des mains du maire de Paris la cocarde de
la ville. Il accepta ce signe de l'insurrection,
plaça la cocarde rouge et bleue à son chapeau,
et parut ainsi au balcon qui domine la place.
Cette démarche, qui semblait attester dans le
roi l'approbation de la conduite des citoyens,
fut accueillie par les plus vives acclamations.

Aux divers discours qui lui furent adressés, le
roi répondit : « Je suis très-satisfait, j'approuve
l'établissement de la garde bourgeoise ; mais la
meilleure manière de me prouver votre attachement est de rétablir la tranquillité, et de
remettre entre les mains de la justice ordinaire
les malfaiteurs qui seront arrêtés. M. Bailly,
instruisez l'Assemblée de mon intention. Je suis
bien aise que vous soyez maire et M. de Lafayette commandant-général. »

Louis XVI reprit la route de Versailles. La
foule qui avait formé la haie sur son passage, et
dont l'accueil n'avait exprimé que de la froideur, presque de la défiance, lui forma à son
départ un cortége plein d'enthousiasme et faisant retentir l'air de cris et de vivat ; le roi avait
franchement adopté les conséquences de l'insurrection, les chevaux, les panneaux et jus-

qu'à l'impériale de sa voiture, étaient couverts de cocardes nationales.

La cause populaire était désormais triomphante ; les momens d'alarmes et de dangers étaient passés ; avec eux devaient cesser les pouvoirs improvisés sous leur influence : telle était du moins l'opinion de M. de Lafayette, et bien qu'il eût eté nommé par acclamation de l'assemblée des électeurs, commandant-général, et que sa nomination eût été confirmée par le Roi, il se rendit à l'assemblée des électeurs, et les pria de recevoir sa démission. « Je ne saurais, dit-il, me considérer comme véritablement investi de l'autorité nécessaire pour exercer les fonctions dont on m'a honoré, qu'autant que le plus grand nombre des citoyens de la capitale s'expliqueraient d'une manière favorable sur mon élection, qui me parait manquer de régularité. C'est pour l'assemblée un devoir de prendre les moyens les plus sûrs et les plus prompts de connaître le vœu du peuple sur la nomination et sur la composition désormais nécessaires de l'administration municipale, civile et militaire. »

Bailly, imitant ce noble exemple, se démit, par les mêmes motifs, de ses fonctions de maire, et l'assemblée, après avoir arrêté que les districts

seraient invités à délibérer en assemblée générale
sur les choix faits de M. Bailly pour la place de
maire, et de M. de Lafayette pour la place de
commandant-général de la garde nationale parisienne, les déclara elle-même simplement
provisoires, et arrêta, à l'unanimité, que les
soixante districts seraient immédiatement convoqués pour nommer des députés chargés de
former le corps municipal.

Paris était libre, mais il était loin d'être
tranquille : comme il arrive toutes les fois
qu'une population a été soulevée par un mouvement spontané, et que le besoin de sa sûreté
l'a mise sous les armes, Paris ne pouvait que difficilement rentrer dans le calme : dès avant la
la prise de la Bastille, tous les travaux avaient
été suspendus; la population, sans cesse assemblée dans les districts ou sur les places
publiques, avait déserté ses demeures et ses ateliers; les troubles de l'intérieur et la présence
des troupes aux environs de la capitale avaient
empêché les arrivages de vivres; la population entière, la classe ouvrière surtout, éprouvait un commencement de disette. D'un autre
côté, une partie des armes pillées aux Invalides
et à la Bastille, étaient tombées entre les mains
d'hommes sans domicile, qui certes en avaient

fait bon usage au moment du danger, mais à
qui elles devenaient inutiles ; la garde nationale
parisienne fut donc chargée d'enlever les armes
à tous les individus qui ne seraient pas inscrits
dans leurs districts ; les ouvriers furent invités
à retourner à leurs travaux ; une indemnité leur
fut assurée pour le temps qu'ils avaient consacré
au service public, et l'assemblée des électeurs
ordonna des distributions gratuites aux habitans
nécessiteux.

C'est au milieu de ces circonstances difficiles
qu'eurent lieu à Compiègne et à Viri les arrestations de Berthier de Sauvigny, intendant de Paris,
et de Foulon, son beau-père. Ces deux personna-
ges avaient assumé sur leur tête la haine du peuple qui leur attribuait en partie les maux qu'il
souffrait. Berthier avait été intendant de l'armée
campée autour de Paris ; il était allé à Versailles le 14 juillet ; la clameur publique le signa-
lait comme un avide accapareur. Foulon était
plus impopulaire encore que son gendre : il avait
été nommé adjoint au ministère de la guerre la
veille de la prise de la Bastille ; on l'accusait
d'avoir accaparé les grains ; on lui prêtait enfin
ce mot infâme, au moment où le peuple mou-
rait de faim : « En temps de disette, le foin est
assez bon pour lui. »

Les habitans de Viri avaient déposé Foulon à
l'Hôtel-de-Ville; la nouvelle s'en répandit bientôt, et la foule, en un instant, inonda la place,
demandant à grands cris le jugement et la mort
de l'accapareur. Les électeurs assemblés ne
voyaient d'autre moyen pour le sauver que
d'attendre la nuit, et de le transférer à l'Abbaye.
Quant à Berthier, ils avaient précédemment
envoyés deux cent quarante hommes de garde
nationale pour le chercher à Compiègne, avec
deux de leurs collègues; ils expédièrent en toute
hâte un courrier, avec l'ordre de l'arrêter, et
de ne pas approcher de Paris.

Les cris et la fureur du peuple allaient toujours croissant; bientôt il brise les barrières de
l'Hôtel-de-Ville, force les sentinelles, se précipite dans les escaliers, et pénètre dans la grand'-
salle. En ce moment Lafayette accourt : il traverse la multitude furieuse, et va s'asseoir à
côté du président. A son aspect un silence profond succède au plus effroyable tumulte : Lafayette harangue la multitude; il invoque la
justice, l'humanité; il tente de leur arracher
leur victime, et de leur épargner un crime inu-
tile. Pendant plus de deux heures il arrête leur
fureur; Foulon allait être sauvé, lorsque des
cris terribles annoncent l'arrivée du faubourg

Saint-Antoine et du Palais-Royal; la foule se précipite avec une violence nouvelle, M. de Lafayette fait un dernier effort pour sauver la victime; il ordonne qu'on conduise Foulon à l'Abbaye; des hommes du peuple l'entraînent. A peine a-t-il franchi le seuil de la salle, qu'il est arraché de leurs mains et pendu.

La mort du gendre devait suivre de près celle du beau-père. Le courrier expédié avait été arrêté par la foule; Berthier arriva donc à l'Hôtel-de-Ville; et malgré les efforts de Bailly et de Lafayette, qui avait garni la cour et les escaliers de gardes nationales armées, ce malheureux fut arraché des mains de son escorte, et impitoyablement massacré.

M. de Lafayette avait tout tenté pour s'opposer à ces horribles scènes; il avait risqué sa popularité et sa vie pour empêcher le peuple de se souiller de sang. Le lendemain de ce double meurtre, il écrivit au maire de Paris, et lui envoya sa démission. « Vous savez, disait-il, en terminant sa lettre, que de deux hommes qui ont péri hier, l'un était placé sous ma garde, l'autre avait été mené par une troupe, et tous les deux étaient destinés, par le pouvoir civil, à subir un jugement régulier. C'était le moyen de satisfaire à la justice, de connaître les complices, et de remplir les engagemens solennels pris par tous les citoyens envers l'Assemblée nationale et le roi. Le peuple n'a pas écouté mes avis; et le jour où il a manqué à la confiance qu'il m'avait promise, je dois, comme je l'ai dit d'avance, quitter un poste où je ne puis plus être utile. »

En recevant cette lettre, dont une copie avait été envoyée à chacun des soixantes districts, les électeurs se portèrent spontanément près de M. de Lafayette, ils l'assurèrent que le salut de la ville était attaché à la conservation de son généralat. M. de Lafayette persista dans sa résolution; il répondit que l'utilité publique elle-même semblait exiger sa retraite; que les exécutions sanglantes et illégales de la veille, et l'impossibilité où il s'était trouvé de les empêcher, l'avaient trop convaincu qu'il n'était pas l'objet d'une confiance universelle, et qu'il n'avait pas cette autorité qui seule pouvait prévenir ou réprimer de plus grands désordres. Il promit toujours de se rendre à six heures du soir à l'assemblée pour y concerter avec MM. les électeurs ce qui conviendrait à la situation des affaires, et à l'avantage commun, dont il ferait toujours sa première loi.

La démission du commandant-général de la

garde nationale avait jeté la douleur et l'effroi dans chaque district ; tous sans exception lui envoyèrent des adresses qui se terminaient par le serment solennel d'exécuter à la rigueur les ordres que son patriotisme et sa prudence lui dicteraient pour le salut public. Les électeurs, de leur côté, lui votèrent la déclaration suivante que signèrent les députés des districts :

« Nous, électeurs et députés des districts de la ville de Paris, en nous conformant au vœu et à l'acclamation unanime de tous les citoyens de cette capitale, et par une suite de notre confiance entière dans les vertus, les talens et le patriotisme de M. de Lafayette, l'avons de nouveau proclamé général de la garde nationale de Paris, et lui promettons, tant en notre nom qu'en celui de nos frères armés dans nos districts, et dans les autres corporations militaires, subordination et obéissance à tous ses ordres, pour que son zèle, secondé de tous les efforts des citoyens patriotes, conduise à sa perfection le grand œuvre de la liberté publique. »

A tant de preuves signalées de l'estime et de l'attachement de ses concitoyens, M. de Lafayette ne pouvait résister. Il accepta de nouveau le commandement, jurant de consacrer sa

vie entière au service de la patrie. Les cris unanimes de *vive la Liberté! vive Lafayette!* répondirent à ce serment qu'il a si noblement tenu.

La garde nationale s'organisait spontanément
sur tous les points de la France; des adresses
arrivaient de toutes les communes pour féliciter
les Parisiens qui avaient conquis la liberté. Il
restait cependant à pourvoir à ce que le service
se fît avec plus de régularité : c'est dans ce but
que le 26 juillet, le comité provisoire, voulant
régler les points les plus importans, arrêta : 1° que
le service de la garde nationale parisienne serait
considéré comme une obligation personnelle;
2° que tout bourgeois domicilié à Paris, de quelque condition, qualité ou état qu'il fût, serait
obligé personnellement à ce service; 3° Que, dans
les districts, ceux qui étaient chargés d'indiquer
et d'avertir les citoyens qui étaient en tour de
faire leur service, enverraient les avertissemens
chez les présens comme chez les absens; 4° Que
les districts étaient autorisés à faire faire le service aux frais des citoyens qui étaient absens ou
qui pourrraient s'absenter, sans avoir pris la précaution de se faire représenter convenablement
par une personne chargée par eux de faire leur
service.

Un comité fut en outre chargé de l'organisation de la garde nationale, et ne tarda pas à terminer son travail. Ce comité arrêta que la couleur blanche serait ajoutée à la cocarde de l'insurrection. En déposant à la Commune le travail du comité sur l'organisation des gardes nationales, M. de Lafayette offrit à ses membres la nouvelle cocarde tricolore : « Je vous apporte, Messieurs, dit-il, une cocarde qui fera le tour du monde, et une institution tout à-la-fois civique et militaire qui changera le système de la tactique européenne, et réduira les gouvernemens absolus à l'alternative d'être battus, s'ils ne l'imitent pas, et d'être renversés s'ils osent l'imiter. »

Le système d'organisation présenté par la commission ne contenait que quelques dispositions réglementaires ; il fut accepté provisoirement et mis à exécution. Aux termes de ce réglement, la garde nationale parisienne fut d'abord composée d'un état-major général et de sept divisions, dont six d'infanterie et une de cavalerie. Bientôt elle eut cent quarante pièces d'artillerie.

Chaque division fut composée de dix bataillons, d'une compagnie de grenadiers et d'une compagnie de chasseurs soldés. Chaque bataillon portait le nom d'un district ou d'une section de la ville, et se composait de cinq compagnies de fusilliers d'environ cent hommes. Une de ces compagnies était soldée et portait le nom de compagnie du centre. Il y avait en outre une autre compagnie soldée destinée à donner main-forte à la police des halles. Chaque bataillon avait un drapeau, et chaque compagnie une flamme.

Le commandant-général était élu par l'assemblée des représentans de la Commune ; les officiers de l'état-major général et les majors de division étaient élus par la municipalité, sur la présentation du commandant-général ; les chefs de division et chirurgiens-majors par les dix districts ou sections de la division réunis, chaque district ayant trois représentans ; les commandans de bataillons, les capitaines-aides-majors par la commune de chaque district à la pluralité des voix ; les sous-officiers, les grenadiers et chasseurs volontaires par les fusiliers.

La cavalerie formait une division composée d'un état-major et de huit compagnies soldées, de cent hommes chacune : chaque compagnie était composée d'un capitaine, d'un lieutenant, d'un sous-lieutenant, d'un maréchal-de-logis porte-étendard, de quatre maréchaux-de-logis, de quatre brigadiers, de quatre sous-brigadiers, de quatre-vingt-trois cavaliers et d'un trompette.

La municipalité nommait l'état-major sur la présentation du commandant-général. Les remplacemens des capitaines se faisaient par tour d'ancienneté, de manière que le plus ancien lieutenant était le premier à devenir capitaine, et le plus ancien sous-lieutenant lieutenant : le remplacement des sous-lieutenans était à la nomination de la municipalité.

L'uniforme fut dès l'origine bleu, blanc et rouge, et tel qu'on le porte aujourd'hui, à de légères modifications près.

L'exécution de ce réglement fut ordonnée le 7 août ; le 20, l'Assemblée des représentans de la commune détermina le mode du serment à prêter par les gardes nationales. Ce serment, qui fut prêté peu de jours après, consistait à jurer fidélité à la nation, à la loi, au roi et à la Commune. De ce jour, le service de la garde nationale devint régulier; et tout citoyen recommandable tint à honneur de s'y faire distinguer par son zèle.

Jusqu'au commencement d'octobre, la garde nationale ne prit aucune part aux événemens politiques. Son service se borna à maintenir l'ordre public et à étouffer quelques mouvemens populaires que la disette seule faisait éclater. Mais aux journées des 5 et 6 octobre son rôle

3

pacifique cessa ; la part qu'elle prit aux événemens devint décisive. Avant d'en tracer le récit
il est toutefois nécessaire que nous exposions suc-
cinctement l'état des esprits à cette époque.

La cour avait extérieurement adopté les
principes de la révolution, mais elle en redoutait trop les conséquences pour être sincère.
Dans sa mémorable séance du 4 août, l'Assemblée nationale avait détruit les derniers restes du
régime féodal ; elle avait fait cesser les usurpa-
tions des corps, détruit les priviléges de pro-
vinces, réintégré le peuple dans l'exercice de
ses droits, réglé le mode de représentation nationale, et fixé l'autorité de chacune des deux
branches constitutives du pouvoir législatif. De
tels progrès dans l'établissement du régime
constitutionnel ruinaient les dernières espérances des hommes habitués à ne vivre que d'abus ;
ils avaient résolu de tout tenter pour arrêter
dès lors la régénération politique qui les dé-
bordait de toutes parts.

Le roi, dans l'opinion de la cour, n'avait été
vaincu que par sa faiblesse ; il fut donc résolu
que l'on tenterait de lui faire regagner les avantages qu'il avait perdus au 14 juillet, et selon
les routines du pouvoir absolu, on voulut avant
de tenter un coup d'état, se gagner l'esprit des

troupes que l'on voulait mettre en avant. On commença par doubler le nombre des gardes-du-corps, ordinairement casernés à Versailles ; un régiment suisse y tenait garnison, ainsi qu'un escadron de chasseurs ; mais ces forces étaient trop faibles pour un coup de main : on fit donc venir en hâte deux bataillons du régiment de Flandres. L'arrivée de ce renfort fut le prétexte d'une fête où l'esprit qui animait la cour se montra à découvert.

Les gardes-du-corps avaient convié à un repas les officiers de la garde nationale de Versailles que l'on voulait se concilier, les officiers du régiment de Flandres, et ceux des chasseurs. La fête fut magnifique, et au moment où les convives étaient le plus animés par le luxe du festin, le roi, la reine et leurs enfans parurent dans la salle. L'enthousiasme alors devint du délire : on eut cru voir la fête décrite par Mirabeau la veille de la prise de la Bastille : la cocarde tricolore fut foulée aux pieds devant le roi qui l'avait acceptée et la portait lui-même, et mille propos menaçans furent proférés contre l'Assemblée nationale.

Bientôt les circonstances de cette scène se répandirent dans Paris ; les journaux rapportèrent que des propositions directes avaient été faites à

des officiers des gardes nationales de Paris et de
Versailles, de s'associer aux complots de la cour;
on vit en même temps paraître publiquement
une multitude de gens portant des cocardes
noires; enfin les femmes de la cour distribuaient
des cocardes blanches dans la grande galerie du
château. Le plan contre-révolutionnaire consistait, assurait-on, à disperser l'Assemblée nationale et à entraîner le roi à Metz, d'où, envi-
ronné de troupes, il aurait dicté la loi à la
nation,

A ces nouvelles, le peuple de Paris, irrité
déjà par la disette qui se faisait sentir depuis
deux mois, s'assemble et s'agite. Les patrouilles
de la garde nationale parviennent difficilement
le 4 à le contenir. Le 5, le pain manque complètement chez les boulangers; des rassemblemens plus nombreux se forment, et des troupes
de femmes courent à l'Hôtel-de-Ville. Bientôt les
portes sont enfoncées, les armes pillées, la caisse
du trésor de la ville est mise en éclats; la garde
nationale parvient après mille efforts à arrêter
le désordre et à sauver le trésor du pillage; le
peuple enfin se retire, mais en criant : *à Versailles! à Versailles!*

Et tous se mettent en route : les femmes et les
hommes du peuple pour aller exposer leur mi-

sère aux représentans et au roi, les gardes nationaux pour savoir ce qu'ils doivent craindre de ces complots qui ne sont plus un mystère. Un des vainqueurs de la Bastille guide la populace; il harangue, et à sa voix elle jette ses armes et résout de se présenter en suppliante et non en ennemie.

Tandis que le rassemblement de l'Hôtel-de-Ville se porte à Versailles, et que dans tous les districts les ouvriers quittent leurs travaux pour s'y rendre en troupe menaçante, la commune de Paris expédie des courriers pour prévenir de leur marche l'Assemblée nationale et la cour. Le commandant-général de la garde nationale de Paris fait mettre sur pied ses légions pour veiller à la sûreté de la capitale, jugeant la tranquillité de Versailles assez assurée par la présence de sa garnison et de sa propre garde nationale. Cependant un grand nombre de gardes nationaux, alarmés pour les représentans, se rendent près de leur général; ils le pressent, le supplient de leur permettre de marcher au secours de l'Assemblée nationale; il résiste à leurs vœux, lorsque tout-à-coup on vient annoncer qu'une troupe de femmes et d'hommes armés sont sortis de la capitale par des voies détournées et se rendent à Versailles, traînant à leur

suite plusieurs pièces de canon. Lafayette alors
n'hésite plus : il fait prévenir les magistrats,
donne des ordres et distribue des troupes pour
la sûreté de la ville ; il part ensuite à la tête de
la force parisienne au bruit des acclamations
universelles.

Parvenue à onze heures du soir aux portes de
Versailles, la garde nationale parisienne s'arrête, et Lafayette lui fait renouveler son serment de fidélité à la nation, à la loi et au roi.
De graves désordres avaient eu lieu dans la ville :
tandis qu'une partie de l'attroupement s'était
portée à l'Assemblée nationale, et demandait
du pain, un grand nombre d'hommes armés
avaient couru au château ; une rixe s'était engagée entre eux et les gardes-du-corps rangés
sur la Place-d'Armes ; un garde-du-corps avait
eu le bras cassé d'un coup de fusil. La prudence
et la fermeté des gardes nationaux de Versailles
étaient parvenues cependant à calmer cette première effervescence, et tout, à l'arrivée de la
force parisienne, était en apparence rentré dans
le calme et la tranquillité.

M. de Lafayette, après avoir offert ses respects
au président de l'Assemblée, alla prendre les ordres du roi qui permit seulement à la garde nationale d'occuper les postes extérieurs ; un ba-

taillon fut placé cependant devant l'hôtel des gardes-du-corps, et de nombreuses patrouilles parcoururent la ville. Le calme dès lors parut si bien rétabli que les officiers des gardes-du-corps quittèrent le château ; M. de Lafayette lui-même, à qui la porte du roi avait été refusée, après être resté long-temps chez M. de Montmorin, afin d'être à portée de ses grenadiers, se rendit à l'hôtel de Noailles, voisin du château, et se disposa à prendre quelques instans d'un repos nécessaire après vingt-quatre heures de fatigues.

Ce calme était trompeur. Une troupe d'hommes, dont on n'a jamais bien connu les desseins ni les chefs, s'était cachée durant la nuit dans les bosquets du parc. Au point du jour, ils se précipitent vers une grille qui se trouve ouverte, poignardent les deux premiers gardes-du-corps qui se trouvent sur leur passage, et, par un escalier dérobé, se dirigent droit à l'appartement de la reine. Deux gardes-du-corps, de faction dans un étroit passage, défendent courageusement leur poste et donnent l'alarme; mais bientôt ils succombent; la foule se précipite dans l'appartement et court droit au lit : la reine, avertie par le cliquetis des armes, s'était sauvée épouvantée dans la chambre de son mari. La troupe veut l'y poursuivre, mais d'autres gardes-du-corps défendent tous les passages, et bientôt la garde nationale parisienne accourt au bruit du tumulte ; les assaillans sont repoussés, ils se dispersent sans qu'aucun d'eux puisse être arrêté.

Le général Lafayette s'était précipité dans la mêlée, tandis que sur son ordre la milice parisienne courait au château. Demeuré presque seul au milieu de la foule furieuse, il venait d'arracher à la mort dix-huit gardes-du-corps qu'on allait égorger, lorsqu'un homme s'avance menaçant vers lui, le désigne comme un traître et excite le peuple à le massacrer ; le général fait saisir ce misérable, qui demande alors son pardon et l'obtient.

Sûr enfin du dehors, le commandant-général entre au château où le calme est rétabli. Les gardes nationaux garnissent les cours, les escaliers, les appartemens ; les gardes-du-corps, qu'ils ont sauvés d'une mort certaine, fraternisent avec eux ; la cour entière reconnaît qu'elle doit son salut à la garde nationale parisienne, et madame Adélaïde, tante du roi, s'écrie, en serrant M. de Lafayette dans ses bras : « Général, je vous dois plus que la vie ; vous avez « sauvé mon neveu. »

Ces troubles sans cesse renaissans, cette effervescence populaire, firent sentir à la cour que son intérêt, comme celui de la tranquillité publique, exigeait qu'elle fixât son séjour au sein de la capitale. Le temps des coups-d'état était passé; on ne pouvait plus rien espérer de la force contre Paris : il fallait tenter d'autres voies, il fallait enfin obtenir le seul bien solide et durable, la popularité. Le voyage de Paris fut donc résolu. Cette nouvelle, annoncée à la foule par le roi lui-même, fut accueillie par des acclamations de joie.

Le retour de la population parisienne présenta bientôt le plus bizarre spectacle. Le commandant-général en avait fixé l'ordre : la foule arrivée la veille, et qui se composait de plus de soixante mille personnes, ouvrait la marche avec ses canons couverts de feuillages, ses femmes, le fusil en bandouillère, et ses hommes du peuple fraternisant avec les cent-suisses et le régiment de Flandres; la garde nationale venait ensuite, puis la cour entourée des chefs de cette garde qui l'avait sauvée.

CHAPITRE III.

Sommaire.

Troubles au faubourg Saint-Antoine. — Affaire des chevaliers du poignard. — Fête de la Fédération des Gardes
nationales de France. — Émigration. — Le commandant-général quitte et reprend ses fonctions. — Fuite
du roi. — Son arrestation à Varennes. — Rassemblement
pour demander la déchéance. — Le drapeau rouge est
déployé au Champ-de-Mars.

Du 7 octobre 1789 à la fin d'août 1790.

L'établissement de la cour à Paris, l'administration régulière de la justice, la vigilance et le
zèle de la garde nationale, ramenèrent pour
quelque temps une apparence de calme et de sécurité, et depuis le 6 octobre 1789 jusqu'à la fin
de février 1790, on n'eut à déplorer aucun trouble, aucun excès inquiétant (1). A cette époque,

(1) Un seul crime fut commis par suite d'un mouvement populaire.
Au milieu de la plus cruelle disette, un boulanger qui avait vendu à faux
poids fut pendu. Les auteurs de ce meurtre furent arrêtés, jugés et exécutés.

quelque agitation éclata parmi les ouvriers du
faubourg Saint-Antoine, qui se portèrent tu-
multueusement à Vincennes pour abattre le don-
jon, dans la crainte, disaient-ils, qu'on n'en fît
une nouvelle Bastille. La garde nationale parisienne se porta à Vincennes : quelques coups de
fusils furent tirés dans le bois; mais elle apaisa
cette émeute, et ramena prisonniers quatre-
vingts ouvriers qui furent mis en liberté le lendemain. On n'a jamais connu les instigateurs de
cette échauffourée, durant laquelle on avait répandu à dessein, dans les faubourgs, la nouvelle de la mort du commandant-général, et
qui, par un hasard au moins fort extraordinaire, coïncida avec un événement qui ne fut
que ridicule, mais qui eût pu être de la plus
sérieuse gravité.

Le roi avait licencié ses gardes-du-corps, et
la garde du château était confiée aux Suisses et
à un poste de la garde nationale. Le jour même
de l'expédition de Vincennes, la porte de la salle
des gardes étant demeurée entr'ouverte, laissa
voir aux gardes nationaux, dans une des pièces
intermédiaires entre leur salle et les appartemens du roi, un homme armé d'un pistolet :
bientôt on s'aperçut que cet homme n'était pas
seul.

La garde nationale se croit trahie : dans son indignation , elle appelle à son secours les troupes qui occupent les cours et celles à qui le commandant-général a donné ordre, en partant pour Vincennes, de se tenir prêtes en cas d'alarme. On arrête quelques-uns de ces hommes ; on trouve sur eux des poignards. L'indignation alors est portée à son comble. On parcourt les appartemens , et l'on découvre un amas d'armes de toute espèce et surtout de poignards.

M. de Lafayette, averti aussitôt, était accouru au château. Il décida le roi à donner l'ordre de chasser ces prétendus serviteurs, que l'on avait introduits en grand nombre dans diverses parties du château , et à qui l'on donna le nom ridicule et honteux de *chevaliers du poignard ;* le roi leur ordonna de déposer leurs armes, et rejetant tout le blâme sur de trop officieux courtisans , il s'écria avec douleur : « Ces gens-là finiront par me perdre ! » Funeste prédiction qui ne devait pas tarder à s'accomplir !

L'Assemblée nationale, occupée des plus importans travaux, avait jusqu'alors laissé la garde nationale soumise au réglement municipal que les districts s'étaient eux-mêmes donné. Le 12 juin 1790, elle rendit un décret par lequel elle ordonnait :

1° Que tous les citoyens actifs des villes, bourgs et autres lieux du royaume, qui voudraient conserver l'exercice des droits attachés à cette qualité, seraient tenus d'inscrire leur nom chacun dans la section de la ville où ils seraient domiciliés, ou à l'hôtel de la commune, sur un registre qui y serait ouvert à cet effet pour le service des gardes nationales;

2° Que les enfans des citoyens actifs, âgés de dix-huit ans, s'inscriraient pareillement sur le même registre, faute de quoi ils ne pourraient ni porter les armes, ni être employés en remplacement de service;

3° Que les citoyens actifs qui, en raison de la nature de leur état, ou à cause de leur âge, infirmités ou autres empêchemens, ne pouvant servir en personne, devraient se faire remplacer, ne pourraient être remplacés que par ceux des citoyens actifs et de leurs enfans qui seraient inscrits sur ces registres en qualité de gardes nationales;

4° Qu'aucun citoyen ne pourrait porter les armes, à moins qu'il ne fût inscrit de la manière prescrite par la loi, et qu'en conséquence tous corps particuliers de milice bourgeoise, d'arquebusiers ou autres, sous quelque dénomination que ce fût, seraient tenus de s'incorporer dans la garde nationale, sous l'uniforme de la nation, sous les mêmes drapeaux, le même régime, les mêmes officiers, le même état-major; que tout uniforme différent et toute cocarde autre que celle de la garde nationale, demeureront réformés aux termes de la proclamation du roi. »

Ce décret reçut partout une prompte exécution; la population entière se trouva bientôt sous les armes; la sûreté publique fut assurée, et quatre millions d'hommes se tinrent prêts à faire, au besoin, respecter de l'étranger la liberté qu'ils venaient de conquérir.

Le jour anniversaire de l'insurrection et de la prise de la Bastille approchait : l'Assemblée nationale voulut qu'il fût, pour la France entière, un jour d'union et de fraternité. Sur la motion du maire de Paris, elle résolut d'inviter tous les districts des départemens à venir, par députations, se réunir à elle, pour ajouter au serment déjà prêté par tous les Français, celui d'être tous inséparablement unis, de s'aimer toujours, et de se secourir en cas de nécessité, d'un bout de la France à l'autre. Le jour de cette fédération générale fut fixé au 14 juillet : ce jour, qui avait fondé la liberté, devait être choisi pour jurer de la défendre et de la conserver.

C'était une heureuse idée que celle d'une fédération de tous les habitans de la France ; aussi
fut-elle accueillie avec une ardeur extrême, et
se disposa-t-on sur tous les points de la France
à rendre cette cérémonie patriotique digne de
la grandeur de son objet.

Le Champ-de-Mars était seul assez vaste pour
contenir la garde nationale parisienne et les fédérés des départemens ; il fut choisi pour lieu
de la fête : douze mille ouvriers furent employés
à élever les talus qui lui donnent l'aspect d'un
immense amphithéâtre. La municipalité de
Paris invita les habitans à se joindre aux tra-
vailleurs, et cet appel fut accueilli avec un
vif enthousiasme : artistes, négocians, bourgeois, militaires, tous coururent au Champ-
de-Mars ; les femmes même voulurent mettre
la main à l'ouvrage, qui s'acheva au milieu de
l'union et de la gaîté des citoyens.

Cependant, les députés des gardes nationales
de France arrivaient en foule. Le 10 juillet ils se
réunirent sur l'invitation de l'état-major. Le
premier soin de cette imposante assemblée fut
de se choisir un président. M. de Lafayette fut
élu à l'unanimité ; elle arrêta ensuite, 1° que
chacun de ses membres justifierait de sa mission
par un certificat de son district ; 2° qu'il serait

fait, au nom de toutes les gardes nationales du
royaume, une députation à l'Assemblée nationale et au roi, pour leur offrir les hommages
de leur respect et de leur reconnaissance ; 3 que
les représentans des différens districts partage-
raient le service avec l'armée nationale parisienne.

La députation des gardes nationales fut admise, le 13, dans le sein de l'Assemblée nationale. Son président, dans un discours plein de
patriotisme et de sagesse, exprima aux représentans la reconnaissance du peuple dont ils
avaient assuré les droits :

« Pour nous, ajouta-t-il, voués à la révolution, réunis au nom de la liberté, garans des
propriétés individuelles comme des propriétés
communes, de la sûreté de tous et de la sûreté
de chacun : nous qui brûlons de trouver notre
place dans vos décrets constitutionnels, d'y lire,
d'y méditer nos devoirs et de connaître comment
les citoyens seront armés pour les remplir ;
nous, appelés de toutes les parties de la France,
par le plus pressant de tous, mesurant notre confiance à votre sagesse, et nos espérances à vos
bienfaits : nous portons, sans hésiter, à l'autel
de la patrie, le serment que vous dictez à ses
soldats. »

La réponse du président exprima la reconnaissance de l'Assemblée et la confiance avec laquelle elle mettait les lois sous la protection des gardes nationales. Le discours au roi et la réponse furent dans le même sens.

Le 14 juillet, dès la pointe du jour, tous les fédérés étaient rangés en bon ordre sur la place de la Bastille; de là ils se rendirent aux Tuileries, où l'Assemblée nationale se plaça au milieu des rangs; bientôt, à travers une foule immense de spectateurs, le cortége parvint au champ de la fédération.

Le roi, le président, les membres de l'Assemblée et les autorités nationales étaient placés sur un amphithéâtre élevé; la reine et la cour occupaient un balcon richement décoré. Un vaste autel était élevé au centre du Champ-de-Mars; trois cents prêtres en couvraient les marches; soixante mille fédérés remplissaient l'enceinte, et plus de quatre cent mille spectateurs couvraient les talus.

M. de Talleyrand, évêque d'Autun, célébra la messe et bénit les bannières et l'oriflamme que portaient des députations de chaque département et un détachement de troupes de ligne. Cette cérémonie accomplie, M. de Lafayette, en sa qualité de major-général de la confédéra-

4

tion, prononça le serment en ces termes :
« Nous jurons d'être à jamais fidèles à la nation,
à la loi et au roi ; de maintenir de tout notre
pouvoir la constitution décrétée par l'Assemblée
nationale, et acceptée par le roi ; de protéger,
conformément aux lois, la sûreté des personnes
et des propriétés ; la circulation des grains et
subsistances dans l'intérieur du royaume ; la
perception des contributions publiques, sous
quelques formes qu'elles existent ; et de demeurer unis à tous les Français par les liens indis-
solubles de la fraternité. » Tous les fédérés s'é-
crièrent : *Je le jure*.

Le président de l'Assemblée nationale et le roi
prêtèrent à leur tour le serment de maintenir la
loi constitutionnelle de l'État. La cérémonie fut
terminée par un *Te Deum*. Cette fête avait présenté un aspect d'union et de patriotisme jusqu'alors inconnu ; elle se prolongea durant la
soirée et une partie de la nuit ; un bal eut lieu
sur l'emplacement de la Bastille détruite ; sur un
bosquet artificiel élevé à l'entrée, on lisait ces
simples mots : *Ici l'on danse*.

Les députés des gardes nationales de France
se réunirent, dès le lendemain de la fédération,
pour voter des adresses à leurs frères d'armes
de Paris ; ils exprimèrent aussi à M. de Lafayette

leur regret de n'avoir pu le nommer leur commandant-général (1). « Mais si vous ne pouvez
être notre chef, disaient-ils, vous serez toujours notre ami, notre guide, notre modèle :
accoutumés à voir en vous l'homme qui a tant
contribué à la révolution française, nous n'ou-
blierons jamais les grands exemples que vous
nous avez donnés. »

M. de Lafayette leur adressa aussi un discours d'adieu. Il leur rappela leur serment,
leurs devoirs et la solidarité qui allait désormais
unir toutes les gardes nationales du royaume.
« Il faut, messieurs, nous adresser un dernier
mot de frères qui se séparent, dit-il; que l'amour
de la liberté soit notre guide; ce mot dit tout :
amour de l'ordre, respect des lois et des mœurs;
avec lui, la propriété est inviolable, la vie de
l'innocent est sacrée; il n'est de coupables que
devant la loi; par lui, tout est garanti, tout
prospère. Ne l'oublions jamais, messieurs : la
liberté, sévère dans ses principes, craint la li-
cence autant que la tyrannie, et la conquérir,
la conserver surtout, est moins encore le prix
du courage que le triomphe de la vertu...

(1) L'Assemblée nationale, sur la proposition du général Lafayette
avait décrété que nul ne pourrait avoir le commandement des gardes nationales de plus d'un département.

« L'égalité, messieurs, n'est point blessée par ces autorités que l'utilité publique nécessite et que la constitution a établies ; mais elle l'est par la plus légère prétention qui sort du cercle tracé par la loi. Que l'ambition n'ait pas de prise sur vous. Aimez les amis du peuple, mais réservez l'aveugle soumission pour la loi, et l'enthousiasme pour la liberté. »

La fédération, en montrant l'accord unanime de la France et son amour pour les institutions nouvelles, redoubla les regrets et le dépit des partisans de l'ancien ordre de choses. Déjà l'émigration avait commencé ; elle devint plus nombreuse chaque jour. Les nobles, les courtisans allaient à l'étranger solliciter la guerre en faveur de leurs priviléges ; ceux qui restaient fomentaient sourdement le mécontentement des classes moins éclairées, et affectant un patriotisme ardent, se répandaient en plaintes et en calomnies contre l'Assemblée nationale dont ils accusaient la lenteur. Ces manœuvres ne tardèrent pas à porter leurs fruits, et moins de quinze jours après la fédération, des attroupemens menaçans se portèrent aux environs de la salle où délibéraient les représentans. La garde nationale, redoublant de zèle et d'activité, parvint encore en cette circonstance à contenir le peuple égaré et à calmer son injuste effervescence.

L'émigration continuait toujours : des rassemblemens armés se formaient sur les frontières, le clergé apportait de sourds obstacles à l'exécution des lois nouvelles ; le commerce souffrait, et la méfiance qu'inspirait la cour allait toujours croissant ; une circonstance, qui était peu de chose en elle-même, en fournit le 18 avril une preuve frappante : Louis XVI se disposait à aller passer à Saint-Cloud la semaine-sainte ; au moment où il monte en voiture, le bruit se répand qu'il se propose de sortir de France, de passer à l'étranger comme ses courtisans ; aussitôt un rassemblement se forme, un grand nombre de gardes nationaux commandés par Danton se portent sur la route du roi, et lui barrent le passage. Lafayette arrive, le roi dès lors est libre de poursuivre son voyage ; mais, effrayé, il a changé d'avis et préfère rentrer au château.

Le motif du roi, en allant à Saint-Cloud, était de remplir ses devoirs religieux à sa chapelle privée, et d'éviter de se confier au clergé assermenté de sa paroisse constitutionnelle. M. de Lafayette, instruit de ce fait, offrit au roi d'aller à l'Assemblée réclamer pour lui la liberté de son culte, aux termes de la déclaration des droits ; Louis XVI refusa, d'après l'avis de ses conseil-

lers ; en vain M. de Lafayette le presse de se prévaloir des droits et de la liberté que la constitution lui garantissent ; il ne put l'y déter-
miner, et dès lors il se décida à envoyer sa
démission au maire de Paris. Les soixante districts, à la nouvelle de la démission du commandant-général de la garde nationale parisienne, conçurent les plus vives alarmes. Ils
assemblèrent leurs bataillons et le supplièrent
avec de telles instances de reprendre le commandement, lui jurant d'obéir à ses ordres et
de respecter la loi, qu'il finit par y consentir,
après avoir résisté long-temps à leurs sollicitations pressantes.

Le bruit des projets de départ de Louis XVI
s'accréditait et prenait chaque jour plus de con-
sistance ; des avis parvenaient à chaque instant au
maire de Paris et aux comités ; le commandant-
général crut enfin devoir s'en expliquer avec le
roi. Louis XVI repoussa avec énergie de pareils
soupçons, et donna des assurances si positives
de son vœu de rester au sein de son peuple, que
M. de Lafayette, y ajoutant une foi entière, répondit sur sa tête que le roi ne partirait pas.

C'est le 19 que Louis XVI avait fait de si so-
lennelles protestations à Lafayette ; le 20 au soir
il mettait à exécution son projet de fuite, et s'é-

loignait lde a capitale avec la reine, ses enfans et quelques serviteurs dévoués.

· Le départ du roi ne fut connu que le 21 à cinq
heures du matin. Lafayette court aussitôt au
château; Bailly l'y rejoint. Le temps est trop
précieux pour qu'on assemble les représentans ;
ils décident que le départ du roi met en danger
la patrie, et que son arrestation est nécessaire ;
Lafayette en prend sur lui seul la responsabilité
et écrit de sa main un billet où il dit : « Que les
ennemis de la chose publique ayant enlevé le
roi et sa famille, il était ordonné à tous les gardes nationaux et à tous les citoyens de les arrêter. » Vingt copies de ce billet sont faites à l'instant, Lafayette les signe, et expédie pour les
porter des officiers de la garde nationale qui
partent à franc-étrier sur toutes les routes.

Le peuple, qui, sans rechercher les causes des
événemens qui l'étonnent, accuse au hasard et
se méfie sans examen, était déjà assemblé autour des Tuileries. Il menaçait les gardes nationaux de service, et s'était saisi du duc d'Aumont, commandant du château ; mais son
irritation se dirigeait surtout contre le commandant-général de la garde nationale. Celui-ci se
rendait à l'Hôtel-de-Ville; il rencontre la troupe
qui entraîne le duc d'Aumont; il le dégage et

calme la multitude en prêtant un serment
qu'elle répète : « A la nation et à la loi. »

L'Assemblée nationale se montre en cette
grave circonstance ce qu'elle fut toujours, digne et ferme. Le manifeste laissé par Louis XVI
fit peu d'impression sur le peuple ; on considéra
sa fuite comme une abdication ; les généraux
vinrent prêter serment de fidélité à l'Assemblée nationale. Tout-à-coup on apprit que le roi
avait éte arrêté à Varennes. Reconnu par le fils
du maître de poste de Saint-Ménéhould, il était
déjà prisonnier de la population, lorsque deux
officiers de la garde nationale parisienne étaient
arrivés porteurs du décret de l'Assemblée nationale, en vertu duquel le roi et sa famille devaient être ramenés aux Tuileries sous l'escorte
et la responsabilité des gardes nationales.

Bientôt Louis XVI arriva à Paris accompagné
de Barnave, de Pétion et de Latour-Maubourg
que l'Assemblée nationale avait envoyés près de
lui. La garde nationale formait la haie depuis la
barrière de l'Étoile jusqu'aux Tuileries. Une
foule immense s'était portée sur le chemin ; elle
vit passer le cortége sans cris, sans menaces ; la
famille royale rentra au château sans avoir reçu
aucune insulte, grâce à la présence de la milice
citoyenne.

Par son manifeste, sa protestation et sa fuite, Louis XVI avait renoncé à la royauté constitutionnelle ; l'Assemblée nationale chargea le commandant-général de composer sa garde, et les officiers furent responsables de sa personne ; elle nomma des commissaires pour faire au roi et à la reine une suite de questions sur leur évasion ; et jusqu'au jour où, sur le rapport de Barnave, l'Assemblée adopta le rétablissement de la royauté, M. de Lafayette donna seul le mot d'ordre au château.

La nouvelle constitution était achevée ; quelques jours encore et elle allait être présentée à l'acceptation du roi. L'assemblée nationale, tout en conservant au gouvernement une forme monarchique, avait assis son travail sur les principes républicains ; aux yeux des gens sages et éclairés, cette combinaison heureuse semblait devoir assurer le repos et la prospérité de la France. Le peuple cependant était mal satisfait. La fuite du roi avait mis en mouvement des passions et des haines ; on le trouvait trop peu puni par la perte de quelques priviléges ; dès lors on commença à demander hautement la déchéance. Bientôt une pétition rédigée dans ce sens fut colportée dans les faubourgs ; le surlendemain de la seconde fédération, cette pétition fut dé-

posée sur l'autel de la patrie ; et la foule se porta
au Champ-de-Mars pour la couvrir de signatures.

A la nouvelle de ce rassemblement tumul-
tueux, le commandant-général de la garde nationale avait rassemblé quelques forces ; bientôt
il apprit que des violences s'étaient commises :
deux invalides avaient été massacrés. Il n'hé-
sita pas à marcher pour faire rentrer dans l'ordre les agitateurs. En arrivant au Champ-de-
Mars, M. de Lafayette trouva la foule déjà bar-
ricadée avec des charrettes, et ce ne fut qu'après
de longs efforts, et en échappant par miracle à
une mort cruelle, qu'il parvint à obtenir des
chefs la promesse que l'attroupement se dissi-
perait sans violences, après la signature de la
pétition.

Rassuré par cette promesse, le commandant-
général s'était retiré, laissant seulement un détachement de gardes nationaux posté en dehors du Champ-de-Mars, lorsqu'on vint lui
annoncer que ce rassemblement grossissant de
plus en plus jetait Paris dans les plus vives alarmes. L'Assemblée nationale recevait de son côté
avis que la foule, excitée par des chefs, perfides
se montrait animée surtout contre le roi et les
représentans. Elle décréta donc, au milieu de ce

péril, que le maire de Paris pourvoierait à sa
sûreté, à celle du roi et à celle de la capitale.
Aussitôt le maire et le conseil de la commune
publièrent la loi martiale; le drapeau rouge fut
arboré, et le maire, se mettant lui-même à la
tête du bataillon de garde nationale de service à
l'Hôtel-de-Ville, s'avança vers le Champ-de-
Mars.

M. de Lafayette avait rejoint dans sa route le
maire Bailly; à son arrivée au Champ-de-Mars,
la garde nationale fut assaillie à coups de pierres.
Un homme ajustant Bailly tira un coup de pistolet qui blessa un soldat placé à côté de lui;
une décharge faite en l'air par les gardes nationaux fut insuffisante pour intimider la foule :
ceux d'entre elle qui portaient des armes firent
feu à leur tour, et deux chasseurs volontaires
furent tués. Une plus longue hésitation eut en-
hardi les assaillans : la garde nationale tira tout
de bon, et quelques charges de cavalerie ache-
vèrent la déroute. On n'a jamais connu bien clai-
rement le but de cette échauffourée populaire
qui eût été très-sanglante, si M. de Lafayette ne
s'était précipité au-devant des pièces pointées sur
la foule au moment où les canonniers allaient
faire feu. Quelques hommes avaient été arrêtés;
une instruction se poursuivait contre eux; l'am-

nistie générale accordée le jour de la promulgation de la constitution sauva les coupables
et anéantit la procédure. Bientôt la guerre étrangère vint faire oublier cette malheureuse affaire
où une trentaine d'individus avaient perdu la
vie.

CHAPITRE IV.

—

Sommaire.

M. de Lafayette quitte le commandement général et part
pour l'armée active. — Aspect de Paris. — Journée
du 20 juin. — Journée du 10 août.

—

De septembre 1791, à septembre 1792.

La dispersion de l'attroupement du Champ-
de-Mars fut la dernière affaire à laquelle M. de
Lafayette prit part en qualité de commandant-
général de la garde nationale parisienne; peu
de temps après, l'Assemblée nationale décréta
la loi d'organisation des gardes nationales du
royaume (1). Déjà alors les armées de la coalition menaçaient de nous envahir, et la patrie,

(1) Loi du 29 septembre 1791. Nous nous abstenons de rapporter ici
le texte de cette loi, qui se distingue par un rare esprit de justice et de
prévoyance. Une grande partie de ses articles a d'ailleurs été conservée
dans la loi nouvelle dont elle forme la base.

que Lafayette avait si bien servie pour conquérir la liberté au-dedans, avait besoin de son bras à la frontière ; il partit donc pour aller commander l'armée active. La municipalité de Paris reconnaissante fit frapper une médaille pour perpétuer la mémoire de ses grands services, et au moment où il allait combattre les rois ligués, elle l'arma d'une épée faite d'un des verroux de la Bastille.

Le noble exemple du commandant - général ne pouvait manquer de trouver dans la garde nationale de Paris de nombreux imitateurs ; la France bientôt répondit aussi à son appel, et de toutes parts on accourut sous le drapeau national. L'armée se trouva en quelques semaines grossie de deux tiers de volontaires : cette masse imposante d'intrépides soldats sortait du sein des gardes nationales.

Paris à cette époque présente à l'historien le plus imposant spectacle. L'Assemblée constituante, après avoir conquis la liberté avait tout fait pour l'asseoir sur de solides fondemens; elle venait d'être remplacée par l'Assemblée législative. Les partis se trouvaient en présence, et tout présageait une lutte prochaine, où la monarchie démocratique devait succomber.

Le cadre et l'objet spécial de cette histoire

nous interdisent de retracer ici les travaux, les succès, les défaites, les vertus et les crimes des Constitutionnels, des Girondins, des Montagnards; et cependant ils tentèrent tour-à-tour de séduire ou d'effrayer la garde nationale, force imposante qui pouvait seule donner le pouvoir avec la popularité.

L'esprit politique de la garde nationale en 1791 était tel que Lafayette avait dû l'inspirer; elle voulait la constitution jurée, elle respectait ses sermens, et sympathisait avec cette minorité de l'Assemblée législative qui, suivant les erremens de l'Assemblée constituante, se trouvait en opposition, avec le côté gauche, qui tout entier inclinait vers le gouvernement républicain.

La bonne foi, la sagesse et quelques talens distinguaient sans doute le parti constitutionnel: l'énergie, la prévision, la sympathie populaire assuraient dès lors la victoire aux républicains; on en avait acquis la preuve dans une occasion récente.

Dans la nouvelle loi organisatrice de la garde nationale, le commandant-général était remplacé par douze chefs de légions, soumis eux-mêmes à l'autorité municipale. Du choix du maire de Paris dépendait donc la nature de services que la garde nationale serait appelée à rendre; ce

choix la rendait l'auxiliaire forcée d'un parti.
Deux candidats étaient présentés pour succéder
à Bailly : Pétion, républicain ardent, Lafayette,
constitutionnel éprouvé. Pétion fut nommé; et
la garde nationale, quelque disposée qu'elle fût à
défendre la monarchie telle que la Constituante
l'avait faite, se trouva placée sous les ordres
d'un magistrat peu disposé à la servir. Bientôt
vinrent les épurations dans les cadres d'officiers;
l'Assemblée décréta la formation d'un camp de
vingt-quatre mille fédérés; en vain, huit mille
gardes nationaux signèrent une pétition contre
ces mesures : elle fut rejetée. La garde nationale
se trouve ainsi froissée entre deux partis également de bonne foi, mais différant sur les
moyens d'arriver au but; partis dont l'un croyait
la nation assez forte pour maintenir la constitution et conserver la liberté, malgré les attaques des ennemis intérieurs et extérieurs, et dont
l'autre voulait la république, afin d'être débar-
rassé, une fois pour toutes, des sourdes intrigues
de la cour, des trahisons du clergé et des fan-
faronnades de l'émigration.

Tel était l'état des partis à la fin du mois de
juin, époque anniversaire du serment fait au
Jeu-de-Paume. Le peuple, mal satisfait, voulut
profiter de cette circonstance pour adresser une

pétition menaçante au roi et à l'assemblée; un
arbre de la liberté devait être en même temps
planté dans le jardin des Tuileries. Le 16 juin
le faubourg Saint-Antoine demanda au conseil
général l'autorisation de se réunir pour l'exécution de ce projet. Le conseil général refusa son
approbation et prit un arrêté pour défendre les
attroupemens. Le peuple de Paris et des faubourgs accueillit cet arrêté comme une mesure
illégale. Le maire de Paris, Pétion, dans la
nuit du 19 au 20, demanda au directoire de léga-
liser l'attroupement, en permettant à la garde
nationale de lui ouvrir ses rangs. Cette sage mesure fut repoussée; les postes alors furent mis
au complet : celui des Tuileries seul fut dou-
blé.

Déjà une foule immense était assemblée devant les portes de l'Assemblée législative. La pétition que le peuple en armes apportait était
rédigée en termes plus qu'énergiques. «Le peuple
est prêt; il n'attend que vous : il est disposé à
se servir de grands moyens pour exécuter l'article 2 de la déclaration des droits, *résistance à
l'oppression*... Que le petit nombre d'entre vous
qui ne s'unit pas à vos sentimens et aux nôtres,
fuie la terre de la liberté et s'en aille à Coblentz...
Cherchez la cause des maux qui nous menacent;

5

si elle dérive du pouvoir exécutif, qu'il soit anéanti ! »

Dès que l'attroupement s'était présenté à la porte de l'Assemblée, une agitation violente s'était manifestée parmi les représentans. Les Constitutionnels avaient voulu repousser la pétition et les pétitionnaires; mais les Girondins et les Montagnards, appuis naturels de la puissance populaire, voulaient qu'on les admît; ils furent donc introduits : l'Assemblée les autorisa à défiler devant elle. La déclaration des droits était portée en tête de l'attroupement par des hommes et des femmes, tenant à la main des piques et des branches d'olivier; Santerre et le marquis de Saint-Huruges marchaient ensuite; des ouvriers, des citoyens armés suivaient, et ce bizarre cortége était fermé par des bataillons de garde nationale; il fallut pour défiler près de trois heures à cette multitude, qui s'élevait à plus de trente mille hommes.

De l'Assemblée, la foule se dirigea sur les Tuileries; les portes en étaient fermées; on se disposait à les enfoncer, et déjà un canon était braqué : deux officiers municipaux donnèrent l'ordre de les ouvrir; dès lors les bataillons de garde nationale qui défendaient l'entrée, se trouvèrent dans l'impossibilité d'opposer aucune résistance. La multitude en un instant envahit le château ; une pièce de canon est portée jusqu'au premier étage ; tout annonce qu'une scène terrible va commencer. L'appartement du roi était fermé ; on commençait déjà à enfoncer la porte ; tout-à-coup les deux battans s'ouvrent, et Louis XVI se présente au peuple furieux, entouré des officiers, des soldats de la garde nationale, qui jurent de périr en le défendant.

Le peuple n'en voulait pas aux jours du roi ; il se croyait dans son droit en venant faire entendre ses doléances et ses griefs ; il sembla satisfait après que Louis eut entendu la lecture de la pétition, et se fut coiffé du bonnet rouge. Bientôt arrivèrent Pétion et quelques membres de l'Assemblée législative ; ils haranguèrent la multitude qui se retira enfin, contente d'avoir montré sa puissance.

La garde nationale avait fait de vains efforts pour faire respecter l'Assemblée législative et le roi ; elle voulut du moins manifester le sentiment que lui inspirait cet événement : une pétition fut rédigée pour demander la répression de l'attentat du 20 juin, et plus de vingt mille signatures la couvrirent en un jour. Dans les départemens, la nouvelle en fut accueillie par un

blâme unanime, et l'impression qu'elle produisit aux armées fut telle, que des adressesf urent
de toutes parts envoyées pour la blâmer ; bientôt
le général Lafayette vint à Paris pour demander
la punition des instigateurs de ces troubles honteux.

Les puissances étrangères devenaient plus menaçantes chaque jour : de leur côté les Girondins et les Montagnards attaquaient avec plus
de force la cour qu'ils savaient favorable aux
attaques de l'ennemi ; ils pressaient les ministres
de déclarer quelles mesures ils avaient prises
pour arrêter l'invasion, et couvrir Paris que la
non formation du camp de vingt mille hommes
semblait laisser à la merci de la coalition. Les
ministres proposèrent enfin de former sous Soissons une réserve de quarante-deux bataillons
de volontaires nationaux ; mais déjà plusieurs
départemens, quoique le décret ordonnant la
formation d'un camp de vingt mille hommes
eût été rejeté, le mettaient à exécution, et dirigeaient sur Paris des corps nombreux de fédérés.
L'Assemblée à la nouvelle de cette détermination insurrectionnelle, décréta que les bataillons que leur zèle avait déjà mis en marche
passeraient par Paris, pour de là se rendre à
Soissons, et que ceux qui se trouveraient dans la

capitale avant le 14 juillet, y resteraient pour célébrer cette fête nationale.

Dès cette époque, l'esprit de la garde nationale était devenu un sujet d'alarmes pour la puissante majorité de l'Assemblée législative ; elle résolut de régénérer cette milice citoyenne dont les officiers paraissaient trop attachés aux intérêts de la cour ; et pour y parvenir, elle imagina de congédier les états-majors dans toutes les villes de plus de cinquante mille âmes, et d'en faire élire de nouveaux. Le but de cette mesure était assurément d'atteindre surtout les officiers de la garde nationale parisienne, mais comme on ne pouvait alléguer contre eux aucun grief réel, force fut de la rendre générale ; les hardis projets que l'Assemblée avait résolu de mettre à exécution exigeaient d'ailleurs qu'elle plaçât à la tête des forces citoyennes des hommes sur l'aveugle appui desquels elle pût compter.

Dans l'opinion des Girondins, la puissance de la France ne pouvait désormais s'appuyer que sur les masses populaires ; ce n'était qu'à force d'union et d'énergie que le territoire pouvait être défendu, et le plus sûr moyen, selon eux, de résoudre cette question d'être ou ne pas être consistait à prononcer la déchéance du roi,

Déjà dans les clubs cette question avait été agitée; elle fut enfin abordée à la tribune nationale, et l'impétueux Vergniaud s'attacha à la
développer sans puérils ménagemens. Il traça
d'abord le tableau de la France, montra nos armées repoussées de la Belgique, peignit la
guerre reportée sur notre territoire, et la Prusse
menaçant le Rhin : « Comment se fait-il qu'on
ait choisi ce moment pour renvoyer les ministres populaires, dit-il, pour rompre la chaîne de
leurs travaux, livrer l'empire à des mains inex-
périmentées, et repousser les mesures utiles que
nous avons cru devoir proposer ?... Serait-il
vrai qu'on redoute nos triomphes ?... Est-ce du
sang de Coblentz ou du vôtre qu'on est avare?...
Veut-on régner sur des villes abandonnées, sur
des champs dévastés ?... Où sommes-nous enfin ?... Et vous, messieurs, qu'allez-vous entre-
prendre de grand pour la chose publique?... »

L'orateur s'attacha ensuite à prévenir l'Assemblée contre les reproches que lui pourrait attirer
l'énergie de ses mesures. «Nous sommes placés,
dit-il, entre deux dangers, l'un extérieur, l'autre intérieur; le roi s'est opposé, il s'oppose
chaque jour aux mesures propres à prévenir les
dangers intérieurs ; il s'entoure de ministres
coupables...» Vergniaud ajouta : «Mais ce n'est

pas tout de jeter les ministres dans l'abîme que
leur méchanceté ou leur impuissance aurait
creusé... Qu'on m'écoute avec calme, et qu'on ne
se hâte pas de me deviner. » Ayant excité par
ces mots l'attention la plus profonde, il continua en ces termes :

« C'est au nom *du roi* que les princes français
ont tenté de soulever l'Europe ; c'est pour ven-
ger la *dignité du roi* que s'est conclu le traité de
Pilnitz ; c'est pour venir *au secours du roi* que
le souverain de Bohême et de Hongrie nous fait
la guerre, que la Prusse marche vers nos frontières. Or, je lis dans la constitution : S i le roi
se met à la tête d'une armée et en dirige les forces contre la nation, ou *s'il ne s'oppose pas,
par un acte formel*, à une telle entreprise *qui
s'exécuterait en son nom*, il sera censé avoir ab-
diqué la royauté.

« Qu'est-ce qu'un acte formel d'opposition ?
Si cent mille Autrichiens marchaient vers la
Flandre, cent mille Prussiens vers l'Alsace, et
que le roi leur opposât dix ou vingt mille hommes, aurait-il fait un acte formel d'opposition ?
Si le roi, chargé de notifier les hostilités im-
minentes, instruit des mouvemens de l'armée
prussienne, n'en donnait aucune connaissance à
l'Assemblée nationale ; si un camp de réserve,

nécessaire pour arrêter les progrès de l'ennemi dans l'intérieur, était proposé, et que le roi y substituât un plan incertain et trop long à exécuter ; si le roi laissait le commandement d'une armée à un général intrigant et suspect à la nation ; si un autre général, nourri loin de la corruption des cours et familier avec la victoire, demandait un renfort, et que par un refus le roi lui dît : *Je te défends de vaincre ;* pourrait-on dire que le roi a fait un acte formel d'opposition ?

« J'ai exagéré plusieurs faits, ajouta Vergniaud, pour ôter tout prétexte à des applications purement hypothétiques. Mais si, tandis que la France nagerait dans le sang, le roi vous disait : Il est vrai que les ennemis prétendent agir pour moi, pour ma dignité, pour mes droits, mais j'ai prouvé que je n'étais pas leur complice : j'ai mis des armées en campagne ; ces armées étaient trop faibles, mais la constitution ne fixe pas le degré de leurs forces : je les ai rassemblées trop tard, mais la constitution ne fixe pas le temps de leur réunion : j'ai arrêté un général qui allait vaincre, mais la constitution n'ordonne pas les victoires : j'ai eu des ministres qui trompaient l'Assemblée et désorganisaient le gouvernement, mais leur no-

mination m'appartenait : l'Assemblée a rendu
des décrets utiles que je n'ai pas sanctionnés ,
mais j'en avais le droit : j'ai fait ce que la constitution m'a prescrit; il n'est donc pas possible
de douter de ma fidélité pour elle.

« Si donc le roi vous tenait ce langage, ne
seriez-vous pas en droit de lui répondre : O roi !
qui, comme le tyran Lysandre, avez cru que la
vérité ne valait pas mieux que le mensonge, qui
avez feint de n'aimer les lois que pour conserver la puissance qui vous servirait à les braver,
était-ce nous défendre que d'opposer aux soldats
étrangers des forces dont l'infériorité ne laissait
pas même d'incertitude sur leur défaite ? Était-
ce nous défendre que d'écarter les projets ten-
dant à fortifier l'intérieur ? Était-ce nous défendre que de ne pas réprimer un général qui. vio-
lait la constitution, et d'enchaîner le courage
de ceux qui la servaient ?... La constitution vous
laissa-t-elle le choix des ministres pour notre
bonheur ou notre ruine ? Vous fit-elle le chef
de l'armée pour notre gloire ou notre honte ?
Vous donna-t-elle enfin le droit de sanction,
une liste civile et tant de prérogatives pour perdre constitutionnellement la constitution et
l'empire ? Non ! non ! homme que la générosité
des Français n'a pu rendre sensible, que le seul

amour du despotisme a pu toucher... vous n'êtes plus rien pour cette constitution que vous avez si indignement violée, pour ce peuple que vous avez si lâchement trahi!... »

Vergniaud ne conclut pas cependant à la déchéance ; il finit par proposer seulement un message au roi, pour l'obliger à opter entre la France et l'étranger, et lui déclarer que les Français étaient résolus à triompher ou à périr avec la constitution. Il proposa en même temps *de déclarer la patrie en danger,* afin de réveiller dans les cœurs ces puissantes affections qui ont animé les grands peuples ; il invita enfin les divers partis à s'unir dans l'intérêt commun. Son improvisation fut alors tellement entraînante, qu'une réconciliation sincère s'opéra soudainement sur tous les bancs de l'Assemblée.

Cette réconciliation pouvait être sincère, il était impossible qu'elle fût durable ; bientôt les discussions reprirent leur vivacité, leur aigreur ; et ce fut ouvertement que l'on parla de déchéance.

« Le péril où nous sommes, dit Brissot, est le plus extraordinaire qu'on ait encore vu dans les siècles passés. La patrie est en danger, non pas qu'elle manque de troupes, non pas que ses troupes soient peu courageuses, ses fron-

tières peu fortifiées, ses ressources peu abon-
dantes..... Non, elle est en danger, parce qu'on
a paralysé ses forces. Eh! qui les paralysait? un
seul homme; celui-là même que la constitution a fait son chef, et que des conseillers perfides faisaient son ennemi! On vous dit de
craindre les rois de Hongrie et de Prusse... et
moi, je dis que la force principale de nos ennemis
est à la cour, et que c'est là qu'il faut les vaincre d'abord. On vous dit de frapper sur des
prêtres réfractaires par tout le royaume...; et
moi je dis que frapper sur la cour·des Tuileries, c'est frapper ces prêtres d'un seul coup. On
vous dit de poursuivre tous les intrigans, tous
les factieux, tous les conspirateurs...; et moi je
dis que tous disparaissent si vous frappez sur
le cabinet des Tuileries; car ce cabinet est le
point où tous les fils aboutissent, où se trament
toutes les manœuvres, d'où partent toutes les
impulsions! La nation est le jouet de ce cabinet.
Voilà le secret de notre position; voilà la source
du mal; voilà où il faut porter le remède. »

Dans la séance du 5 juillet, l'Assemblée pro-
clama *la patrie en danger*; aussitôt les autorités civiles se constituèrent en surveillance permanente;
chacun fut tenu de déclarer les armes et les munitions qu'il possédait; tous les citoyens en état de

porter les armes et ayant fait le service dans la
garde nationale, furent mis en activité ; partout
furent arborées des bannières sur lesquelles on
lisait : *Citoyens ! la patrie est en danger.* Des
bureaux d'enrôlement furent élevés sur les
places publiques, et des milliers de volontaires
s'y firent inscrire chaque jour.

Bientôt toutes les sections de Paris furent
mises en permanence par un décret de l'Assemblée, et la population presque tout entière se
trouva ainsi appelée à prendre part aux affaires
publiques. Le premier objet mis en délibération
fut la déchéance de Louis XVI. Les sections
furent unanimes sur cette question, et Pétion
fut chargé d'en faire la demande.

Le duc de Brunswick cependant, secondé du
prince de Hohenlohe et du général Clairfait,
s'avançait sur la France, à la tête d'une armée
de deux cent mille Prussiens, Autrichiens,
Hessois et émigrés ; le 25 juillet, Brunswick
publie un manifeste qui arriva à Paris dans le
moment du plus vif élan.

Après avoir fait connaître les reproches qu'il
adressait *à ceux qui avaient usurpé les rênes de
l'administration en France,* le duc de Brunswick
déclarait : que l'intention des souverains alliés
était de faire cesser l'anarchie, d'arrêter les at-

taques portées au trône et à la religion, de rendre au roi la sûreté et la liberté dont il était
privé, et de le mettre en état d'exercer son autorité légitime.

Ensuite le duc de Brunswick faisait les promesses qu'il croyait propres à rassurer une
partie de la nation ; puis il *sommait* les gardes nationales et les membres des départemens, des districts et des municipalités, de
veiller *provisoirement* à la tranquillité des villes
et des campagnes, à la sûreté des personnes et
des biens de tous les Français, jusqu'à l'arrivée
des troupes de leurs majestés impériale et
royale, ou jusqu'à ce qu'il en fût autrement
ordonné, sous peine d'en être personnellement
responsables ; il *sommait* les généraux, officiers,
bas-officiers et soldats de revenir à leur ancienne
fidélité, et de se soumettre sur-le-champ au roi,
leur légitime souverain ; il déclarait que les
membres des départemens, des districts et des
municipalités seraient responsables, sur leurs
têtes et sur leurs biens, de tous les délits, incen-
dies, assassinats, pillage et voies de fait qu'ils
laisseraient commettre ou qu'ils ne s'efforce-
raient pas d'empêcher ; que les habitans des
villes, bourgs et villages qui *oseraient se défen-*
dre contre les troupes de leurs majestés impé-

riale et royale, et tirer sur elles, soit en rase campagne, soit par les fenêtres, portes et ouvertures de leurs maisons, seraient punis sur-le-champ suivant la rigueur des droits de la guerre, et leurs maisons démolies ou brûlées.

Quant à la ville de Paris, elle qui avait été le théâtre de l'insurrection du 14 juillet et qui était devenue le siége du gouvernement, le commandant des armées de la coalition déclarait que cette ville et tous ses habitans, sans distinction, étaient tenus de se soumettre sur-le-champ et sans délai au roi, de mettre ce prince en pleine liberté, et de lui assurer, ainsi qu'à toutes les personnes royales, l'inviolabilité et le respect auxquels le droit de la nature et des gens oblige les sujets envers les souverains. Le manifeste ajoutait :

« Leurs majestés impériale et royale rendent personnellement responsables de tous les événemens sur leur tête, pour être jugés militairement, sans espoir de pardon, tous les membres de l'Assemblée nationale, du département, du district, de la municipalité et *de la garde nationale de Paris*, les juges de paix et tous autres qu'il appartiendra; déclarent en outre, leurs dites majestés, sur leur foi et parole d'empereur et roi, que si le château des Tuileries est forcé ou insulté, que s'il est fait la moindre violence, le moindre outrage à leurs majestés le roi, la reine et la famille royale ; s'il n'est pas pourvu immédiatement à leur sûreté, à leur conservation et à leur liberté, elles en tireront une vengeance exemplaire, et à jamais mémorable, en livrant la ville de Paris à une exécution militaire et à une subversion totale, et les révoltés, coupables d'attentats, aux supplices qu'ils auront mérités. »

Enfin le duc de Brunswick daignait ajouter que si les Français obéissaient promptement et exactement aux injonctions qui leur étaient faites, les princes coalisés emploieraient leurs bons offices auprès de S. M. très-chrétienne pour obtenir le pardon de leurs erreurs et de leurs torts.

Un tel manifeste devait porter à son comble l'exaspération publique ; il ne manqua pas son effet : dès le 9 août, la section des Quinze-Vingts déclara que si la déchéance demandée depuis trop long-temps par les sections, n'était pas prononcée le jour même, les citoyens appelés par le tocsin et la générale se porteraient au château. Ce violent arrêté transmis aux sections reçut de chacune d'elles une complète adhésion.

L'attitude de la garde nationale, au milieu de

ces graves circonstances demeurait calme et imposante ; quant à l'esprit qui l'animait, il était celui de la population entière, exprimé par les sections ; en vain quelques historiens ont tenté de représenter la garde nationale d'alors, comme sympathisant avec le pouvoir monarchique. Les mêmes citoyens en effet qui délibéraient dans les sections, composaient les rangs de la garde nationale. La majorité devait être la même dans les bataillons et dans les sections ; en effet, les conditions requises étaient les mêmes pour faire partie de la garde citoyenne et pour être membre d'une assemblée primaire. Aux termes de la constitution de 1791, tout individu qui n'était pas inscrit dans les rôles de la garde nationale était incapable d'exercer les droits de citoyen ; et celui qui ne remplissait pas les conditions nécessaires pour être citoyen actif, ne pouvait pas être inscrit dans les rôles de cette garde.

La majorité de la garde nationale était donc du parti républicain qui demandait la déchéance ; le parti constitutionnel comptait quelques hommes de cœur et de talent ; mais la loi du 29 septembre avait ôté toute influence à une minorité lorsque, en déterminant l'organisation et fixant les devoirs, elle avait considéré comme une atteinte à la liberté publique et un délit

contre la constitution, toute délibération prise
par les gardes nationales sur les affaires de l'É-
tat, des départemens, du district, de la commune, et même de la garde nationale, à l'exception des affaires expressément renvoyées aux
conseils de discipline.

Le parti constitutionnel de la garde nationale avait d'ailleurs perdu ses chefs lors de la
dissolution de l'état-major, et en supposant
qu'il fût assez hardi pour tenter de s'opposer aux
résolutions de l'Assemblée nationale, les faubourgs, qui avaient si hautement manifesté
leur opinion, les fédérés départementaux et les
Marseillais, arrivés à Paris au nombre de quatre
à cinq mille, eussent suffi pour les contenir ou
les écraser; une raison plus puissante encore
rassurait d'ailleurs les républicains sur les intentions de la minorité de la garde nationale :
les insolentes injonctions de Brunswick avaient
placé cette minorité dans la nécessité de marcher d'accord avec la représentation nationale,
ou de seconder l'invasion en combattant les
mouvemens populaires. Jaloux du titre de constitutionnels qu'ils se donnaient, trop faibles
d'ailleurs pour résister aux républicains, les
gardes nationaux, qui tenaient pour la Cour,
ne pouvaient se déclarer ouvertement, et tirer

6

l'épée pour sa cause; un petit nombre cependant poussa à ce point le dévouement ou le fanatisme.

Quant aux courtisans proprement dits, aux hommes voués entièrement aux traditions de l'ancien régime, leur aveuglement, leur présomption habituelle leur faisait hâter de leurs vœux l'instant où s'engagerait le combat entre le pouvoir du droit divin et la révolution. Pour eux, la question n'était pas douteuse: ils voyaient déjà les armées de la coalition maîtresses de Paris; Louis assis sur un trône absolu, la constitution renversée, les rebelles punis, la noblesse, le clergé réintégrés dans leurs priviléges, dans leurs honneurs.

Tel était l'état des esprits lorsque la journée du 10 août vint mettre les partis en présence, et décider de la question de force et de hardiesse dont chacun jusqu'alors s'efforçait de se prévaloir.

Un comité insurrectionnel, composé de membres de la société des jacobins, avait été formé depuis quelque temps. Le 9, il engagea Pétion à se joindre à lui : sur le refus du maire de Paris, il se forma sur trois points, le faubourg Saint-Marceau, le faubourg Saint-Antoine et le club des Cordeliers.

Dès le milieu du jour, le rappel avait battu dans tous les quartiers de Paris, et la garde nationale tout entière s'était réunie ; l'agitation était extrême, et le motif de cet émoi général demeurait encore inconnu.

La Cour cependant en était instruite : en effet, les Tuileries étaient remplis d'une foule considérable de gentilshommes, de chevaliers de Saint-Louis, et de personnes à qui leur zèle avait fait ouvrir les portes où veillait d'ordinaire une si sévère étiquette. Vainement Mandat, commandant de la garde nationale dont cette cohue embarrassait le service, avait demandé qu'on les fît retirer : « Ces messieurs, avait répondu la reine en se tournant vers eux, sont venus pour nous défendre, et nous comptons sur eux. » Le roi était loin de partager cette confiance : à une heure du matin, il passa une espèce de revue dans les appartémens, et choisit trois généraux pour diriger la défense.

L'Assemblée cependant s'était réunie sous la présidence de Pastoret, et se faisait rendre compte de l'état alarmant où se trouvait Paris. La majorité des sections s'était mise en état d'insurrection, et avait envoyé des commissaires à la municipalité ; ces commissaires furent dès leur arrivée maîtres de la délibération : Pétion et

Mandat furent accusés d'avoir tenté de réprimer
l'insurrection ; le premier fut à grand'peine
dégagé par quelques grenadiers de la garde nationale ; pour Mandat, au moment où il tentait
de se justifier d'avoir fait battre la générale, il
eut la tête fracassée d'un coup de pistolet. L'insurrection dès lors prit une marche régulière,
et le commandant de la garde nationale fut remplacé par Santerre.

La mort de Mandat enlevait à la Cour toute
chance de succès ; les dispositions que ce général avait prises devenaient désormais sans but,
et cependant elles ne manquaient pas de quelqu'habileté. Outre les nombreux volontaires qui
garnissaient les appartemens, et un millier de
gardes suisses, il avait placé dans les cours trois
mille gardes nationaux et onze pièces de canon.
La gendarmerie à pied et celle à cheval gar-
daient divers postes importans ; une réserve de
six cents cavaliers occupait la place de Grève.
Dès que la garde nationale avait commencé à se
ranger en bataille dans les cours, le roi s'était
présenté à son balcon ; à sa vue quelques cris de
vive le roi s'élevèrent. Il n'en fallait pas plus
pour opérer une scission dans les rangs. La plu-
part des grenadiers s'agitant en tumulte quittèrent la place qui leur était assignée, et se rangè-

rent du côté opposé de la Cour ; les canonniers
tournèrent à la fois leurs pièces contre la façade
du château : dès lors le succès du parti populaire ne pouvait plus être douteux.

Le roi cependant ne désespérait pas de rani-
mer le courage de ses partisans. Il descendit
donc pour passer en revue les bataillons de la
garde nationale.

« Il était accompagné, dit Toulongeon, témoin oculaire, de quelques officiers généraux,
d'officiers de ses gardes suisses, et du ministre
de la guerre. La garde nationale cria *vive le
roi !* les canonniers et le bataillon de la Croix-
Rouge répétèrent *vive la nation !* Deux bataillons composés de piques et d'armes à feu étaient
entrés pendant cette revue : on les fit passer
sur la terrasse de la Seine ; en défilant devant
le roi, ils criaient *vive Pétion ! vive la nation !*
et ces cris étaient mêlés d'injures.

« Le roi passa ensuite sur la terrasse de la façade du château. Là étaient les bataillons des
gardes nationales, connus sous le nom de bataillons des *Petits-Pères* et des *Filles-Saint-
Thomas ;* c'étaient ceux sur lesquels on comptait le plus. Des grenadiers entourèrent le roi et
le pressèrent vivement de se porter jusqu'au
Pont-Tournant, qui ferme l'entrée du jardin ,

pour y passer en revue le poste qui l'occupait ;
le trajet était assez long, et déjà les deux bataillons de piques qui bordaient la terrasse de la
Seine criaient hautement *à bas le veto ! à bas le
traître !...*

« Les troupes du Pont-Tournant se trouvèrent dans des dispositions rassurantes ; mais le
retour du roi fut périlleux. Plusieurs hommes
se détachèrent de leurs bataillons, se mêlèrent
à son cortége et lui dirent des injures; en ren-
trant par le vestibule du milieu, il fut obligé
de recommander aux officiers qui l'accompagnaient de faire former une barrière par les
grenadiers, au-devant du péristile. Peu après
les deux bataillons que l'on avait placés sur la
terrasse sortirent par la porte du Pont-Royal,
et traînèrent leurs canons en face de la grille,
braqués contre le château.

« Deux autres bataillons que l'on avait postés
dans la cour se débandèrent, emmenèrent leurs
canons, se postèrent opposés dans le Carrousel,
et laissèrent en partant l'esprit de doute et de
méfiance parmi les troupes qui restaient. »

Tandis que les troupes sur lesquelles la Cour
avait cru pouvoir compter, hésitaient sur le
parti qui leur restait à prendre, ou se ran-
geaient du côté des insurgés, ceux-ci, fermes

dans leurs résolutions, prenaient toutes les mesures qui en devaient assurer le succès. Dès le
point du jour, ils avaient forcé l'Arsenal et s'é-
taient emparés de trois mille fusils ; trois colonnes, de plus de vingt mille hommes chacune,
parties à six heures du faubourg Saint-Antoine,
du faubourg Saint-Marceau, et du quartier
Saint-Germain, se dirigeaient sur le château.
Un nombre immense d'hommes armés les ral-
liait en route ; à huit heures, la colonne de la
rive droite de la Seine, commandée par Wes-
termann, déboucha sur la place du Carrousel :
les artilleurs de la garde nationale se joignirent
aussitôt à elle, amenant à la prolonge leurs
pièces en batterie.

Le roi et la Cour étaient dans la plus grande
anxiété : en ce moment se présente un membre
de la municipalité. Il vient annoncer que, de
tous les points de Paris, des colonnes armées se
portent sur le château, demandant à grands
cris la déchéance. Rœderer, procureur-général
du département, vient bientôt confirmer cette
nouvelle : il demande à rester seul avec le roi
et la reine, et leur peint au vrai l'état de la capitale. « Le péril, dit-il, est à son comble : la
garde nationale s'est rangée du côté des insurgés ; le roi, la reine, leurs enfans et tout ce qui

les entoure va périr infailliblement. » Il propose
enfin au roi de chercher un refuge pour lui
et sa famille au sein de l'Assemblée nationale.
A ce conseil, la reine oppose la plus vive résistance. « On me clouera aux murs de ce château,
s'écrie-t-elle, plutôt que de m'en faire sortir ! »
En vain on lui représente qu'elle se va rendre
responsable de la mort du roi, de celle de son
fils, de la sienne et de celle de tous leurs défenseurs, elle reste inébranlable. Le roi alors se
lève, fait signe qu'on le suive, et se dirige vers
le jardin, suivi de sa famille, de ses principaux officiers et de ses gardes.

Le peuple encombrait toutes les issues : à la
vue du roi et des autorités municipales, la
foule ouvrit un large passage qu'ils traversèrent
pour se rendre à la salle des séances de l'Assemblée nationale. Une députation de représentans l'attendait. « Je viens, messieurs, dit
Louis, pour éviter un grand crime, et je pense
que je ne saurais être plus en sûreté qu'au milieu de vous. » Le président lui répondit qu'il
pouvait compter sur la fermeté de l'Assemblée,
dont les membres avaient juré de mourir en
défendant les autorités constituées.

Le roi et sa famille avaient abandonné le château, et dès lors toute démonstration hostile

était sans objet. On négligea d'instruire le peuple et la garde nationale des événemens qui venaient de se passer ; les courtisans et les Suisses chargés de la défense du château l'ignorèrent eux-mêmes ; et cette coupable incurie des hommes en qui le roi avait placé sa confiance amena les plus cruels malheurs.

En effet, les hostilités commencèrent sur la place du Carrousel, et dans les cours, plus d'un quart-d'heure après que le roi était parvenu dans la salle de l'Assemblée, après avoir traversé le jardin ; en vain le président envoya des commissaires pour calmer la fureur des combattans ; ils ne furent pas entendus : la canonnade continua, et les Suisses ripostèrent par une vive fusillade. L'attaque était habilement dirigée : l'artillerie placée aux angles des diverses rues qui aboutissent au Carrousel dirigeait un feu bien nourri sur le château que des corps nombreux attaquaient en même temps par le côté du jardin : en vain les Suisses de Turler, quelques gardes nationaux royalistes, et la noblesse à qui on devait attribuer tant de malheurs, opposèrent une résistance désespérée ; les assaillans pénétrèrent à la fois par toutes les issues : le peuple vainqueur, se laissant aller au premier élan de sa fureur, massacra tout ce qu'il rencontra d'ennemis; mais bientôt rappelé par la garde nationale à des sentimens plus généreux, il épargne le reste des Suisses que les soldats citoyens conduisent prisonniers à l'Assemblée nationale.

L'histoire a consacré les versions les plus diverses sur cet événement, un des plus graves et des plus importans de la révolution française. Les partis se sont accusés réciproquement d'en avoir provoqué les excès; il semble plus naturel de ne voir dans la journée du 10 août qu'une conséquence de l'état même de ces divers partis. Des hommes qui se haïssent et se proposent un but différent, se trouvent en présence; une action meurtrière doit inévitablement s'engager. Que les Suisses de Turler, les gardes nationales patriotes ou la populace armée aient commencé l'attaque, peu importe : le reproche dans cette grave circonstance ne peut tomber que sur l'autorité municipale qui ne sut pas prévenir ni arrêter une action sanglante qui décidait de la chute du trône.

Le parti populaire avait triomphé, la nouvelle municipalité qu'il avait élue s'empara d'une main hardie des rênes du pouvoir : son premier acte fut d'envoyer une députation à l'Assemblée nationale. Dans son discours, on re-

marqua ce passage menaçant : « Les circonstances commandaient notre élection, et notre patriotisme saura nous en rendre dignes. Pétion,
Danton et Manuel sont toujours nos collègues :
Santerre est à la tête de la garde nationale... Le
peuple qui nous envoie vers vous, nous a chargés de vous déclarer qu'il n'a jamais cessé de
vous croire dignes de sa confiance; mais il nous
a en même temps chargés de vous déclarer qu'il
ne veut reconnaître d'autre juge des mesures
extraordinaires auxquelles la nécessité et la résistance à l'oppression l'ont forcé, que le peuple
français, votre souverain et le nôtre, réuni
dans ses assemblées primaires. »

La France ne voyait pas sans effroi les rapides
progrès du parti démocratique; en quelques
jours ses chefs avaient fait décréter la suspension du roi, avaient expulsé la municipalité et
l'administration départementale, et enjoignant
à l'Assemblée nationale de se dissoudre, l'a-
vaient forcée à convoquer une Convention nationale. La garde nationale parisienne osa témoigner son improbation sur quelques-unes de
ces violentes mesures; il fut aussitôt résolu qu'on
s'assurerait une garde plus sûre; et l'Assemblée effrayée décréta qu'un camp de vingt mille
hommes serait formé sous Paris, que Montmar-

tre serait armé de canons, et que les Marseillais recevraient une solde quotidienne de trente
sous. Quelques jours après, la famille royale
fut conduite à la tour du Temple.

De ce jour commence le régime de la terreur.
La distinction des citoyens actifs et non actifs
est abolie ; tout individu vivant de son travail,
devient électeur et éligible ; lors même qu'il ne
paie aucune contribution. Les assemblées primaires sont convoquées pour le 26 août, et les
électeurs doivent se réunir le 2 septembre pour
élire les députés à la Convention.

CHAPITRE V.

Sommaire.

Régime de la terreur. — La garde nationale reçoit le titre de sections armées. — 19 thermidor. — Réorganisation de la garde nationale. — Insurrection. — Journée du 13 vendémiaire.

De septembre 1792 à septembre 1793.

En suspendant Louis XVI de ses fonctions, l'Assemblée nationale avait composé un nouveau ministère. Roland, Clavières, Servan, Danton, Monge et Lebrun y furent appelés ; Santerre reçut le commandement de la garde nationale, à laquelle on s'empressa de donner une nouvelle organisation, en harmonie avec les principes qui venaient de prévaloir dans la journée du 10 août.

L'abolition de la distinction établie par l'Assemblée constituante, entre les citoyens actifs et les citoyens non actifs, avait placé la source de l'autorité publique dans les mains du peuple; il fallait, pour être conséquent, que la force urbaine résidât dans les mains de ceux qui nommaient les représentans et les magistrats de la ville; un décret du 24 août appela à faire partie de la garde nationale tous les individus vivant de leur travail; les domestiques seuls furent exceptés.

Par le décret de réorganisation, la garde nationale parisienne était divisée en quarante-huit sections qui prirent le titre de *sections armées*. Le nombre de compagnies fut proportionné à la population. Chaque compagnie compta cent vingt-six individus, y compris les officiers et sous-officiers. Chaque section avait un commandant en chef, un commandant en second, un adjudant et un porte-drapeau. Il dut y avoir en outre un commandant-général de toutes les sections. A chaque section on devait adjoindre une ou plusieurs compagnies d'artillerie; *le Conseil de la commune* devait présenter ses vues à l'Assemblée nationale, sur la répartition et la formation du corps d'artillerie parisienne. Chaque compagnie d'artillerie devait en outre être renforcée d'un certain nombre d'ouvriers pris parmi les citoyens armés de piques, pour être employés dans les manœuvres et à la défense des retranchemens. Bientôt après, par un nouvel arrêté, les indigens sont admis dans *les sections armées ;* il leur est alloué une solde de quarante sous par jour ; une partie des anciens gardes nationaux, ceux surtout qui avaient signé la protestation après la journée du 20 juin, et qui s'étaient opposés à la formation du camp de fédérés, sont désarmés ; Danton, Marat, persuadés que la république ne peut triompher de ses ennemis qu'à force d'audace et d'énergie, mettent la terreur à l'ordre du jour.

Nous ne retracerons pas ici le tableau de ces temps de crise et d'effroi. Le cadre de ce rapide ouvrage ne nous force pas de raconter les excès, les persécutions, les crimes, qui souillèrent cette époque que sa gloire ne peut absoudre. La garde nationale avait réellement cessé d'exister du jour où une troupe soldée avait été introduite dans ses rangs. Parmi ceux qui la composaient, beaucoup avaient péri ou étaient désarmés ; un plus grand nombre s'était porté sous les drapeaux de l'armée active : on ne peut donc lui attribuer aucune part, lui adresser aucun reproche en ce qui touche les événemens d'alors, les attaques illégales, les émeutes populaires, le massa-

cre des prisons, le procès et l'exécution de
Louis XVI, l'insurrection du 31 mai, la mort
des Girondins.

En effet, à cette époque, à la garde nationale avait succédé, d'abord sous le commandement d'Henriot, une force armée composée d'indigens dont la solde, élevée à quarante sous par
jour, était fournie par un emprunt forcé levé
sur les riches ; plus tard Bouchotte avait été
mis à la tête de six mille hommes et de douze
cents canonniers soldés.

Le règne de la terreur ne fut pas de longue
durée. La Convention nationale s'effraya à son
tour des excès auxquels elle contribuait chaque
jour ; elle conspira contre les conspirateurs,
renversa Robespierre, et fit revenir la révolution sur ses pas. La tâche n'était pas facile ; le
plus sur moyen était de réorganiser une garde
nationale constitutionnelle, en évitant toutefois
de réduire au désespoir les indigens et les hommes sans aveu qui avaient été précédemment
armés et soldés.

Par un décret du 1er pluviose an II, la Convention ordonna donc d'abord la réélection des
officiers et sous-officiers de la garde existante,
laissant aux citoyens des sections le droit de conserver ceux qu'ils jugeaient dignes de leur con-

fiance, et d'exclure ceux qu'ils ne jugeraient pas les mériter. Chaque compagnie nommait ses capitaines, lieutenans, sous-lieutenans et sergens; ceux-ci devaient à leur tour se réunir pour nommer l'état-major. La Convention se réservait seulement la faculté de nommer les adjudans-généraux, et les adjudans des sections qui recevaient une solde.

Trois mois après, le 28 germinal, la Convention régla par un décret spécial l'organisation de la garde nationale de Paris. Elle décréta qu'elle serait composée d'infanterie et de cavalerie, qu'elle serait divisée en bataillons de sept cent soixante et un hommes chacun, fournis par les quarante-huit sections de Paris, en raison de la population de chacune. Chaque bataillon dût être composé de dix compagnies; chaque compagnie divisée en deux pelotons, et chaque peloton en deux escouades. Chaque bataillon eut son état-major; les bataillons de chaque section eurent aussi leur état-major. Une compagnie de canonniers fut accordée à chaque section, attachée au premier bataillon et aux ordres du chef de brigade. Les sections des douze arrondissemens furent réunies en divisions, à raison de quatre chacune.

La garde nationale à cheval fut portée à deux

mille quatre cents hommes, à raison de deux cents hommes par arrondissement, Ces deux mille quatre cents hommes furent répartis en trois brigades, composées chacune de quatre escadrons, à raison d'un par arrondissement : chaque escadron, de deux compagnies ; chaque division de deux escadrons.

Après avoir ainsi réglé l'organisation de la garde nationale parisienne, la Convention traça la ligne des rapports qui devaient exister entre elle et l'autorité civile. Elle la plaça sous les ordres du comité de la guerre, et ordonna qu'elle serait employée au maintien de l'ordre public, à la sûreté des personnes et des propriétés.

Il restait encore une mesure importante à prendre : c'était de ramener la garde nationale parisienne au principe de son institution, en dispensant du service tous les citoyens qui n'avaient pas les moyens de le faire gratuitement. C'est ce que fit la Convention quelques jours après qu'elle eut ordonné sa réorganisation. Le 10 prairial, elle décréta que les citoyens moins aisés parmi la classe des artisans, journaliers et manouvriers, pourraient se dispenser de faire le service de la garde nationale. En prenant cette mesure, elle évita de blesser les personnes auxquelles elle s'appliquait, et révoqua, d'une manière implicite, la solde accordée aux indigens.

Ce ne fut pas sans opposer une vive résistance que le parti jacobin vit la Convention rentrer dans une route modérée. Le 5 germinal, une première tentative de révolte échoua ; le 12 du même mois, un attroupement considérable se porta sur la Convention, et envahit la salle où elle délibérait ; au son du tocsin, la garde nationale réorganisée prit les armes et alla délivrer les représentans ; ainsi le premier résultat du rétablissement de la garde citoyenne, fut d'assurer la liberté et l'indépendance des délibérations.

Bientôt la garde nationale fut appelée à rendre un nouveau et plus important service. Le peuple mécontent et affamé s'était assemblé le 20 mai (1ᵉʳ prairial), et le lendemain une insurrection générale avait éclaté : la Convention, en un instant, s'était trouvée assaillie par une foule immense, demandant *du pain et la constitution de* 93. Les portes brisées de la salle, laissèrent bientôt s'épandre le flot populaire. Nous ne disons pas ici (1) les excès où se porta

(1) Voir l'Histoire populaire de la Révolution française, 8 volumes, par Horace Raisson.

alors la fureur de la multitude, ni les insultes
à la représentation nationale , ni l'assassinat du
jeune député Féraud, ni la stoïque impassibilité
de Boissy-d'Anglas ; il nous suffira de constater
que, dans ces terribles journées , la garde nationale fit constamment son devoir , s'opposant
en tant qu'il était en elle aux excès, volant
avec ardeur à la défense des représentans de la
nation.

Quelques jours plus paisibles succédèrent à ces
crises violentes ; la Convention, en prononçant
sa dissolution, réservait les deux tiers des places
de la nouvelle législature à ses membres ; elle
exigeait des électeurs et des éligibles des conditions de propriété très-bornées, mais suffisantes ;
elle maintenait la garde nationale, et remettait
en vigueur les principes proclamés par l'Assemblée constituante. Une sorte de calme s'établit :
il était trompeur. Bientôt les sections se réunirent et déclarèrent que les Assemblées primaires
exprimant seules le véritable vœu du peuple
français, le nouveau mode adopté par la Convention devait être rejeté comme attentatoire
aux droits des citoyens ; elles nommèrent en
outre chacune un commissaire pour exprimer les
sentimens vrais des sections sur la constitution
et les décrets ; malgré ces efforts , la constitu-

tion soumise à l'approbation de tous les citoyens
fut acceptée à une grande majorité.

On pouvait croire Paris las d'insurrections,
de tumultes, de mouvemens populaires; de
nouveaux troubles cependant fomentaient : la
Convention en était instruite. Elle avait convo-
qué pour le 20 vendémiaire les électeurs qui devaient nommer les députés. La section Lepelletier, mécontente de cette mesure, assigna la
réunion de ses membres pour le 10. Les autres
sections approuvèrent cette mesure, et il fut
convenu qu'on se réunirait le 11 au Théâtre-
Français (aujourd'hui l'Odéon). Au jour indiqué, en effet, un grand nombre d'électeurs s'y
rendit sous la protection de plusieurs bataillons
de la garde nationale.

Vainement la Convention alarmée envoya-t-
elle des commissaires pour ordonner aux électeurs de se séparer; ils furent forcés de se retirer sans avoir pu accomplir leur mission : c'était
le premier acte d'hostilité des électeurs de Paris
contre la Convention nationale; celle-ci, pour
le réprimer, fit avancer une colonne des troupes stationnées au camp de la plaine des Sablons, avec deux pièces d'artillerie, par représaille, huit sections se déclarèrent en état de
rebellion, firent battre la générale, et invitèrent

les gardes nationaux à se rendre dans leurs bataillons, pour veiller à la sûreté publique. La
guerre civile dès lors fut imminente; la section
Lepelletier se constitua en permanence et devint le foyer de l'insurrection.

La Convention de son côté s'était déclarée en
permanence, et le général Menou, qui commandait le camp des Sablons, avait reçu d'elle l'ordre
de désarmer la section Lepelletier. L'hésitation,
la mollesse de ce général le firent bientôt desti-
tuer; Barras lui succéda avec le titre de général
de l'armée de l'intérieur; ce représentant demanda qu'un jeune général de brigade récemment destitué, et auquel il s'intéressait, lui fut
adjoint; la Convention approuva le choix de Ba-
ras: le général qu'il s'adjoignait était Bonaparte.

Le point important dans la crise où l'on se
trouvait, était de protéger la Convention contre
un coup de main: Bonaparte, sur qui les autres
chefs s'étaient déchargés du péril et de la
responsabilité de cette affaire, fit avancer l'artillerie du camp des Sablons, et distribua ses
troupes dans les rues et sur les ponts par où l'on
pouvait arriver jusqu'à la Convention. Il avait
en tête une vingtaine de mille hommes, faisant
presque tous partie de la garde nationale; sa
force, en troupes de ligne, volontaires, gen-

darmes et soldats de police, s'élevait à huit mille hommes, et il avait reçu l'ordre de ne faire feu qu'en cas d'une attaque formelle.

Danican commandait les sectionnaires insurgés ; il avait combiné une double attaque contre les Tuileries, par les ponts et les quais, pour les troupes de la rive gauche de la Seine ; par la rue Saint Honoré et les rues transversales, pour celle de la rive droite. Les hostilités commencèrent dans la matinée du 13. Danican avait envoyé à la Convention un parlementaire, dont elle rejeta les conditions : aussitôt la fusillade s'engagea dans la rue Saint-Honoré.

Bonaparte, par une habile manœuvre, coupe alors devant Saint-Roch la colonne insurgée qui s'avance par la rue Saint-Honoré ; en un instant, les marches de Saint-Roch sont couvertes de morts ; ses pièces, débouchant du cul-de-sac du Dauphin, criblent à mitraille les colonnes serrées des intrépides sectionnaires, et jettent le désordre parmi eux. Il ne reste plus alors qu'un espoir aux chefs de l'insurrection, c'est de réunir les débris de la colonne de la rive droite, à celle de la rive gauche ; ils rallient une colonne de huit à dix mille hommes, et la dirigent par le Pont-Neuf ; la jonction des deux troupes opérée, cette masse formidable s'a-

vance en colonne serrée vers le Pont-Royal en
suivant le quai Voltaire. L'artillerie de Bonaparte, habilement disposée sur le quai et la terrasse des Tuileries, foudroie alors cette masse
compacte en enfilant le quai, et en la prenant
en écharpe. En vain les sectionnaires abordent
le pont avec un courage héroïque; trois fois renversés, trois fois revenant à la charge, ils finissent par être écrasés et forcés à la retraite.

Les chefs de cette révolte des sections appar-
tenaient, à ce qu'on présume du moins, au parti
royaliste; ils étaient parvenus à entraîner dans
leurs rangs une grande partie de la garde
nationale, en donnant pour motif apparent à
l'insurrection, la crainte du retour des excès
révolutionnaires : le parti vaincu devait donc
tout craindre de la vengeance des vainqueurs.
La Convention prit en effet des mesures énergiques, mais non pas sanguinaires. L'état-major
de la garde nationale fut destitué; elle prononça
la dissolution des compagnies de grenadiers et
de chasseurs; mit la garde nationale sous le
commandement du général de l'armée de l'intérieur; ordonna le désarmement des sections
Lepelletier et du Théâtre-Français, et créa trois
commissions pour juger les chefs de la rebellion.

Un grand mal résulta de cette insurrection,

mal qui plus tard porta des fruits cruels pour la liberté et la France. La Convention, attaquée au sein de Paris, ne vit plus qu'avec défiance la belle institution des gardes nationales, et commença à chercher dans l'armée un appui contre les citoyens; de là l'origine du gouvernement militaire qui devait prendre bientôt de si grands développemens.

L'élection des députés et l'établissement du gouvernement directorial suivirent de près la journée du 13 vendémiaire. Une nouvelle loi fut aussi rendue sur l'organisation de la garde nationale. Cette loi, qui fut accueillie avec froideur, était divisée en deux parties; la première relative à la formation de la garde nationale, la seconde à son organisation.

Les administrations centrale et municipale étaient chargées de la réorganisation des gardes nationales. Les corps administratifs devaient rappeler à la population entière, qu'aucun Français ne pouvait exercer les droits de citoyen s'il n'était inscrit au rôle de la garde nationale sédentaire (1). Nul ne pouvait être admis à l'inscription sur ce rôle, à moins qu'il ne fût citoyen ou fils de citoyen, et qu'il ne remplît les cou-

(1) Cette loi est du 25 thermidor an V.

ditions prescrites par l'acte constitutionnel pour exercer les droits attachés à cette qualité. Nulle raison d'âge, d'état, de profession, d'infirmité, ne dispensait un citoyen de l'obligation de se faire inscrire; ceux qui ne se faisaient pas inscrire ne pouvaient pas faire le service, mais ils étaient obligés de payer des remplaçans qui le faisaient pour eux. La garde nationale dut être organisée par canton, et se former en bataillons de huit cents hommes au plus, et à raison d'un bataillon au moins par canton. Chaque bataillon fut formé de dix compagnies dont une de grenadiers, une de chasseurs et huit de fusiliers; la composition des compagnies était la même que celle spécifiée par les lois antérieures. Dans les cantons qui fournissaient plusieurs bataillons, la réunion des bataillons formait une légion. Paris, Lyon, Bordeaux et Marseille étaient exceptés de cette disposition. Dans ces quatre villes, les bataillons réunis par municipalités formaient une légion; chaque légion fut sous les ordres d'un chef de légion et d'un adjudant-général; on devait tirer au sort chaque année le rang des bataillons, compagnies, pelotons, sections et escouades.

Le soin de la composition des compagnies de fusiliers, était confié à l'administration municipale. Pour y procéder, ils se réunissaient au chef-lieu de canton; et munis de la liste des citoyens et fils de citoyens inscrits sur le rôle de la garde nationale, ils réglaient, en raison de la population, le nombre de bataillons à fournir, et les arrondissemens qui devaient fournir les huit compagnies de fusiliers par bataillon, calculées sur le pied de cent hommes au plus. Dans les villes, les compagnies devaient être, autant que possible, composées des citoyens du même quartier; dans les campagnes, de citoyens des communes les plus voisines.

L'administration municipale, après avoir ainsi déterminé les arrondissemens, en faisait publier et afficher l'état, et assignait un jour et un lieu pour le rassemblement des citoyens de chaque arrondissement. Au jour indiqué, les citoyens de chaque arrondissement se réunissaient sans armes, sous la présidence d'un officier municipal, pour former la compagnie de fusiliers de l'arrondissement. On procédait d'abord au choix des grenadiers, et ensuite des chasseurs; les compagnies procédaient elles-mêmes à la nomination de leurs officiers, en commençant par le capitaine.

Les officiers de chaque compagnie, les premières opérations terminées, se rendaient à leur tour au chef-lieu de canton, pour élire le chef de bataillon et les adjudans. Dans les cantons et

municipalités qui fournissaient plusieurs bataillons, les chefs de bataillons se réunissaient à la
municipalité, et de concert avec elle, élisaient
le chef de légion, l'adjudant-général et les
quatre adjudans de division. Les officiers et sous-
officiers de tout grade étaient élus pour un an
seulement, et ne redevenaient éligibles au même
grade qu'après un an d'intervalle. Les communes et les cantons pouvaient, avec l'agrément des
autorités municipales, former des compagnies
de dragons nationaux.

Cette loi, en donnant une organisation nouvelle à la garde nationale, supprimait les compagnies de canonniers, et dénaturait entièrement l'esprit de liberté qui avait, dans l'origine, présidé à son institution.

La journée du 13 vendémiaire avait ruiné à
la fois les espérances et les ressources des deux
partis jusqu'alors en présence, les royalistes et
les républicains. Les hommes habiles durent
dès lors prévoir qu'un pouvoir nouveau ne tar-
derait pas à surgir : ce pouvoir devait être la
domination militaire de Bonaparte.

Politique adroit et profond, autant que général habile, Bonaparte avait reconnu tout d'a-
bord la situation respective des ennemis qu'il
aurait à combattre. Il avait vu les républicains

non plus maîtres absolus de la France, comme
aux beaux jours de 89, mais lassés, affaiblis par
leurs propres excès. Ce parti, en effet, après avoir
perdu ses principaux chefs au 9 thermidor, s'é-
tait laissé enlever ses armes et l'appui des faubourgs à la suite de l'insurrection du 20 juin; il
venait récemment de recevoir un dernier coup
funeste par la découverte de l'utopique conspi-
ration de Gracchus Babœuf. Quant aux royalistes, les derniers événemens les avaient fait
tomber dans la déconsidération en mettant au
grand jour leur système de fraude et de lâche
déception. Ce qu'il pouvait y avoir eu de sympathie, non pour les principes qu'ils représen-
taient, mais pour les maux qu'on leur avait vu
supporter avec quelqu'énergie, avait disparu
après le 13 vendémiaire. Ces ennemis infatiga-
bles n'étaient à craindre que par leur persévérance et leur ténacité.

Tous les partis conspiraient lorsque Bonaparte arriva à Paris, de retour de l'expédition
d'Égypte : chacun lui fit des avances; il facilita
toutes les ouvertures, écouta toutes les propositions, demeurant toutefois impénétrable, et ne
se prononçant ouvertement pour aucune opinion. Son rôle eût été impossible à soutenir s'il
eût affiché la vivacité militaire ou la morgue di-

plomatique : il se retrancha dans la gravité et la nonchalance du savant. Paraissant rarement en public, vêtu du simple habit de membre de l'Institut, évitant le faste et l'apparat, il fut bientôt entouré de l'estime, de la confiance de tous les hommes à vues courtes, à cerveaux étroits ; une occasion seule lui manquait pour s'emparer des rênes du pouvoir ; elle ne tarda pas à se présenter.

Sièyes depuis long-temps rêvait le renversement de la république. Un projet de constitution qu'il avait élaboré, devait remplacer le directoire par un *proclamateur-électeur*, et donner à la France une sorte de gouvernement mixte où le peuple, redevenu passif, aurait la responsabilité des fautes, sans être admis à la participation des avantages. Il fallait à Sièyes, pour l'accomplissement de son vaste projet, un homme d'exécution : ce fut sur Bonaparte qu'il jeta les yeux. Bonaparte dès lors était populaire ; l'abbé s'ouvrit à lui : les rôles furent distribués de concert ; mais cette fois l'astuce du soldat triompha du sot orgueil du prêtre, et la journée du 18 brumaire mit bientôt dans son jour l'ambition et l'audace de Bonaparte.

La garde nationale ne prit aucune part à cette mémorable journée. Alors déjà l'ambitieux Bonaparte redoutait l'esprit juste et droit de la force citoyenne. Avant de fouler aux pieds les droits de la France, et de violer le sanctuaire de la représentation nationale, il avait eu l'art de faire transférer le lieu des séances à Saint-Cloud. C'est là que, secondé de lâches dont il avait acheté l'appui à force de dons et de promesses, il se porta au plus hardi attentat. Là périt la représentation nationale ; là commença le règne militaire, et les représentans de la nation furent chassés du sanctuaire des lois par la stupide baïonnette des grenadiers de l'heureux soldat.

CHAPITRE VI.

Sommaire.

Napoléon Bonaparte annihile l'institution de la Garde
nationale. — Le 8 janvier 1814, il la constitue sur de
nouvelles bases. — Bataille de Paris. — Occupation de
la capitale par les Alliés — Retour de l'île d'Elbe.
— Seconde invasion. — Le 16 avril 1827, Charles X
dissout la Garde nationale.

(De septembre 1791 à juillet 1830.)

Avec la représentation nationale périrent les
institutions populaires, la liberté de la presse ,
et toutes les franchises que la France républi-
caine avait conquises au prix de tant de trésors
et de sang; Bonaparte, en un jour, avait consommé la contre-révolution.

Ennemi né de toute institution libérale, Bonaparte ne pouvait voir sans effroi subsister la
garde nationale; il n'eût pas osé cependant,
faible encore qu'il était, et peu assuré de l'appui

de la nation, ni l'accuser ni la dissoudre; il adopta pour la désorganiser uue mesure qui certes fit plus d'honneur à son génie inventif qu'à son caractère.

La dernière loi sur l'organisation de la garde nationale voulait que les citoyens fussent convoqués tous les ans pour l'élection de leurs officiers : Bonaparte, qui avait usurpé le droit de nommer les administrateurs municipaux, les juges de paix, les administrateurs des départemens, etc., défendit à ces agens, par lesquels il avait remplacé les élus du peuple, de laisser les citoyens s'assembler pour la nomination de leurs officiers; dès ce moment, il n'exista plus de garde nationale en France; les citoyens, sans chefs, se résignèrent à la privation de leurs droits les plus précieux.

Nous ne dirons pas ici le règne de Napoléon Bonaparte. Sous son sceptre de fer, la garde nationale eût été une anomalie : il la brisa. Ce ne fut qu'aux jours du péril, alors qu'il tremblait pour son trône, qu'il vint faire appel au civisme de la nation, et tenta de réorganiser cette milice citoyenne qui l'eût sans doute préservé de sa ruine si, au lieu de la craindre (1), il se fût

(1) En 1809, tandis que Bonaparte était à Vienne, les Anglais dé-

8

appuyé avec confiance sur sa loyauté et son
énergie. Comme tous les despotes, Bonaparte
craignait les hommes libres et les institutions
patriotiques ; comme tous les despotes, il fut
abandonné dans l'infortune par les mercenaires
qu'il avait gorgés d'or et de faveurs, et ne trouva,
au déclin de sa puissance, de dévouement sincère, et de courage sans faste, que dans les citoyens dont il avait méconnu le caractère et
blessé les sympathies.

La puissance de Napoléon reposait sur une
base faussée : elle ne pouvait être durable ; bientôt les désastres de nos braves armées et la
marche rapide des puissances coalisées le forcè-
rent, quelque forte que fût sa répugnance, à in-
voquer l'appui des citoyens et à les armer pour
la défense du territoire.

Le 8 janvier 1814, l'organisation de la garde
nationale parisienne fut donc ordonnée. Les
principes fixés par la loi de 1792 furent en
grande partie conservés ; cette garde fut divisée

---

barqués dans l'île de Walkeren, menacèrent la France d'une invasion.
Fouché ordonna l'armement des gardes nationales ; on forma des colonnes mobiles, et douze colonnes sédentaires furent organisées dans la
capitale. La nouvelle de cette sage mesure était à peine parvenue à Bonaparte, qu'il ordonnait la suppression des cadres, et chassait Fouché
du ministère : donner des armes aux citoyens était alors un crime.

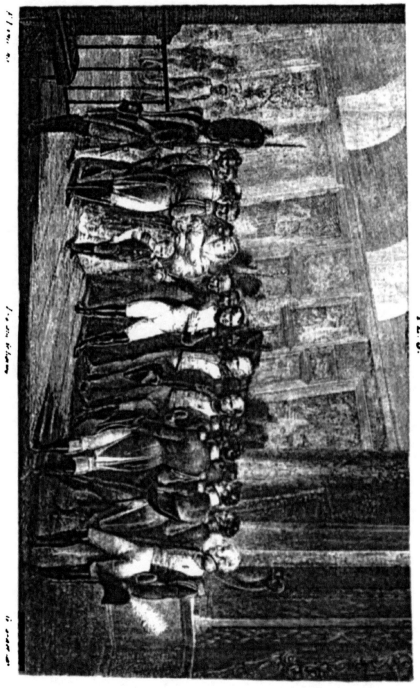

PL. 3.

NAPOLÉON AU MUSÉE, ANNONCE SON DÉPART POUR LA CAMPAGNE DE FRANCE

en douze légions ; chaque légion fut composée de quatre bataillons et de vingt compagnies. L'empereur se réserva toutefois la nomination des officiers qui la devaient commander, et lui donna pour général en chef son frère Louis ; le comte de Montesquiou, le duc de Montmorency et le comte Hulin reçurent le titre de majors-généraux.

Déjà alors les alliés avaient mis le pied sur le sol sacré de la patrie : Napoléon allait partir pour déployer de nouveau la puissance de son génie militaire. La campagne de France s'ouvrait, et là il allait retrouver toute l'énergie de sa jeunesse, toutes les ressources de son expérience et de son courage : avant de quitter Paris, il assemble dans la galerie du Muséum les chefs de la garde nationale ; et là, tenant d'une main son épouse qui vient d'être investie de la régence, de l'autre son fils que tant de vœux entourent, il s'avance et d'une voix émue : « Messieurs, dit-il, je pars : je vais refouler loin de « nous les barbares qui s'apprêtent à nous envahir. Je pars ; et je confie à votre foi, à votre honneur, ce que j'ai de plus cher au monde : ma « femme, mon fils. » Ces simples paroles sont accueillies d'une approbation unanime : tous jurent de mourir en défendant le dépôt sacré qui leur est confié, et de ce jour la garde de la capitale repose tout entière sur la garde civique.

Mais les efforts de l'Empereur et de son héroïque armée devenaient plus vains chaque jour.
Partout le nombre accablait le courage, et la capitale alarmée vit bientôt l'ennemi vainqeur arriver jusque sous ses murs. Cependant les habitans
des campagnes refluaient sur la capitale; leurs
femmes, leurs enfans les suivaient, et la garde
nationale qui, dès le 26 mars, faisait le service
des barrières, eut alors encore des fonctions pénibles, mais utiles, à remplir, en recueillant ces
malheureux.

Le 30, dès le point du jour la garde nationale
tout entière se trouvait sous les armes. L'armée
française avait pris position sur les hauteurs de
Paris; une partie des légions gardait les barrières, prête à combattre; d'autres faisaient le
service intérieur; un grand nombre de citoyens,
entraînés par une noble ardeur, étaient allés se
mêler aux troupes actives, et engageaient en ti-
railleurs une vive fusillade.

La bataille de Paris fut une des plus meur-
trières de cette terrible campagne. L'armée
abandonnée, trahie, vendue, fit des prodiges
de valeur et de constance; la garde nationale se
couvrit de gloire. Abandonnée de ses chefs, du
lâche roi Joseph, commandant-général, du

PL 3

1814. LA GARDE NATIONALE TRAVAILLE AUX RETRANCHEMENS SOUS LES
MURS DE PARIS.

E. Lami 1827.

Imp lith de Hou[...]

Lami lith

PL. 5.

BATAILLE DE PARIS LE 30 MARS 1814

comte Regnault, des officiers d'état-major, qui
tous avaient pris la fuite au premier coup de
canon, elle défendit les hauteurs de Belleville,
de Ménilmontant, de Romainville, de Saint-
Chaumont, de Montmartre, soutint le feu de
l'artillerie aux barrières, combattit enfin et con-
serva ses postes jusqu'au soir. Alors on apprit
qu'une capitulation avait été signée; trente mille
gardes nationaux avaient combattu dans cette
mémorable journée; un grand nombre resta
sur le champ de bataille.

Paris avait capitulé, mais la tâche de la garde
nationale était loin d'être accomplie. Après
avoir défendu la grande cité, il lui fallait encore la préserver des excès, des violences, et
son service allait devenir plus difficile, plus pénible que jamais.

L'entrée des alliés s'opéra au milieu de la
consternation publique. Dans une proclamation, l'empereur de Russie et le roi de Prusse
avaient déclaré, au nom des souverains alliés,
que leur intention n'étant ni d'imposer des lois
à la France, ni de lui imposer un gouvernement, ils invitaient les habitans de la capitale à
se prononcer pour le gouvernement qui leur
conviendrait. Ils promettaient en outre, non-
seulement de le reconnaître, mais s'il en était

besoin, de l'appuyer de leur puissance. Trois
prêtres se firent alors les interprètes de la nation : l'abbé Montesquiou, l'abbé de Pradt,
l'évêque d'Autun (1) se rendirent près des souverains alliés pour affirmer que le vœu général
appelait au trône l'ancienne famille des Bourbons : la restauration fut décidée.

Bientôt le comte d'Artois, nommé lieutenant-
général du royaume, fit son entrée dans la capitale. Pour acquérir quelque popularité ce
prince avait revêtu le costume de la garde nationale; il se montra prodigue de promesses
que l'événement devait démentir si prochaine-
ment, et dut un moment de faveur à ses
paroles fallacieusement données d'abolir les
droits réunis, la conscription; la censure, et
surtout d'oublier le passé et de consolider les
conquêtes de vingt ans d'efforts et de sacrifices.

Louis XVIII arriva : sa charte octroyée bles-
sait les idées, les principes de la révolution; il
sembla s'appliquer à mécontenter la classe des
citoyens sur laquelle il eût dû tenter d'asseoir sa
puissance. La garde nationale, depuis le 1er
avril faisait le service intérieur des Tuileries ; le
25 juin ce poste d'honneur lui fut enlevé, et la

_____

(1) M. de Talleyrand, aujourd'hui ambassadeur en Angleterre.

PL.6.

F. Feams del

Imp lith de Bouty

Girardet lith

LE GOUVERNEMENT PROVISOIRE CONVOQUE LES CHEFS DES DOUZE LÉGIONS DE PARIS.

façon dont elle fut remplacée avait quelque chose de rude, de grossier, qui cadrait peu avec les mœurs polies que l'on aime à supposer à un descendant de Louis XIV. Les gardes nationaux s'étaient absentés un instant pour aller prendre leur repas; à leur retour, leurs armes avaient été jetées à la porte, et des gardes-du-corps avaient pris leurs places. Une autre humiliation que la garde nationale eut à subir chaque jour, attesta dès cette époque le peu de cas que l'on faisait de son estime et de son service. Tous les soirs on distribuait des cartouches à la garde soldée du château; on n'en distribuait pas à la garde nationale; on allait même jusqu'à s'assurer que ses fusils n'étaient pas chargés.

Tant de fautes, tant de stupides injures ne pouvaient rester impunies. En haine à la nation, sans appui dans la garde nationale, la restauration devait être renversée au moindre choc: le débarquement de Napoléon à Cannes fut le signal de sa ruine.

Au grand nom de Napoléon, l'armée entière se leva comme un seul homme; la France, oubliant ou pardonnant tout ce qu'il avait fait peser de maux sur elle, courut d'un unanime élan à sa rencontre, n'hésitant pas de troquer contre

une gloire tyrannique, le joug avilissant d'une
famille abatardie.

Les Bourbons connurent alors leur faute. Ils
se vinrent jeter dans les bras de la garde nationale : il était trop tard. Bonaparte s'avançait au
pas de course ; le comte d'Artois assembla les
légions : ses beaux discours sollicitèrent tour-à-
tour l'honneur, la sympathie, la pitié. « Que
« ceux d'entre vous qui veulent marcher à la
« défense de leur roi légitime sortent des rangs, »
dit-il en terminant ; une douzaine de vieillards
répondirent à cet appel. Le 19 mars, à minuit,
Louis XVIII, protégé par la garde nationale,
quitta le palais de ses aïeux. Le 20 Napoléon y
faisait son entrée.

Les cent-jours sont une époque à part, un
épisode singulier de l'histoire de nos trente dernières années. Là Napoléon, l'ennemi le plus
redoutable de la liberté, en affecte le langage ;
son orgueil impérial s'abaisse ; ce n'est plus sur
l'armée seulement qu'il cherche à baser sa puissance : pour la première fois il tente de s'appuyer
sur le peuple. Son *acte additionnel* détruit le
prestige, désillusionne la nation qui reconnaît le
despote sous son masque de libéralisme, et dé-
cide de la seconde chute de l'empire.

Waterloo voit périr nos braves : pour la se-

PL. 7

LA GARDE NATIONALE DÉFEND LES BOUTIQUES DE PARIS CONTRE LES COSAQUES

conde fois l'étranger campe sous Paris, et Napoléon ne peut se décider à abdiquer sa puissance : des troubles alors éclatent dans la capitale. Les députés demandaient à Napoléon d'abdiquer l'empire; les courtisans, les ambitieux, habitués à servir un maître, agitaient la masse des fédérés, et se préparaient à marcher contre les chambres libérales représentant si bien alors la nation régénérée. Mais la garde nationale veille. Trois jours durant, elle assure la liberté des délibérations, maintient les factieux, et s'oppose à une entreprise qui eût précipité la France vers une ruine complète ; Bonaparte enfin abdique en faveur de son fils, et va chercher un trompeur asile dans les bras de la perfide Angleterre.

Paris cette fois capitula sans coup férir. L'armée impériale avait été envoyée tout entière derrière la Loire, et Louis XVIII fit pour la seconde fois son entrée à la suite des armées étrangères; plus de cent cinquante mille hommes furent cantonnés chez les citoyens, et la garde nationale se trouva chargée du service le plus difficile et le plus pénible. Elle avait en effet à la fois à prévenir ou réprimer les désordres des troupes étrangères, à empêcher les agressions des ouvriers, armés par Bonaparte, et les inso-

lentes attaques des royalistes : ce ne fut que par
d'incroyables efforts par d'immenses sacrifices
qu'elle parvint enfin à rétablir l'ordre dans la
capitale.

Pour prix de ses services éminens, de son dévouement à la chose publique, le gouvernement
de 1815 soumit la garde nationale à son infâme
système d'épuration. Dès le jour de la rentrée de
Louis XVIII, la cocarde nationale avait été remplacée par la cocarde blanche ; bientôt on lui
donna de nouveaux officiers ; son service fut
chaque jour abreuvé de dégoûts ; la restauration
ne voyait qu'avec crainte ce corps armé de citoyens.

Dans une circonstance devenue mémorable,
le sergent Mercier et le poste qu'il commandait
à la Chambre des représentans, avaient refusé
de se prêter à l'expulsion du député Manuel : le
ministère et le roi n'attendaient qu'un prétexte
pour dissoudre la garde nationale.

Ce prétexte ne s'offrait pas, mais on avait
trouvé le moyen de paralyser du moins l'influence de la garde citoyenne, en ne l'appelant
plus à aucun service réel. Deux ou trois postes
sans importance lui étaient à peine confiés ; une
ou deux revues au plus lui donnaient chaque année occasion de se réunir.

LE SERGENT MERCIER REFUSE DE FAIRE SORTIR MANTEL DE LA CHAMBRE DES
DÉPUTÉS

Une de ces revues avait été assignée pour le 16 avril, jour anniversaire de la rentrée des Bourbons ; la garde nationale, assemblée dans la vaste enceinte du Champ-de-Mars, attendit en silence l'arrivée du souverain. Charles X, entouré d'un brillant état-major, ne tarda pas à paraître ; et s'avança vers la longue ligne des troupes citoyennes. Le cri de *vive le roi !* l'accueillit tout d'abord : mais bientôt à ce cri se mêla celui de *vive la charte ! à bas les ministres !* Le roi demeurait impassible ; le duc de Reggio, commandant général de la garde nationale, tenta vainement de faire cesser ces cris unanimes, qui ne cessèrent d'éclater jusqu'à la fin de la revue.

Le lendemain , une ordonnance laconique licenciait la garde nationale.

CHAPITRE VII.

—

Sommaire.

Promulgation des ordonnances de juillet 1830. — Le peuple de Paris prend les armes. — Chute de Charles X. La garde nationale s'organise sous le commandement du général Lafayette. — Le duc d'Orléans, nommé lieutenant-général du royaume, est proclamé roi des Français. — Revue au Champ-de-Mars. — Distribution des drapeaux. — Mouvemens populaires. — Procès des ministres. — Licenciement de la compagnie d'artillerie. — Le général Lafayette donne sa démission.

—

(Du 26 juillet 1830 au 1er janvier 1831.)

Un fait remarquable, et qui atteste combien l'institution de la garde nationale offre de garanties à la liberté du pays, et porte d'ombrage

PL. 9.

E. Lami del.

Imp. lith. de Lemercier

Girardet lith.

LE 28 JUILLET 1830, LES GARDES NATIONAUX SE RASSEMBLENT SUR LA PLACE

DES PETITS PÈRES.

à ceux qui ont résolu de l'opprimer, c'est qu'elle
ne fut anéantie qu'à trois grandes époques, et
par trois pouvoirs également oppresseurs : sous
le régime de la terreur par Robespierre et Marat ;
au consulat par Bonaparte, et sous Charles X
enfin, lorsqu'assuré de la majorité de la
chambre septennale, il se crut assez fort pour
se passer du concours de la nation, et recons-
truire pièce à pièce la vieille monarchie absolue.

A ces trois époques aussi, et l'histoire ne
manquera pas de le constater, avec la garde
nationale disparaît la confiance du peuple,
et la force des gouvernans : un peu plus tôt,
un peu plus tard, ces pouvoirs usurpateurs
des libertés publiques sont renversés, et
le premier soin de ceux qui leur succèdent,
est toujours d'appeler à leur secours la milice
citoyenne, de la recréer et de se jeter dans ses
bras.

Ainsi le règne de Charles X fut de courte durée ; il avait, cinq ans durant accumulé fautes
sur fautes : toutes les institutions, toutes les garanties que la France avait conquises au prix
de tant de sang, de tant de sacrifices, avaient
été tour à tour l'objet de ses attaques, de ses
violations ; la nation avait supporté tant d'ou-

trages avec une résignation que dans son aveuglement il interprétait à faiblesse; il osa enfin,
tenter de ravir d'un seul coup le peu qui restait
de libertés à la France : les fameuses ordonnances
parurent dans le *Moniteur* du 26 juillet : le
29 Charles X avait cessé de régner. Paris avait
reconquis en trois jours tout ce que quinze ans
d'oppression avaient fait perdre à la France.

Raconter ici la glorieuse révolution de juillet,
serait chose superflue; tous ceux à qui cet
ouvrage s'adresse ont vu les trois journées,
tous en ont couru les périls, soit comme
témoins soit comme acteurs. Charles X avait
cru anéantir la garde nationale parisienne; il
n'avait fait que rompre les rangs; le premier
coup de son canon a servi de rappel : dès le 28,
l'uniforme tricolore du citoyen était venu
s'opposer à l'habit rouge du mercenaire.

Les services que la garde nationale a rendus
pendant les trois jours de combat sont en dehors
du cadre de cet ouvrage; elle n'agissait pas en
corps, tous les citoyens avaient pris les armes;
ceux qui avaient conservé l'habit national y
trouvaient surtout cet avantage, que la masse
populaire obéissait à leur voix durant le combat, et imitait leur modération après la victoire.

BARRICADE DÉFENDUE PAR LA GARDE NATIONALE LE 29 JUILLET 1830

Le 30, la révolution armée était terminée; un gouvernement provisoire veillait à la sûreté de la ville; la Chambre des Députés, en offrant au duc d'Orléans la lieutenance-générale du royaume, lui imposait des conditions propres à assurer à la France une liberté forte et durable; la première était : « Le rétablissement de la garde nationale, avec l'intervention des gardes nationaux dans le choix de leurs officiers. » Le prince, en acceptant la lieutenance-générale, trouva la garde nationale toute réorganisée. Deux jours avaient suffi au zèle des citoyens pour répondre à l'appel de l'immortel Lafayette revenu à sa jeunesse par son enthousiasme; et le 31 lorsqu'il se rendait à l'Hôtel-de-Ville, trouvant tous les postes occupés par les citoyens : « Messieurs, disait-il, c'est un ancien garde national qui vient rendre visite à son ancien général. »

Les partis cependant s'agitaient avec violence : la séance de la Chambre, le 2 août, avait été consacrée à un débat animé sur la forme à donner au gouvernement nouveau. Tandis qu'une partie de la population encombrait la route de Rambouillet, les murs de Paris s'étaient couverts de placards menaçans; le général Lafayette, qui se multipliait pour satisfaire à tout, et sur qui reposait en quelque sorte la destinée de la patrie,

puisqu'en cet instant de crise il était la seule
force, la seule autorité qui pût être entendue, et
surtout obéie, adressa l'ordre du jour suivant
à la garde nationale :

« Dans la glorieuse crise où l'énergie parisienne a reconquis tous nos droits, tout reste
encore provisoire; il n'y a de définitifs que la
souveraineté de ces droits nationaux et le souvenir de la grande semaine du peuple; mais
au milieu des divers pouvoirs improvisés par
les nécessités de notre situation, la réorganisation des gardes nationales est un besoin de
défense et d'ordre public réclamé de toutes
parts. La pensée du prince exerçant la haute
fonction de lieutenant-général du royaume,
bien honorable pour moi, a été que je devais,
pour le moment, prendre ce commandement.
Je m'étais refusé, en 1790, au vœu de trois
millions de mes camarades, parce que cette
fonction était permanente et pouvait un jour
devenir dangereuse. Aujourd'hui, que les circonstances sont différentes, je crois devoir,
pour servir la liberté et la patrie, accepter l'emploi de commandant-général des gardes nationales de France. »

Cette proclamation, si simple et si franche,
était par avance une réponse victorieuse aux

calomnies que, plus tard, la jalousie inquiète
d'ambitieux collègues ne devait pas craindre
d'avancer contre le citoyen des Deux-Mondes. »

Le 3 août, ce jour solennel de l'ouverture
des Chambres, que le ministère de Charles X
avait tant redouté, parut enfin, et le prince dans
un discours plein de noblesse et d'expansion,
assura aux représentans de la nation toutes les
garanties qu'ils devaient désirer : « Attaché de
cœur et de conviction aux principes d'un gouvernement libre, dit-il en terminant, j'en
accepte d'avance toutes les conséquences; je crois
devoir appeler dès aujourd'hui votre attention
sur l'organisation des gardes nationales, l'application du jury aux délits de la presse, la formation des administrations départementales et
municipales, et avant tout sur cet article 14 de
la Charte qu'on a si odieusement interprété. »

Bientôt la Charte fut révisée, et la Chambre
des Députés, avant de la présenter à l'approbation du lieutenant-général du royaume, y ajouta
le paragraphe suivant :

« Moyennant l'acceptation de ces propositions
et dispositions, la Chambre des Députés déclare
enfin que l'intérêt universel et pressant du peuple français, appelle au trône S. A. R. Louis-
Philippe d'Orléans, duc d'Orléans, lieutenant-

9

général du royaume, et ses descendans à perpé-
tuité, de mâle en mâle, par ordre de primogé-
niture, et à l'exclusion perpétuelle des femmes
et de leur descendance. En conséquence, Son
Altesse Royale Louis-Philippe d'Orléans, duc
d'Orléans, lieutenant-général du royaume, sera
invité à accepter et à jurer les clauses et engagemens ci-dessus énoncés, l'observation de la
Charte constitutionnelle et des modifications
indiquées; et après l'avoir fait devant les Chambres assemblées, il prendra le titre de *Roi des
Français.* »

A la députation qui lui portait la déclaration
de la Chambre, le duc d'Orléans, après avoir
entendu la lecture de la Charte, répondit :

« Messieurs, je reçois avec une émotion profonde la déclaration que vous me présentez; je
la regarde comme l'expression de la volonté nationale, et elle me paraît conforme aux principes politiques que j'ai professés pendant toute
ma vie.

« Rempli de souvenirs qui m'avaient toujours fait désirer de ne jamais monter sur le
trône, exempt d'ambition, et habitué à la vie
paisible que je menais dans ma famille, je ne
puis vous cacher tous les sentimens qui agitent
mon cœur dans cette grande conjoncture; mais

J. Lami inv.

C. Valor del.

LES DÉPUTÉS, ESCORTÉS PAR LA GARDE NATIONALE,
OFFRENT LA COURONNE A LOUIS PHILIPPE

il en est un qui les domine tous, c'est l'amour de mon pays : je sens ce qu'il me prescrit et je le ferai. »

Les citoyens qui avaient servi d'escorte aux représentans depuis la Chambre jusqu'au palais, le peuple qui encombrait les cours, la place et le jardin, attendaient avec anxiété le résultat de cette scène imposante, et lorsque Louis-Philippe Ier parut au balcon, une acclamation unanime s'élève. Les accens de la garde nationale assurent au Roi son concours ; elle jure de ne jamais séparer sa cause de la sienne : on sait comment elle tient chaque jour son serment.

La révolution, commencée par le renversement du trône de Charles X, avait pris fin au moment où la couronne venait d'être placée sur la tête du duc d'Orléans : douze jours avaient suffi pour accomplir ce grand événement ; et durant cet espace de douze jours, où nulle autorité n'était légalement constituée, où nul pouvoir ne s'appuyait sur une base solide, aucun excès, aucun désordre ne troubla le sein de la capitale ; partout la garde nationale veillait, assurait la tranquillité publique, faisant respecter les personnes et les propriétés, préservant les monumens, et contenant la turbulence de

quelques obscurs mécontens; les peines, les sacrifices, les privations disparaissaient devant la
ferme volonté d'assurer la liberté, l'ordre public : il semblait que chaque citoyen voulût se
rendre digne de la vertu de Lafayette.

Louis-Philippe Ier avait été appelé au trône
par le vœu des Français, et certes jamais choix
plus digne n'attesta la judicieuse sagacité d'un
peuple éclairé. Ce prince n'avait combattu que
dans nos rangs, n'avait pris part qu'à nos victoires, n'avait arboré que nos couleurs : banni
de la patrie, on l'avait vu en emporter l'amour
sur la terre étrangère, et l'honorer dans son
exil, en ne tirant que de soi seul ses ressources,
dédaignant de mendier les pensions de l'étranger, ou de se mettre à la solde des ennemis
de la France. Citoyen, père de famille, il avait
mérité partout l'estime; et lorsqu'il rentra parmi nous, ce ne fut pas à la suite de l'étranger,
en triomphateur posthume, mais avec une joie
intime et modeste. Depuis lors, chaque jour
ses vertus publiques et privées, sa raison, sa
sagesse, lui attachèrent l'estime et l'amour de
de la nation, qui mille fois tourna les yeux vers
lui avec un sentiment d'espérance et de sympathie.

Dès lors la révolution de juillet était con-

sommée : bientôt tout se rallia autour du
nouveau pouvoir; l'armée reprit avec un enthousiasme impossible à dépeindre les nobles
couleurs qu'elle avait, vingt ans durant, pro-
menées triomphantes d'un bout de l'Europe à
l'autre; la magistrature, le clergé se rangèrent
du côté du peuple. Charles X et sa cour, après
avoir traversé lentement le nord de la France,
s'embarquaient à Cherbourg, pour se retirer
avec quelques amis dévoués sur la terre d'Angleterre.

Ce qui, dans son premier élan, distingue la
révolution de juillet, c'est l'intelligence, l'audace et la rapidité militaire; ce qui, dans son
rapide cours, la rend admirable, c'est la modération et la vertu politique. C'est à la garde
nationale surtout, à sa rapide organisation, à
son infatigable persévérance, que sont dus ces
héroïques résultats ; c'est elle qui, après avoir
conquis la liberté, a su garantir le peuple de ses
propres excès, et rendre le bienfait durable en
le préservant de toute souillure.

Les ministres signataires des coupables ordonnances avaient été arrêtés dans leur fuite,
grâces au zèle des gardes nationaux de la Normandie et du nord, et le château de Vincennes
les reçut le 29 août, jour choisi par le Roi des

Français pour passer la revue des gardes nationales, à qui son cœur était empressé de
payer un juste tribut d'admiration et de reconnaissance.

C'était un dimanche : un ciel pur ; un soleil
brillant, ajoutaient à l'éclat de la fête ; les
douze légions d'infanterie et celle de cavalerie
étaient rangées sur huit lignes : la première
plantait ses guidons d'alignement à la gauche de
l'École-Militaire ; les autres étaient échelonnées
suivant leur numéro jusqu'au pont d'Iéna, où
se trouvait la garde nationale de Belleville.
La douzième légion avait ses rangs à l'extré-
mité droite de l'École-Militaire, et s'étendait jusqu'au pont ; la treizième légion (cavalerie) était
rangée transversalement en bataille, tournant
le dos au quai de la Seine.

À deux heures, le Roi arriva entouré de sa
famille et d'un état-major composé de tout ce
que notre vieille armée compte d'illustre. Une
estrade simple s'élevait adossée à l'École-Militaire : les drapeaux destinés à être délivrés aux
légions flottaient à l'entour, surmontés du coq
gaulois aux ailes battantes, posé sur un globe
portant en relief l'inscription : LIBERTÉ, ORDRE
PUBLIC ; une couronne et un socle d'appui sur-
montent le drapeau, sur lequel sont inscrits

les numéros de la légion et du bataillon, ainsi que la devise : un simple fil d'argent entoure le drapeau, qu'achève d'orner la riche cravate à franges et à glands d'argent.

A trois heures une salve d'artillerie annonça que le Roi allait distribuer les drapeaux ; les députations des légions s'avancèrent alors : des colonels, des chefs de bataillon, des sous-officiers formaient la garde du drapeau. Après la distribution faite, le Roi prenant la parole dit :

« Mes chers camarades,

« Ces couleurs ont marqué parmi nous l'aurore de la liberté ; leur vue me rappelle avec délices mes premières armes. Symbole de la victoire contre les ennemis de l'État, que ces drapeaux soient à l'intérieur la sauve-garde de l'ordre public et de la liberté ; que ces glorieuses couleurs, confiées à votre patriotisme et à votre fidélité, soient à jamais notre signe de ralliement : *Vive la France !* »

Ces paroles prononcées avec un vif accent de franchise et de loyauté, furent accueillies d'une acclamation unanime. Les officiers alors, au nom des légions, prêtèrent le serment de fidélité au drapeau, qui furent portés ensuite

aux bataillons, et promenés par la garde d'honneur en avant du front, tandis que le corps
présentait les armes, et que les tambours bat-
taient aux champs. Le Roi parcourut ensuite
la ligne ; partout sur son passage il fut accueilli
par des cris d'amour et de cordialité. A cinq
heures du soir, les légions commencèrent à défiler avec un ensemble et une précision admi-
rables.

Un épisode touchant vint couronner cette
cérémonie toute patriotique : au moment où
la dernière salve d'artillerie annnonçait le départ du Roi, les blessés des trois journées
arrivaient au Champ-de-Mars. Une branche
de chêne surmontée d'un coq vivant leur servait
d'étendard ; ils venaient joindre leurs vœux à
ceux du grand peuple, saluant par ses trans-
ports l'œuvre de sa raison, de son dévouement et de son courage. Philippe salua avec
respect ces vénérables défenseurs de la liberté.

Le lendemain de cette journée, le Roi écrivait
à M. de Lafayette :

« Il me tarde d'abord, mon cher général,
de savoir comment vous vous trouvez après
cette belle journée, car je crains que vous ne
soyez bien fatigué ; mais j'ai encore un autre

objet que me tient bien à cœur : c'est de vous demander d'être mon interprète auprès de cette glorieuse garde nationale dont vous êtes le patriarche, et de lui témoigner toute l'admiration qu'elle m'inspire aujourd'hui. Dites-lui que non-seulement elle a surpassé mon attente, mais qu'il n'est pas en mon pouvoir de lui exprimer tout ce qu'elle m'a fait éprouver de joie et de bonheur. Témoin de la fédération de 1790 dans ce même Champ-de-Mars, témoin aussi de ce grand élan de 1792, lorsque je vis arriver à notre armée de Champagne quarante-huit bataillons que la ville de Paris avait mis sur pied en trois jours, et qui contribuèrent si éminemment à repousser l'invasion que nous eûmes le bonheur d'arrêter à Valmy, je puis faire la comparaison, et c'est avec transport que je vous dis que ce que je viens de voir est bien supérieur à ce qu'alors j'ai trouvé si beau, et que nos ennemis trouvèrent si redoutable. Veuillez aussi, mon cher général, exprimer à la garde nationale combien j'ai joui de ce qu'elle m'a témoigné, et combien mon cœur en est pénétré.

« Votre affectionné ,

« LOUIS-PHILIPPE. »

Paris, 29 août 1830

C'est à cette époque que fut décidée l'adjonction d'un corps d'artillerie à la garde nationale parisienne. Il fut composé de quatre batteries, auxquelles on confia vingt-quatre pièces de douze. Un costume élégant distingua les artilleurs, et ce corps d'élite ne tarda pas à se faire remarquer par la chaleur de son opinion constitutionnelle. L'artillerie de la garde nationale, composée d'une jeunesse vive, éclairée, pure de faiblesse et de transactions, donna au gouvernement nouveau une adhésion franche, sincère, mais énergique et incompatible avec les tergiversations et les ménagemens; le parti modéré, qui, dit-on, commençait à faire prévaloir son système, vit avec effroi cette armée puissante, composée de patriotes sincères, et se repentit presque d'en avoir favorisé la création.

Telle ne fut pas assurément la pensée de la famille que le vœu de la France avait appelée au trône; et les canonniers de la première batterie comptèrent au nombre de leurs camarades les plus actifs, les plus exacts, les plus intelligens, le jeune duc d'Orléans, dont plusieurs d'entre eux avaient été condisciples et amis de collége; car, dans sa prévoyante sollicitude, le Roi de nochoix avait voulu que ses fils reçussent avec les enfans de Paris cette éducation commune que

E. Lami. 1840.

Imp. Lith. de Lemercier

Lemercier. Paris

1ᵉ GARDE DU JEUNE DUC D'ORLÉANS, CANONNIER.

l'expérience et le bon sens ont fait reconnaître
pour la meilleure et la plus profitable. Peu
après, le Roi donna à la garde nationale à
cheval la plus haute marque de sa confiance,
en plaçant dans ses rangs le duc de Nemours ;
le jeune duc de Joinville figura aussi sur les
cadres de l'infanterie comme simple chasseur
dans une compagnie de la seconde légion.
Ainsi s'opérait chaque jour l'union intime du
trône avec les citoyens.

Ainsi que nous l'avons dit, les ministres signataires des funestes ordonnances de juillet avaient
été arrêtés dans leur fuite : transférés à Vincennes,
et confiés à la garde du brave général Daumesnil,
ils attendaient avec anxiété le moment de comparaître devant la Cour des Pairs, appelée à prononc-
cer sur l'accusation que la Chambre des Députés
avait portée contre eux. L'attitude de la Chambre des Députés était loin d'ailleurs de répondre
aux espérances que la nation avait fondées sur
elle, en la laissant subsister sans mandat. De
sourdes rumeurs, des tentatives isolées donnaient l'éveil au gouvernement sur quelqu'entreprise prochaine ; l'inquiétude se répandait
dans Paris, lorsque *le Moniteur* annonça qu'une
assemblée patriotique, la Société des Amis du
Peuple, avait provoqué les gardes nationaux,

les chefs d'ateliers et les ouvriers à se réunir pour renverser la Chambre des Députés. Quelques rassemblemens, de légers troubles, eurent lieu à cette occasion : le zèle de la garde nationale et son dévouement firent bientôt tout rentrer dans l'ordre accoutumé.

L'instruction du procès des ministres se poursuivait avec lenteur, et cependant le peuple de Paris attendait avec impatience l'expiation du sang versé en juillet. Vers le milieu d'octobre, cette impatience prit le caractère de la colère, et des groupes nombreux se formèrent dans divers quartiers. La garde nationale, constamment prête à voler où l'ordre l'appelle, fut bientôt sous les armes, et les tentatives de la foule, criant : *Mort aux ministres!* et courant du Luxembourg au Palais-Royal, du Palais-Royal à Vincennes, demeurent sans effet, grâce à ses efforts.

La fermeté de la garde nationale préserva Paris, à cette époque, des plus grands malheurs. La foule, exaspérée au retour de Vincennes, se portait violemment dans les cours du Palais-Royal, criant : *Mort aux ministres! à bas les Chambres!* La garde civique, croisant la baïonnette à toutes les issues du palais, lui oppose un mur de fer ; une nuit terrible, une matinée agitée décidèrent la question ; la garde nationale en eut toute la gloire ; et le Roi vint à neuf heures dans ses rangs lui en témoigner en ces termes sa reconnaissance :

« Mes chers camarades de la garde nationale à pied,

« Je viens vous remercier du zèle que vous ayez développé cette nuit pour maintenir l'ordre public, pour préserver le Palais-Royal d'une bande d'agitateurs insensés, dont les ridicules tentatives retomberont sur eux-mêmes, par l'effet du bon esprit et de la promptitude avec laquelle vous les avez réprimés. Ce que je veux, ce que nous voulons tous, c'est que l'ordre public cesse d'être troublé par les ennemis de cette liberté réelle, de ces institutions que la France a conquises, et qui seules peuvent nous préserver de l'anarchie et de tous les maux qu'elle entraîne à sa suite. Il est temps de faire cesser cette déplorable agitation ; il est temps que le maintien de l'ordre public fasse renaître la confiance ; que cette confiance rende au commerce son activité, et assure à chacun le libre exercice de tous les droits que le gouvernement veut protéger et garantir. Avec votre concours, avec votre patriotisme, avec l'assistance du respectable général et du brave maréchal que je me réjouis toujours de voir auprès de moi, nous accomplirons cette noble tâche. Toujours dévoué à mon pays, toujours fidèle à la cause de la liberté, mon premier devoir est de maintenir le règne des lois, sans lequel il n'y a ni liberté ni sécurité pour personne; de lui assurer la force nécessaire pour résister aux attaques par lesquelles on cherche à l'ébranler. Vous continuerez vos généreux efforts pour seconder les miens, et vous pouvez compter sur moi comme je compte sur vous.»

S'adressant ensuite à la garde nationale à cheval :

«Mes camarades,

« Je viens vous dire combien j'apprécie vos efforts pour le maintien de la tranquillité publique, pour la défense de nos libertés qu'on voulait nous ravir en nous plongeant dans le désordre. Il est temps que ces perturbations finissent; il est temps de nous montrer dignes du nom de Français, en défendant

nos institutions contre les attaques de l'anarchie, après avoir si glorieusement triomphé
de celles du despotime. C'est ainsi que nous
consoliderons nos libertés; c'est ainsi que sera
réalisée cette espérance, que j'ai proclamée avec
tant de joie, que la Charte sera désormais
une vérité. »

Bientôt s'entamèrent les débats du procès des
ex-ministres : le gouvernement, prévenu, avait
pris toutes les précautions que puisse suggérer
la sagesse, pour comprimer les mouvemens
populaires, que la mauvaise foi ou l'esprit de
parti avaient réservés pour cette époque, où
l'esprit du peuple et ses fougueuses passions
devaient être plus faciles à mettre en mouvement. Un ordre spécial, enjoignait à tous les
gardes nationaux de revêtir leur uniforme pendant la durée du procès; on tint les diverses légions sur le qui vive par des appels inattendus,
par des alertes fréquentes : un nombre considérable de citoyens dût toujours être sous les
armes; on déploya un vaste appareil de force,
augmenté de toute la puissance morale, de
toute l'unanimite d'une grande population qui
veutavant tout le maintien de l'ordre et l'obéissance à la loi.

Une proclamation du général Lafayette en

forme d'ordre du jour, à la date du 19 décembre, annonça aux agitateurs qu'on ne les
craignait pas; des groupes cependant se réunirent le 20 sur la place de l'Odéon que garnissaient plusieurs bataillons de garde nationale;
des patrouilles nombreuses circulèrent alors,
mais sans pouvoir dissiper l'attroupement. Vainement l'illustre Lafayette, se portant au milieu
de la foule, l'invitait à se retirer, ses paroles
n'étaient entendues que de ceux qui l'environ-
naient; il fallut employer la force pour dégager
le général perdu dans cette foule égarée.

Les rassemblemens ne faisaient entendre
qu'un cri : *Mort à Polignac! mort aux ministres!* De forts détachemens se formèrent alors
en colonne serrée, et ils parvinrent, non sans
peine, à refouler la masse populaire loin des
abords du Luxembourg. La garde nationale se
montrait partout ferme et conciliatrice, répon-
dant à des injures par des paroles de persuasion,
voulant triompher par la patience et non par la
rigueur, inébranlable dans sa position, et ne s'y
maintenant cependant que par une énergie
tranquille. Le comte de Sussy, chef de légion,
fut blessé à la poitrine, et aucune représaille
sanglante ne châtia l'audace des assaillans.

A sept heures et demie, les rues de Tour-

PL. 2.

L. Laval sino

Imp. Lith. de Ricay

Zarer frère

LE GÉNÉRAL LAFAYETTE AU PROCÈS DES MINISTRES. EN DÉCEMBRE 1830.

non, Vaugirard, Neuve-de-Seine et de l'Odéon étaient entièrement déblayées. La foule, dès lors presque inoffensive, se porta en masse dans les rues des Fossés-Saint-Germain-des-Prés, Contrescarpe et du Paon, où elle stationna encore. Ce ne fut qu'à onze heures du soir qu'un déploiement de neuf mille hommes de toutes les légions parvint à dissiper les attroupemens; à minuit une patrouille de deux cents hommes parvint à faire évacuer le Pont-Neuf.

Le 24, à deux heures, les débats étant clos et le résumé du président prononcé, les assistans sortirent du Luxembourg tandis que la Cour des Pairs entrait en délibération. Une foule immense se pressait alors sur tous les points du faubourg Saint-Germain, poussant des cris de mort. A cinq heures, les ministres, que l'on avait fait sortir par une issue secrète, partaient pour Vincennes. En même temps, pour donner le change aux gardes nationaux de service à l'extérieur, on fit courir parmi eux le bruit que la peine capitale venait d'être prononcée contre MM. de Polignac et Peyronnet.

Une scène qui pouvait avoir les plus funestes conséquences eut lieu, lorsque plus tard la vérité fut connue. Soixante ou quatre-vingt gardes

10

nationaux, indignés qu'on eût ainsi trompé leur bonne foi et la justice nationale, se précipitèrent hors des rang en criant qu'ils allaient avertir le peuple. Leurs chefs, leurs camarades se précipitèrent pour les retenir, les conjurant de ne pas commettre un acte qui allait allumer infailliblement la guerre civile. On parvint, à force de supplications, non à les apaiser, mais à les contenir. Un tel éclat, dans l'état d'effervescence où se trouvaient les esprits, eût produit des maux incalculables.

Vers sept heures, une troupe nombreuse de mécontens se porta sur le Louvre, pour s'emparer des canons de la garde nationale, qui s'y trouvaient parqués. Cette tentative ne réussit pas.

Des patrouilles de deux et trois cents hommes parcouraient la ville en tous sens. Le quartier du Palais-Royal, bien qu'encombré par la foule, conservait une apparence de tranquillité. Les soldats de la ligne bivouaquaient dans les cours avec la garde nationale. Le lendemain, les murs de Paris étaient couverts de proclamations du préfet de la Seine, du commandant en chef de la garde nationale, du ministre de l'intérieur, du préfet de police. On cherchait à rassurer les esprits, à les engager à la concorde; la tran-

quillité parvint enfin à se rétablir, grâce aux efforts et à la persévérance de la garde nationale,
qui, dans cette occasion si grave, fit preuve
d'un dévouement, d'un zèle et d'une impassibilité qui eussent fait honneur aux corps militaires
les plus anciens et les plus éprouvés.

Au milieu de ces agitations, de ces secousses, le Roi n'avait cessé de donner des preuves
de sa loyauté, de sa bonne foi; tandis que les
intrigues s'agitaient autour de son trône, il
n'éprouvait qu'un désir, celui de témoigner à
la garde nationale combien il était satisfait de
sa conduite: il convoqua donc pour le 23 les
gardes nationales de Paris et de la banlieue,
voulant les visiter chacune dans son quartier
respectif.

A une heure, Louis-Philippe monta à cheval,
accompagné du duc de Nemours, du général
Lafayette, des ministres de la guerre et de l'intérieur, du général Pajol et de nombre d'officiers généraux. Il alla d'abord à la place de la
Bourse, et suivant les boulevards arriva au
faubourg Saint-Antoine. Partout sur son passage il fut accueilli par des acclamations vives
et sincères. Son retour s'opéra au milieu des
mêmes témoignages par le quartier Saint-
Jacques, les quais et la place Vendôme.

La manifestation de cet accord complet entre la nation et le trône devait faire considérer comme étouffés tous les symptômes de troubles dans la capitale; peu de jours après, cependant, de nouvelles agitations surgirent et inspirèrent au gouvernement et à la Chambre élective des craintes, qu'ils eussent dû repousser. La loi sur la garde. nationale venait d'être présentée, la Chambre des représentans saisit cette occasion pour offenser grièvement le général Lafayette, en lui témoignant un défiance qui était plus que de l'ingratitude : l'illustre ami de Washington, pour toute réponse à de méprisables attaques, envoya sa démission au Roi, qui fut vivement affecté d'une telle démarche. Cette démision fut suivie de celles des généraux Fabvier, Cardonnel et de plusieurs officiers de l'état-major et des légions. Elle déplut à la France entière, à la garde nationale surtout, dont Lafayette était l'âme et la vie. Une ordonnance royale, peu après, ordonna la dissolution de l'artillerie de la garde nationale.

Le comte de Lobau fut promu au commandement de la garde nationale : la proclamation suivante annonça à la ville de Paris cette nomination :

« Braves gardes nationaux, mes chers com-
patriotes,

« Vous partagerez mes regrets en apprenant
que le général Lafayette a cru devoir donner
sa démission ; je me flattais de le voir plus
long-temps à votre tête, animant votre zèle
par son exemple et par le souvenir des grands
services qu'il a rendus à la cause de la liberté.
Sa retraite m'est d'autant plus sensible qu'il y
a peu de jours encore que ce digne général
prenait une part glorieuse au maintien de
l'ordre public, que vous avez si noblement et
si efficacement protégé pendant les dernières
agitations : aussi ai-je la consolation de penser
que je n'ai rien négligé pour épargner à la
garde nationale ce qui sera pour elle un sujet
de vifs regrets, et pour moi-même une peine
véritable.

« Je trouve un autre motif de consolation, en
nommant commandant-général de la garde
nationale de Paris le général comte de Lobau,
qui, après s'être illustré dans nos armées, s'est
associé à vos dangers et à votre gloire dans les
mémorables journées de juillet. Ses brillantes
qualités militaires, et son patriotisme, le ren-

dent digne de commander à cette milice citoyenne dont je suis si fier d'être entouré, et
qui vient de me donner de nouveaux gages
de confiance et d'affection, qui sont bien réci-
proques de ma part. Je suis heureux de vous
répéter combien j'en ai été touché, et de vous
dire que je compte à jamais sur vous, comme
vous pouvez compter sur moi.

« *Signé* Louis-Philippe. »

A cette expression de la confiance royale,
M. de Lafayette répondit, à la fois en expli-
quant à la tribune les motifs qui le portaient à
se retirer, et en s'adressant à toute la garde nationale du royaume, par son dernier ordre du
jour, dans lequel on remarque les passages suivans :

« Il y a peu de temps, mes chers frères d'armes, que j'étais investi d'un immense commandement. Aujourd'hui je ne suis plus que votre
vieux ami, le vétéran de la garde nationale : ce
double titre fera jusqu'au tombeau mon bonheur et ma gloire. Celui que je n'ai plus me
trouva, dans la grande semaine, fort de la con-

fiance illimitée du peuple, au centre des illustres barricades, où fut relevé ce drapeau tricolore deux fois signal de la liberté, où furent
décidées en trois jours les destinées présentes
des choses et des hommes en France, les destinées futures de l'Europe. Ces fonctions, que j'a-
vais refusées en 1790, je les acceptai en 1830
des mains du prince que nous avons nommé
notre roi; elles ont été, je crois, exercées uti-
lement. Dix-sept cent mille gardes nationaux
déjà levés, organisés à la voix de leur heureux
chef, m'en sont témoins. Elles pouvaient être
encore utiles, je l'avoue, pendant un temps
dont on m'avait dit que je serais juge et dont
j'eusse été l'arbitre sévère. La majorité de mes
collègues députés a cru que ces fonctions devaient cesser dès à présent; ce fait a été reconnu
dans la même séance par le principal organe du
gouvernement. D'ailleurs, des ombrages que les
souvenirs ne justifiaient pas, j'ai droit de le
dire, s'étaient de diverses parts élevés : ils se
manifestaient hautement, et ne pouvaient être
satisfaits que par un abandon de pouvoir *total
et sans réserve;* et lors même que l'intervention
royale, dans sa sollicitude, eût ensuite pris le
moyen de prolonger mes services, un instinct
de liberté qui ne trompa jamais la vocation de

ma vie entière, m'a révélé de sacrifier ce pouvoir, ces jouissances, ces affections de tous les
instans, à l'austère devoir de servir toutes les conséquences de la glorieuse révolution de 1830....

« Dans le moment pénible d'un adieu que
j'aurais cru moins proche, j'offre à mes chers
frères d'armes ma reconnaissance pour leur
amitié, ma confiance dans leur souvenir, mes
vœux pour leur bonheur, mon admiration pour
ce qu'ils ont fait, ma prévoyance de ce qu'ils
feront encore, mon espoir que les calculs de
l'intrigue ou les interprétations de la malveil-
lance ne prévaudront pas dans leurs cœurs contre moi; je leur offre enfin tous les sentimens
d'une tendre affection qui ne finira qu'avec mon
dernier soupir........ »

Ces adieux de l'immortel fondateur de la
garde nationale en France, et l'ordonnance de
dissolution de la compagnie de canonniers de
la garde nationale parisienne parurent le dernier jour de l'année; la loi présentée par le gouvernement sur l'organisation de la milice citoyenne venait en ce moment, d'être renvoyée
amendée par la Chambre des Députés à la
Chambre des Pairs.

CHAPITRE VI.

—

Sommaire.

Troubles de Saint-Germain-l'Auxerrois. — Promulgation de la loi sur l'organisation de la Garde nationale. — Revue du 15 mai. — Élection des officiers.

—

(Année 1831.)

—

Le mois de janvier et les premiers jours de février se passèrent au milieu d'une sourde inquiétude, qui, toutefois, ne donna naissance à aucun trouble sérieux. Une cérémonie scandaleuse, célébrée à Saint-Germain-l'Auxerrois le jour de l'anniversaire de la mort du duc de Berri, vint à cette époque mettre en mouvement de nouveau l'effervescence populaire. En un instant, l'église envahie fut dévastée, et la foule furieuse, se portant à l'archevêché, commençait à démolir ce monument, lorsque la garde nationale, assemblée à la hâte, se porta sur les divers points où l'ordre était si gravement troublé. Il fallut d'incroyables efforts pour arrêter dans son essor la masse animée des sentimens les plus violens : beaucoup de gardes nationaux furent insultés et frappés ; force fut de faire des arrestations nombreuses : le calme cependant finit par se rétablir.

Peu après, le 28 mars, la loi sur l'organisation de la garde nationale fut promulguée. Nous reproduirons ici le texte de cette loi, garant d'une de nos plus précieuses libertés, où chaque citoyen français trouve tracée la règle de ses devoirs et de ses droits.

F. Lami imp.

Imp. Lith. de Pnssy

UNIFORMES DE LA GARDE NATIONALE

LOI

SUR L'ORGANISATION

DE LA

GARDE NATIONALE.

———————

TITRE PREMIER.

Dispositions générales.

Art. 1. La garde nationale est instituée pour
défendre la royauté constitutionnelle, la Charte
et les droits qu'elle a consacrés, pour maintenir
l'obéissance aux lois, conserver ou rétablir l'ordre et la paix publique, seconder l'armée de ligne dans la défense des frontières et des côtes,
assurer l'indépendance de la France et l'intégrité
de son territoire.

Toute délibération prise par la garde nationale sur les affaires de l'état, du département et de la commune, est une atteinte à la liberté publique et un délit contre la chose publique et la constitution.

2. La garde nationale est composée de tous les Français, sauf les exceptions ci-après.

3. Le service de la garde nationale consiste :

1° En service ordinaire dans l'intérieur de la commune;

2° En service de détachemens hors du territoire de la commune;

3° En service de corps détachés pour seconder l'armée de ligne, dans les limites fixées par l'article 1ᵉʳ.

4. Les gardes nationales seront organisées dans tout le royaume; elles le seront par communes.

Les compagnies communales d'un canton seront formées en bataillons cantonnaux, lorsqu'une ordonnance du Roi l'aura prescrit.

5. Cette organisation sera permanente; toutefois le Roi pourra suspendre ou dissoudre la garde nationale en des lieux déterminés.

Dans ces deux cas, la garde nationale sera remise en activité ou réorganisée dans l'année qui s'écoulera, à compter du jour de la suspension ou de la dissolution, s'il n'est pas intervenu une loi qui prolonge ce délai.

Dans le cas où la garde nationale résisterait aux réquisitions légales des autorités, ou bien s'immiscerait dans les actes des autorités municipales, administratives ou judiciaires, le préfet pourra provisoirement la suspendre.

Cette suspension n'aura d'effet que pendant deux mois, si pendant cet espace de temps, elle n'est pas maintenue, ou si la dissolution n'est pas prononcée par le Roi.

6. Les gardes nationales sont placées sous l'autorité des maires, des sous-préfets, des préfets et du ministre de l'intérieur.

Lorsque la garde nationale sera réunie, en tout ou en partie, au chef-lieu du canton ou dans une autre commune que le chef-lieu du canton, elle sera sous l'autorité du maire de la commune où sa réunion aura lieu d'après les ordres du sous-préfet ou du préfet.

Sont exceptés les cas déterminés par les lois, où les gardes nationales sont appelées à faire, dans leur commune ou leur canton, un service d'activité militaire, et sont mises, par l'autorité civile, sous les ordres de l'autorité militaire.

7. Les citoyens ne pourront ni prendre les armes, ni se rassembler en état de gardes na-

tionales, sans l'ordre des chefs immédiats, ni ceux-ci l'ordonner sans une réquisition de l'autorité civile, dont il sera donné communication à la tête de la troupe.

8. Aucun officier ou commandant de poste de la garde nationale ne pourra faire distribuer des cartouches aux citoyens armés, si ce n'est en cas de réquisition précise ; autrement, il demeurera responsable des événemens.

TITRE II. — SECTION PREMIÈRE.

De l'obligation du service.

9. Tous les Français, âgés de vingt à soixante ans, sont appelés au service de la garde nationale, dans le lieu de leur domicile réel : ce service est obligatoire et personnel, sauf les exceptions qui seront établies ci-après.

10. Pourront être appelés à faire le service les étrangers admis à la jouissance des droits civils, conformément à l'article 13 du Code civil, lorsqu'ils auront acquis, en France, une propriété, ou qu'ils y auront formé un établissement.

11. Le service de la garde nationale est in-

compatible avec les fonctions des magistrats qui ont le droit de requérir la force publique.

12. Ne seront pas appelés à ce service :

1° Les ecclésiastiques engagés dans les ordres, les ministres des différens cultes, les élèves des grands séminaires et des facultés de théologie ;

2° Les militaires des armées de terre et de mer en activité de service, ceux qui auront reçu une destination des ministres de la guerre ou de la marine, les administrateurs ou agens commissionnés des services de terre et de mer également en activité, les ouvriers des ports, des arsenaux et des manufactures d'armes, organisés militairement ;

Ne sont pas compris dans cette dispense les commis et employés des bureaux de la marine au-dessous du grade de sous-commissaire.

3° Les officiers, sous-officiers et soldats des gardes municipales et autres corps soldés ;

4° Les préposés des services actifs de douanes, des octrois, des administrations sanitaires ; les gardes champêtres et forestiers.

13. Sont exemptés du service de la garde nationale les concierges des maisons d'arrêt, les geoliers, les guichetiers et autres agens subalternes de justice ou de police.

Le service de la garde nationale est interdit

aux individus privés de l'exercice des droits civils, conformément aux lois.

Sont exclus de la garde nationale :

1° Les condamnés à des peines afflictives et infamantes ;

2° Les condamnés en police correctionnélle pour vol ; pour escroquerie, pour banqueroute simple, abus de confiance, pour soustraction commise par des dépositaires publics, et pour attentats aux mœurs, prévus par les art. 331 et 334 du Code pénal ;

3° Les vagabonds ou gens sans aveu, déclarés tels par jugement.

SECTION II.

De l'inscription au registre matricule.

14. Les Français appelés au *service* de la garde nationale seront inscrits sur un registre matricule établi dans chaque commune.

A cet effet des listes de recensement seront dressées par le maire, et revisées par un conseil de recensement, comme il est dit ci-après.

Ces listes seront déposées au secrétariat de la mairie. Les citoyens seront avertis qu'ils peuvent en prendre connaissance.

15. Il y aura au moins un conseil de recen-

sement par commune dans les communes rurales ; et dans les villes qui ne forment pas plus
d'un canton, le conseil municipal, présidé par
le maire, remplira les fonctions du conseil de
recensement.

Dans les villes qui renferment plusieurs cantons, le conseil municipal pourra s'adjoindre un
certain nombre de personnes choisies à nombre
égal, dans les divers quartiers, parmi les citoyens qui sont ou qui seront appelés à faire le
service de la garde nationale.

Le conseil municipal et les membres adjoints
pourront se subdiviser, suivant les besoins, en
autant de conseils de recensement qu'il y aura
d'arrondissemens.

Dans ce cas, l'un des conseils sera présidé par
le maire ; chacun des autres le sera par l'adjoint
ou le membre du conseil municipal délégué par
le maire.

Ces conseils seront composés de huit membres au moins.

A Paris, il y aura, par arrondissement, un
conseil de recensement présidé par le maire de
l'arrondissement, et composé de huit membres
choisis par lui, comme il est dit au troisième
paragrahpe de cet article.

16. Le conseil de recensement procédera im-

médiatement à la révision des listes et à l'établissement du registre matricule.

17. Au mois de janvier de chaque année, le conseil de recensement inscrira au registre matricule les jeunes gens qui auront atteint l'âge de vingt ans pendant le cours de l'année précédente, ainsi que les Français qui auront nouvellement acquis leur domicile dans la commune; il rayera dudit registre les Français qui seront entrés dans leur soixantième année pendant le cours de la même année, ceux qui auront changé de domicile, et les décédés.

18. Dans le courant de chaque année, le maire notera en marge du registre-matricule les mutations provenant, 1° des décès; 2° des changemens de résidence; 3° des actes en vertu desquels les personnes désignées dans les articles 11, 12 et 13 auraient cessé d'être soumises au service de la garde nationale, ou en seraient exclues.

Le conseil de recensement, sur le vu des pièces justificatives, prononcera, s'il y a lieu, la radiation.

Le registre matricule, déposé au secrétariat de la mairie sera communiqué à tout habitant de la commune, qui en fera la demande au maire.

TITRE III.

Du service ordinaire.

SECTION PREMIÈRE.

De l'inscription au contrôle du service ordinaire et de réserve.

19. Après avoir établi le registre matricule, le conseil de recensement procédera à la formation du contrôle de service ordinaire et du contrôle de réserve.

Le contrôle de service ordinaire comprendra tous les citoyens que le conseil de recensement jugera pouvoir concourir au service habituel.

Néanmoins, parmi les Français inscrits sur le registre matricule, ne pourront être portés sur le contrôle du service ordinaire que ceux qui sont imposés à la contribution personnelle, et leurs enfans, lorsqu'ils auront atteint l'âge fixé par la loi, ou les gardes nationaux non imposés à la contribution personnelle, mais qui, ayant fait le service postérieurement au 1ᵉʳ août dernier, voudront le continuer.

Le contrôle de réserve comprendra tous les citoyens pour lesquels le service habituel serait une charge trop onéreuse, et qui ne devront

être requis que dans les circonstances extraordinaires.

20. Ne seront pas portés sur les contrôles du
service ordinaire, les domestiques attachés au
service de la personne.

21. Les compagnies et subdivisions de compagnies sont formées sur les contrôles du service
ordinaire. Les citoyens inscrits sur les contrôles
de réserve seront répartis à la suite desdites
compagnies ou subdivisions de compagnies, de
manière à pouvoir y être incorporés au besoin.

22. Les inscriptions et les radiations à faire
sur les contrôles auront lieu d'après les règles
suivies pour les inscriptions et radiations opé-
rées sur les registres matricules.

23. Il sera formé, à la diligence du juge de
paix, dans chaque canton, un jury de révision,
composé du juge de paix, président, et de
douze jurés désignés par le sort, sur la liste de
tous les officiers, sous-officiers, caporaux et
gardes nationaux, sachant lire et écrire, et âgés
de plus de vingt-cinq ans.

Il sera dressé une liste par commune de tous
les officiers, sous-officiers, caporaux et gardes
nationaux ainsi désignés; le tirage définitif des
jurés sera fait sur l'ensemble de ces listes pour
tout le canton.

24. Le tirage des jurés sera fait par le juge de paix, en audience publique. Les fonctions de jurés et celles de membres du conseil de récensement sont incompatibles.

Les jurés seront renouvelés tous les six mois.

25. Ce jury prononcera sur les réclamations relatives :

1° A l'inscription ou à la radiation sur tous les registres matricules, ainsi qu'il est dit article 14 ;

2° A l'inscription ou à l'omission sur le contrôle du service ordinaire.

Seront admises, les réclamations des tiers-gardes nationaux sur qui retomberait la charge du service

Ce jury exercera, en outre, les attributions qui lui seront spécialement confiées par les dispositions subséquentes de la présente loi.

26. Le jury ne pourra prononcer qu'au nombre de sept membres au moins, y compris le président.

Ses décisions seront prises à la majorité absolue, et ne seront susceptibles d'aucun recours.

SECTION II.

Des remplacemens, des exemptions, des dispenses du service ordinaire.

27. Le service de la garde nationale étant obligatoire et personnel, le remplacement est interdit pour le service ordinaire, si ce n'est entre les proches parens ; savoir : du père par le fils, du frère par le frère, de l'oncle par le neveu, et réciproquement, ainsi qu'entre alliés aux mêmes degrés, à quelque compagnie ou bataillon qu'appartiennent les parens et les alliés.

Les gardes nationaux de la même compagnie, qui ne sont ni parens ni alliés aux degrés ci-dessus désignés, pourront seulement échanger leur tour de service.

28. Peuvent se dispenser du service de la garde nationale, nonobstant leur inscription :

1° Les membres des deux Chambres ;

2° Les membres des cours et tribunaux ;

3° Les anciens militaires qui ont cinquante ans d'âge et vingt années de service ;

4° Les gardes nationaux ayant cinquante-cinq ans ;

5° Les facteurs de poste aux lettres et les agens des lignes télégraphiques, et les postillons de l'administration des postes reconnus nécessaires au service.

29. Sont dispensées du service ordinaire les personnes qu'une infirmité met hors d'état de faire ce service.

Toutes ces dispenses et toutes les autres dispenses temporaires demandées pour cause d'un service public seront prononcées par le conseil de recensement, sur le vu des pièces qui en constateront la nécessité.

Les absences constatées seront un motif suffisant de dispense temporaire.

En cas d'appel, le jury de révision statuera.

SECTION III.

Formation de la garde nationale, composition des cadres.

30. La garde nationale sera formée, dans chaque commune, par subdivision de compagnie, par compagnie, par bataillons et par légions.

La cavalerie de la garde nationale sera formée, dans chaque commune ou dans le canton, par subdivision d'escadron et par escadron.

Chaque bataillon aura son drapeau, et chaque escadron son étendard.

31. Dans chaque commune, la formation en compagnie se fera de la manière suivante :

Dans les villes, chaque compagnie sera composée, autant que possible, des gardes nationaux du même quartier; dans les communes rurales, les gardes nationaux de la même commune forment une ou plusieurs compagnies, ou une subdivision de compagnie.

32. Larépartition en compagnies ou en subdivisions de compagnie des gardes nationaux inscrits sur le contrôle du service ordinaire sera faite par le conseil de recensement.

§ PREMIER.

Formation des compagnies.

33. Il y aura par subdivision de compagnie de gardes nationaux à pied de toutes armes :

Nombre total d'hommes.

	Jusqu'à 14,	de 15 à 20,	20 à 30,	30 à 40,	40 à 50
Lieutenans.	»	»	»	1	1
Sous-lieut.	»	1	1	1	1
Sergens.	1	1	2	2	3
Caporaux.	1	2	4	4	6
Tambours.	»	»	»	1	1

34. La force ordinaire des compagnies sera de soixante à deux cents hommes; néanmoins la

commune qui n'aura que cinquante à soixante gardes nationaux, formera une compagnie.

35. Il y aura par compagnie de gardes nationales à pied, de toutes armes :

Nombre total d'hommes.

	De 5o à 8o,	8o à 100,	100 à 140,	140 à 160.
Capitaine en 1ᵉʳ.	1	1	1	1
Cap. en second.	»	»	»	1
Lieutenans.	1	1	2	2
Sous-lieutenans.	1	2	2	2
Sergent-major.	1	1	1	1
Sergent-fourrier.	1	1	1	1
Sergens.	4	6	6	8
Caporaux.	8	12	12	16
Tambours.	1	2	2	2

36. Il pourra être formé une garde à cheval dans les cantons ou communes où cette formation serait utile au service, et où se trouveraient au moins dix gardes nationaux qui s'engageraient à s'équiper à leurs frais, et à entretenir chacun un cheval.

37. Il y aura par subdivision d'escadron et par escadron :

Nombre total d'hommes.

	Jusqu'à 17	17 à 30	30 à 40	40 à 50	50 à 70	70 à 100	100 à 120 et au-dessus.
Cap. en 1er.	»	»	»	»	»	1	1
Cap. en 2me.	»	»	»	»	»	»	1
Lieutenans.	»	»	1	1	1	2	2
Sous-lieut.	»	1	1	1	2	2	2
Mar.-d.-l.-ch.	»	»	»	»	»	1	1
Fourrier.	»	»	»	»	»	1	1
Mar.-de-log.	1	2	2	3	4	4	8
Brigadiers.	2	4	4	6	8	8	16
Trompettes.	»	»	1	1	1	1	2

38. Dans toutes les places de guerre, et dans les cantons voisins des côtes, il sera formé des compagnies ou des subdivisions de compagnie d'artillerie.

A Paris et dans les autres villes, une ordonnance du Roi pourra prescrire la formation et l'armement de compagnies ou de subdivisions de compagnie d'artillerie. L'ordonnance réglera l'organisation, la réunion où la répartition des compagnies.

39. Les artilleurs seront choisis, par le conseil de recensement, parmi les gardes nationaux qui se présenteraient volontairement, et qui réuniraient, autant que possible, les qualités exigées pour entrer dans l'artillerie.

40. Partout où il n'existe pas de corps soldés de sapeurs-pompiers, il sera, autant que possible, formé, par le conseil de recensement, des compagnies ou subdivisions des compagnies de sapeurs-pompiers volontaires faisant partie de la garde nationale. Elles seront composées principalement d'anciens officiers et soldats du génie militaire, d'officiers et agens des ponts et chaussées et des mines, et d'ouvriers d'art.

41. Dans les ports de commerce et dans les cantons maritimes, il pourra être formé des compagnies spéciales de marins et d'ouvriers marins, ayant pour service ordinaire la protection des navires et du matériel maritime situé sur les côtes et dans les ports.

42. Toutes les compagnies spéciales concourront, par armes, et suivant leur force numérique, au service ordinaire de la garde nationale.

§ II.

Formations des bataillons.

43. Le bataillon sera formé de quatre compagnies au moins et huit au plus.

44. L'état-major du bataillon sera composé de

Un chef de bataillon,

Un adjudant-major capitaine,

Un porte-drapeau sous-lieutenant,
Un chirurgien aide-major,
Un adjudant sous-officier,
Un tambour-maître.

A Paris, lorsque la force effective d'un bataillon sera de 1,000 hommes et plus, il pourra
y avoir un chef de bataillon en second et un
deuxième adjudant sous-officier.

45. Dans toutes les communes où le nombre des
gardes nationaux inscrits sur le contrôle du service ordinaire s'élèvera à plus de 500 hommes,
la garde nationale sera formée par bataillons.

Lorsque, dans le cas prévu par l'article 4,
une ordonnance du Roi aura prescrit la formation en bataillons des gardes nationales de
plusieurs communes, cette ordonnance indi-
quera les communes dont les gardes nationales
doivent participer à la formation du même
bataillon.

La compagnie ou les compagnies d'une commune ne pourront jamais être réparties dans
les bataillons différens.

46. Les bataillons formés par la gardes nationales d'une même commune pourront seuls
avoir chacun une compagnie de grenadiers et
une de voltigeurs.

47. Les compagnies de sapeurs-pompiers et de

canonniers volontaires ne seront pas comprises dans la formation des bataillons de gardes nationales; elles seront cependant, ainsi que les compagnies de cavalerie, sous les ordres du commandant de la garde communale ou cantonnale.

§ III.

Formation des légions.

18. Dans les cantons et dans les villes où la garde nationale présente au moins deux bataillons de 500 hommes chacun, elle pourra, d'après une ordonnance du Roi, être réunie par légions.

Dans aucun cas, la garde nationale ne pourra être formée par département ni par arrondissement de sous-préfecture.

49. L'état-major d'une légion sera composé de

Un chef de légion colonel ,

Un lieutenant-colonel ,

Un major chef de bataillon ,

Un chirurgien-major,

Un tambour-major.

A Paris et dans les villes où la nécessité en sera reconnue, il pourra y avoir près des légions un officier payeur et un capitaine d'armement.

SECTION IV.

De la nomination aux grades.

50. Dans chaque commune, les gardes nationaux appelés à former une compagnie ou subdivision de compagnie se réuniront, sans armes
et sans uniforme, pour procéder, en présence
du président du conseil de recensement, assisté
par les deux membres les plus âgés de ce conseil, à la nomination de leurs officiers, sous-
officiers et caporaux, suivant les tableaux des
articles 33, 35 et 37.

Si plusieurs communes sont appelées à former
une compagnie, les gardes nationaux de ces
communes se réuniront dans la commune plus
populeuse pour nommer leur capitaine, leur
sergent-major et leur fourrier.

51. L'élection des officiers aura lieu pour chaquegrade successivement, en commençant par
le plus élevé, au scrutin individuel et secret,
à la majorité absolue des suffrages.

Les sous-officiers et caporaux seront nommés
à la majorité relative.

Le scrutin sera dépouillé par le président du
conseil de recensement, assisté, comme il est dit
dans l'article précédent, par au moins deux

membres de ce conseil, lesquels rempliront les fonctions de scrutateurs.

52. Dans les villes et communes qui ont plus d'une compagnie, chaque compagnie sera appelée séparément et tour à tour pour procéder à ses élections.

53. Pour nommer le chef de bataillon et le porte-drapeau, tous les officiers du bataillon, réunis à pareil nombre de sous-officiers, caporaux ou gardes nationaux, formeront une assemblée convoquée et présidée par le maire de la commune, si le bataillon est communal, et par le maire délégué du sous-préfet, si le bataillon est cantonnal.

Les sous-officiers, caporaux et gardes nationaux chargés de concourir à l'élection seront nommés dans chaque compagnie.

Tous les scrutins d'élection seront individuels et secrets; il faudra la majorité absolue des suffrages.

54. Les réclamations élevées relativement à l'inobservation des formes prescrites pour l'élection des officiers et sous-officiers, seront portées devant le jury de révision, qui décidera sans recours.

55. Si les officiers de tout grade, élus conformément à la loi, ne sont pas, au bout de deux

mois, complètement armés, équipés et habillés,
suivant l'uniforme, ils seront considérés comme
démissionnaires, et remplacés sans délai.

56. Les chefs de légion et les lieutenans-
colonels seront choisis par le Roi, sur une liste
de dix candidats présentés à la majorité relative
par la réunion, 1° de tous les officiers de la légion, 2° de tous les sous-officiers, caporaux et
gardes nationaux désignés dans chacun des bataillons de la légion, pour concourir au choix
du chef de bataillon, comme il est dit article 53.

57. Les majors, les adjudans-majors, chirurgiens-majors et *et aides-majors* seront nommés
par le Roi.

L'adjudant sous-officier sera nommé par le
chef de la légion ou du bataillon.

Le capitaine d'armement et l'officier payeur
seront nommés par le commandant supérieur ou
le préfet, sur la présentation du chef de légion.

58. Il sera nommé aux emplois, autres que
ceux désignés ci-dessus, sur la présentation du
chef de corps, savoir :

Par le maire, lorsque la garde nationale sera
communale,

Et par le sous-préfet, pour les bataillons can-
tonaux.

59. Dans chaque commune, le maire fera re-

connaître à la garde nationale assemblée sous les armes, le commandant de cette garde. Celui-ci, en présence du maire, fera reconnaître les officiers.

Les fonctions du maire seront remplies, à Paris, par le préfet.

Pour les compagnies et bataillons qui comprennent plusieurs communes, le sous-préfet ou son délégué fera reconnaître l'officier commandant en présence de la compagnie ou du bataillon assemblé.

Dans le mois de la promulgation de la loi, les officiers de tout grade, actuellement en fonctions, et à l'avenir ceux nouvellement élus, au moment où ils seront reconnus, prêteront serment de fidélité au roi des Français et d'obéissance à la Charte constitutionnelle.

60. Les officiers, sous-officiers et caporaux seront élus pour trois ans. Ils pourront être réélus.

61. Sur l'avis du maire et du sous-préfet, tout officier de la garde nationale pourra être suspendu de ses fonctions pendant deux mois, par arrêté motivé du préfet, pris en conseil de préfecture, l'officier préalablement entendu dans ses observations.

L'arrêté du préfet sera transmis immédiatement par lui au ministre de l'intérieur.

Sur le rapport du ministre, la suspension pourra être prolongée par une ordonnance du Roi.

Si, dans le cours d'une année, ledit officier n'a pas été rendu à ses fonctions, il sera procédé à une nouvelle élection.

62. Aussitôt qu'un emploi quelconque deviendra vacant, il sera pourvu au remplacement, suivant les formes établies par la présente loi.

63. Les corps spéciaux suivront, pour leur formation et pour l'élection de leurs officiers, sous-officiers et caporaux, les règles prescrites par les articles 33 et suivans.

64. Dans les communes où la garde nationale formera plusieurs légions, le Roi pourra nommer un commandant supérieur; mais il ne pourra être nommé de commandant supérieur des gardes nationales de tout un département, ou d'un même arrondissement de sous-préfecture.

Cette disposition n'est pas applicable au département de la Seine.

65. Lorsque le Roi aura jugé à propos de nommer dans une commune un commandant supérieur, l'état-major sera fixé, quant au nombre et aux grades des officiers qui devront le composer, par une ordonnance du Roi.

Les officiers d'état-major seront nommés par le Roi, sur la présentation du commandant supérieur, qui ne pourra choisir les candidats que parmi les gardes nationaux de la commune.

66. Il ne pourra y avoir dans la garde nationale aucun grade sans emploi.

67. Aucun officier exerçant un emploi actif dans les armées de terre et de mer ne pourra être nommé officier ni commandant supérieur des gardes nationales en service ordinaire.

SECTION V.

De l'uniforme et des préséances.

68. L'uniforme des gardes nationales sera déterminé par une ordonnance du Roi. Les signes distinctifs des grades seront les mêmes que ceux de l'armée.

69. Lorsque le gouvernement jugera nécessaire de délivrer des armes de guerre aux gardes nationales, le nombre d'armes reçu sera constaté dans chaque municipalité, au moyen d'états émargés par les gardes nationaux à l'instant où les armes leur seront délivrées.

L'entretien de l'armement est à la charge du garde national, et les réparations, en cas d'accident causé par le service , sont à la charge de la commune.

Les gardes nationaux et les communes sont responsables des armes qui leur auront été délivrées ; ces armes restent la propriété de l'État.

Les armes seront poinçonnées et numérotées.

70. Les diverses armes dont se compose la garde nationale seront assimilées, pour le rang à conserver entre elles, aux armes correspondant des forces régulières.

71. Toutes les fois que la garde nationale sera réunie, les différens corps prendront la place qui leur sera assignée par le commandant supérieur.

72. Dans tous les cas où les gardes nationales serviront avec les corps soldés, elles prendront le rang sur eux.

Le commandement, dans les fêtes ou cérémonies civiles , appartiendra à celui des officiers des divers corps qui aura la supériorité du grade , ou, à grade égal, à celui qui sera le plus ancien.

SECTION VI.

Ordre du service ordinaire.

73. Le réglement relatif au service ordinaire ,

aux revues et aux exercices, sera arrêté par le maire sur la proposition du commandant de la garde nationale, et approuvé par le sous-préfet.

Les chefs pourront, en se conformant à ce réglement et sans réquisition particulière, mais après en avoir prévenu l'autorité municipale, faire toutes les dispositions et donner tous les ordres relatifs au service ordinaire, aux revues et aux exercices.

Dans les villes de guerre, la garde nationale ne pourra prendre les armes ni sortir des barrières, qu'après que le maire en aura informé par écrit le commandant de la place.

74. Lorsque la garde nationale des communes sera organisée en bataillons cantonnaux, le réglement sur les exercices et revues sera arrêté par le sous-préfet, sur la proposition de l'officier le plus élevé en grade du canton, et sur l'avis des maires des communes.

75. Le préfet pourra suspendre les revues et les exercices dans les communes et dans les cantons de son département, à la charge d'en rendre immédiatement compte au ministre de l'intérieur.

76. Pour l'ordre du service, il sera dressé par les sergens-majors un contrôle de chaque

compagnie, signé du capitaine, et indiquant les jours où chaque garde national aura fait un service.

77. Dans les communes où la garde nationale est organisée par bataillons, l'adjudant-major tiendra un état, par compagnie, des hommes commandés chaque jour dans son bataillon.

Cet état servira à contrôler le rôle de chaque compagnie.

78. Tout garde national commandé pour le service devra obéir, sauf à réclamer, s'il s'y croit fondé, devant le chef du corps.

SECTION VII.

De l'administration.

79. La garde nationale est placée, pour son administration et sa comptabilité, sous l'auto-tité administrative et municipale.

Les dépenses de la garde nationale sont co-tées, réglées et surveillées comme toutes les autres dépenses municipales.

80. Il y aura dans chaque légion, ou dans chaque bataillon, formé par les gardes natio-naux d'une même commune, un conseil d'ad-ministration chargé de présenter annuellement au maire l'état des dépenses nécessaires, et de

viser les pièces justificatives de l'emploi fait des fonds.

Le conseil sera composé du commandant de la garde nationale, qui présidera, et de six membres choisis parmi les officiers, sous-officiers et gardes nationaux.

Il y aura également par bataillon cantonnal, un conseil d'administration chargé des mêmes fonctions, et qui devra présenter au préfet l'état des dépenses résultant de la formation du bataillon.

Les membres du conseil d'administration seront nommés par le préfet, sur une liste triple de candidats présentés par le chef de légion, ou par le chef de bataillon dans les communes où il n'aura pas été formé de légion.

Dans les communes où la garde nationale comprendra une ou plusieurs compagnies non réunies en bataillon, l'état des dépenses sera soumis au maire par le commandant de la garde nationale.

81. Les dépenses ordinaires de la garde nationale sont :

1° Les frais d'achat des drapeaux, des tambours et des trompettes;

2° La partie d'entretien des armes qui ne sera

pas à la charge individuelle des gardes nationaux ;

3° Les frais de registres, papiers, contrôles, billets de garde, et de tous les menus frais de bureau qu'exigera le service de la garde nationale.

Les dépenses extraordinaires sont :

1° Dans les villes qui, d'après l'article 64, recevront un commandant supérieur, les frais d'indemnités pour dépenses indispensables de ce commandant et de son état-major ;

2° Dans les communes et les cantons où seront formés des bataillons ou légions, les appointemens des majors, adjudans-majors et adjudans-sous-officiers, si ces fonctions ne peuvent pas être exercées gratuitement ;

3° L'habillement et la solde des tambours et trompettes.

Les conseils municipaux jugeront de la nécessité de ces dépenses.

Lorsqu'il sera créé des bataillons cantonnaux, la répartition de la portion afférente à chaque commune du canton, dans les dépenses du bataillon, autres que celles des compagnies, sera faite par le préfet en conseil de préfecture, après avoir pris l'avis des conseils municipaux.

§ 1er. — *Des peines.*

82. **Les chefs de poste** pourront employer, contre les gardes nationaux de service, les moyens de répression qui suivent :

1° Une faction hors de tour, contre tout garde national qui aura manqué à l'appel, ou se sera absenté du poste sans autorisation ;

2° La détention dans la prison du poste, jusqu'à la relevée de la garde, contre tout garde national de service en état d'ivresse, ou qui se sera rendu coupable de bruit, tapage, voies de fait, ou de provocation au désordre ou à la violence, sans préjudice du renvoi au conseil de discipline, si la faute emporte une punition plus grave.

83. **Sur l'ordre du chef du corps**, indépendamment du service régulièrement commandé, et que le garde national, le caporal ou le sous-officier, doit accomplir, il sera tenu de monter une garde hors de tour, lorsqu'il aura manqué, pour la première fois, au service.

84. **Les conseils de discipline** pourront, dans les cas énumérés ci-après, infliger les peines suivantes :

1° La réprimande;

2° Les arrêts pour trois jours au plus,

3° La réprimande avec mise à l'ordre;

4° La prison pour trois jours au plus;

5° La privation du grade ;

6° Si dans les communes où s'étend la juridiction du conseil de discipline, il n'existe ni prison ni local pouvant en tenir lieu, le conseil pourra commuer la peine de prison en une amende d'une journée à dix journées de travail.

85. Sera puni de la réprimande l'officier qui aura commis une infraction, même légère, aux règles du service.

86. Sera puni de la réprimande avec mise à l'ordre, l'officier qui, étant de service ou en uniforme, tiendra une conduite propre à porter atteinte à la discipline de la garde nationale ou à l'ordre public.

87. Sera puni des arrêts ou de la prison, suivant la gravité des cas, tout officier qui, étant de service, se sera rendu coupable des fautes suivantes :

1° La désobéissance et l'insubordination ;

2° Le manque de respect, les propos offensans, et les insultes envers les officiers d'un grade supérieur;

3° Tout propos outrageant envers un subordonné et tout abus d'autorité ;

4° Tout manquement à un service commandé ;

5° Toute infraction aux règles du service.

88. Les peines énoncées dans les articles 85 et 86 pourront, dans les mêmes cas et suivant les circonstances, être appliquées aux sous-officiers, caporaux et gardes nationaux.

89. Pourra être puni de la prison, pendant un temps qui ne pourra excéder deux jours, et en cas de récidive trois jours,

1° Tout sous-officier, caporal et garde national coupable de désobéissance et d'insubordination, ou qui aura refusé, pour la seconde fois, un service d'ordre et de sûreté ;

2° Tout sous-officier, caporal et garde national qui, étant de service, sera dans un état d'ivresse, ou tiendra une conduite qui porte atteinte à la discipline de la garde nationale ou à l'ordre public ;

3° Tout garde national qui, étant de service, aura abandonné ses armes ou son poste, avant qu'il ne soit relevé.

90. Sera privé de son grade tout officier, sous-officier ou caporal, qui, après avoir subi une condamnation du conseil de discipline, se rendra coupable d'une faute qui entraîne l'emprisonnement, et s'il s'est écoulé moins d'un an depuis la première condamnation. Pourra éga-

lement être privé de son grade tout officier, sous-officier et caporal qui aura abandonné son poste avant qu'il ne soit relevé.

Tout officier, sous-officier et caporal privé de son grade, ne pourra être réélu qu'aux élections générales.

91. Le garde national prévenu d'avoir vendu à son profit les armes de guerre ou les effets d'équipement qui lui ont été confiés par l'État ou par les communes, sera renvoyé devant le tribunal de police correctionnelle, pour y être poursuivi à la diligence du ministère public, et puni, s'il y a lieu, de la peine portée en l'article 408 du code pénal, sauf l'application, le cas échéant, de l'article 463 dudit code.

Le jugement de condamnation prononcera la restitution, au profit de l'État ou de la commune, du prix des armes ou effets vendus.

92. Tout garde national qui, dans l'espace d'une année, aura subi deux condamnations du conseil de discipline pour refus de service, sera, pour la troisième fois, traduit devant les tribunaux de police correctionnelle, et condamné à un emprisonnement qui ne pourra être moindre de cinq jours ni excéder dix jours.

En cas de récidive, l'emprisonnement ne

pourra être moindre de dix jours ni excéder vingt jours.

Il sera en outre condamné aux frais et à une amende qui ne pourra être moindre de 5 fr. ni excéder 15 fr. dans le premier cas, et dans le deuxième être moindre de 15 fr. ni excéder 50 fr.

93. Tout chef de corps, poste ou détachement de la garde nationale, qui refusera d'obtempérer à une réquisition des magistrats ou fonctionnaires investis du droit de réquérir la force publique, ou qui aura agi sans requisition et hors des cas prévus par la loi, sera poursuivi devant les tribunaux, et puni conformément aux art. 234 et 258 du Code pénal.

La poursuite entraînera la suspension, et, s'il y a condamnation, la perte du grade.

§ II.

Des conseils de discipline.

94. Il y aura un conseil de discipline,

1° Par bataillon communal ou cantonnal;

2° Par commune ayant une ou plusieurs compagnies non réunies en bataillon;

3° Par compagnie formée de gardes nationaux de plusieurs communes.

95. Dans les villes qui comprendront une ou plusieurs légions, il y aura un conseil de discipline pour juger les officiers supérieurs de légion et officiers d'état-major non justiciables des conseils de discipline ci-dessus.

96. Le conseil de discipline de la garde nationale d'une commune ayant une ou plusieurs compagnies non réunies en bataillon, et celui d'une compagnie formée des gardes nationaux de plusieurs communes, seront composés de cinq juges, savoir :

Un capitaine, président ; un lieutenant ou un sous-lieutenant, un sergent, un caporal et un garde national.

97. Le conseil de discipline du bataillon sera composé de sept juges ; savoir : le chef de bataillon, président ; un capitaine, un lieutenant ou un sous-lieutenant, un sergent, un caporal et deux gardes nationaux.

98. Le conseil de discipline, pour juger les officiers supérieurs et officiers d'état-major, sera composé de sept juges ; savoir : d'un chef de légion, président ; de deux chefs de bataillon, deux capitaines et deux lieutenans ou sous-lieutenans.

99. Lorsqu'une compagnie sera formée des gardes nationaux de plusieurs communes, le

conseil de discipline siégera dans la commune
la plus populeuse.

100. Dans le cas où le prévenu serait officier,
deux officiers du grade du prévenu entreront
dans le conseil de discipline, et remplaceront
les deux derniers membres.

S'il n'y a pas dans la commune deux officiers
du grade du prévenu, le sous-préfet les désignera
par la voie du sort, parmi ceux du canton, et
s'il ne s'en trouve pas dans le canton parmi ceux
de l'arrondissement.

S'il s'agit de juger un chef de bataillon, le
préfet désignera, par la voie du sort, deux chefs
de bataillon des cantons ou des arrondissemens
circonvoisins.

101. Il y aura, par conseil de discipline de
bataillon ou de légion, un rapporteur ayant
rang de capitaine ou de lieutenant, et un secrétaire ayant rang de lieutenant ou de sous-lieutenant.

Dans les villes où il se trouvera plusieurs légions, il y aura, par conseil de discipline, un
rapporteur adjoint et un secrétaire adjoint,
du grade inférieur à celui du rapporteur et du
secrétaire.

101. Lorsque la garde nationale d'une commune ne formera qu'une ou plusieurs compa-

gnies non réunies en bataillon, un officier ou un sous-officier remplira les fonctions de rapporteur, et un sous-officier celles de secrétaire du conseil de discipline.

103. Le sous-préfet choisira l'officier ou les sous-officiers rapporteurs et secrétaires du conseil de discipline, sur les listes de trois candidats désignés par le chef de légion ; ou, s'il n'y a pas de légion, par le chef de bataillon.

Dans les communes où il n'y a pas de bataillon, des listes de candidats seront dressées par le plus ancien capitaine.

Les rapporteurs, rapporteurs adjoints, secrétaires et secrétaires adjoints seront nommés pour trois ans ; ils pourront être réélus.

Le préfet, sur le rapport des maires et des chefs de corps, pourra les révoquer ; il sera, dans ce cas, procédé immédiatement à leur remplacement par le mode de nomination ci-dessus indiqué.

104. Les conseils de discipline seront permanens ; ils ne pourront juger que lorsque cinq membres au moins seront présens dans les conseils de bataillon et de légion, et trois membres au moins dans les conseils de compagnie. Les juges seront renouvelés tous les quatre mois. Néanmoins, lorsqu'il n'y aura pas d'officier du

même grade que le président ou les juges du conseil de discipline, ceux-ci ne seront pas remplacés.

105. Le président du conseil de recensement, assisté du chef de bataillon ou du capitaine commandant si les compagnies ne sont pas réunies en bataillon, formera, d'après le contrôle du service ordinaire, un tableau général, par grade et par rang d'âge, de tous les officiers, sous-officiers et caporaux, et d'un nombre double de gardes nationaux de chaque bataillon ou compagnie de la commune, ou de la compagnie formée de plusieurs communes.

Ils déposeront ce tableau, signé par eux, au lieu des séances des conseils de discipline, où chaque garde national pourra en prendre connaissance.

106. Lorsque la garde nationale d'une commune ou d'un canton n'aura qu'un seul conseil de discipline, les gardes nationaux, faisant partie des corps d'artillerie, de sapeurs-pompiers et de cavalerie, seront justiciables de ce conseil.

S'il y a plusieurs bataillons dans le même canton, les gardes nationaux ci-dessus désignés seront justiciables du même conseil de discipline que les compagnies de leur commune.

S'il y a plusieurs bataillons dans la même

commune, le préfet déterminera de quel conseil de discipline les mêmes gardes nationaux seront justiciables.

Dans ces trois cas, les officiers, sous-officiers, caporaux et gardes nationaux des corps ci-dessus désignés, concourront pour la formation du tableau du conseil de discipline.

Lorsqu'en vertu d'une ordonnance du Roi les corps d'artillerie et de cavalerie seront réunis en légion, ils auront un conseil de discipline particulier.

107. Les juges de chaque grade ou gardes nationaux seront pris successivement d'après l'ordre de leur inscription au tableau.

108. Tout garde national qui aura été condamné trois fois par le conseil de discipline, ou une fois par le tribunal de police correctionnelle, sera rayé, pour une année, du tableau servant à former le conseil de discipline.

109. Toute réclamation, pour être réintégré sur le tableau, ou pour en faire rayer un garde national, sera portée devant le jury de révision.

§ III.

De l'instruction et des jugemens.

110. Le conseil de discipline sera saisi, par le

renvoi que lui fera le chef de corps de tous rapports, procès-verbaux ou plaintes, constatant les faits qui peuvent donner lieu au jugement de ce conseil.

111. Les plaintes, rapports et procès-verbaux seront adressés à l'officier rapporteur, qui fera citer le prévenu à la plus prochaine des séances de ce conseil.

Le secrétaire enregistrera les pièces ci-dessus.

La citation sera portée à domicile par un agent de la force publique.

112. Les rapports, procès-verbaux ou plaintes constatant des faits qui donneraient lieu à la mise en jugement devant le conseil de discipline, du commandant de la garde nationale d'une commune, seront adressés au maire, qui en référera au sous-préfet. Celui-ci procédera à la composition du conseil de discipline, conformément à l'article 100.

113. Le président du conseil convoquera les membres, sur la réquisition de l'officier rapporteur, toutes les fois que le nombre et l'urgence des affaires paraîtront l'exiger.

114. En cas d'absence, tout membre du conseil de discipline non valablement excusé, sera condamné à une amende de cinq francs par le conseil de discipline, et il sera remplacé par

l'officier, sous-officier, caporal ou garde national qui devra être appelé immédiatement après lui.

Dans les conseils de discipline des bataillons cantonnaux, le juge absent sera remplacé par l'officier, sous-officier, caporal ou garde national du lieu où siége le conseil, qui devra être appelé d'après l'ordre du tableau.

115. Le garde national cité comparaîtra en personne ou par un fondé de pouvoirs.

Il pourra être assisté d'un conseil.

116. Si le prévenu ne comparaît pas au jour et à l'heure fixés par la citation, il sera jugé par défaut.

L'opposition au jugement par défaut devra être formée dans le délai de trois jours, à compter de la notification du jugement. Cette opposition pourra être faite par déclaration au bas de la signification. L'opposant sera cité pour comparaître à la plus prochaine séance du conseil de discipline.

S'il n'y a pas opposition, ou si l'opposant ne comparaît pas à la plus prochaine séance, le jugement par défaut sera définitif.

117. L'instruction de chaque affaire devant le conseil sera publique, à peine de nullité.

La police de l'audience appartient au président, qui pourra faire expulser ou arrêter quiconque troublerait l'ordre.

Si le trouble est causé par un délit, il en sera dressé procès-verbal.

L'auteur du trouble sera jugé de suite par le conseil, si c'est un garde national, et si la faute n'emporte qu'une peine que le conseil puisse prononcer.

Dans tout autre cas, le prévenu sera renvoyé, et le procès-verbal transmis au procureur du roi.

118. Les débats devant le conseil auront lieu dans l'ordre suivant :

Le secrétaire appellera l'affaire.

En cas de récusation, le conseil statuera ; si la récusation est admise, le président appellera, dans les formes indiquées par l'article 104, les juges suppléans nécessaires pour compléter le conseil.

Si le prévenu décline la juridiction du conseil de discipline, le conseil statuera d'abord sur sa compétence ; s'il se déclare incompétent, l'affaire sera renvoyée devant qui de droit.

Le secrétaire lira le rapport, le procès-verbal ou la plainte et les pièces à l'appui.

Les témoins, s'il en a été appelé par le rapporteur et le prévenu, seront entendus.

Le prévenu ou son conseil sera entendu.

Le rapporteur résumera l'affaire et donnera ses conclusions.

L'inculpé ou son fondé de pouvoirs, ou son conseil, pourront proposer leurs observations.

Ensuite le conseil délibérera en secret et hors de la présence du rapporteur, et le président prononcera le jugement.

119. Les mandats d'exécution de jugement des conseils de discipline seront délivrés dans la même forme que ceux des tribunaux de simple police.

120. Il n'y aura de recours contre les jugemens définitifs des conseils de discipline que devant la cour de cassation, pour incompétence, ou excès de pouvoir, ou contravention à la loi.

Le pourvoi en cassation ne sera suspensif qu'à l'égard des jugemens prononçant l'emprisonnement, et, dans tous les cas, ce recours ne sera assujetti qu'au quart de l'amende établie par la loi.

121. Tous les actes de poursuites devant les conseils de discipline, tous jugemens, recours et arrêts rendus en vertu de la présente loi, seront dispensés du timbre et enregistrés gratis.

122. Le garde national condamné aura trois

jours francs, à partir du jour de la notification,
pour se pourvoir en cassation.

TITRE IV.

Mesures exceptionnelles et transitoires pour la garde nationale en service ordinaire.

123. Dans les trois mois qui suivront la promulgation de la présente loi, il sera procédé à
une nouvelle élection d'officiers, sous-officiers
et caporaux, dans tous les corps de la garde nationale.

Néanmoins le gouvernement pourra suspendre pendant un an la réélection des officiers
dans les localités où il le jugera convenable.

124. Le Roi pourra suspendre l'organisation
de la garde nationale pour une année, dans les
communes qui forment un ou plusieurs cantons,
et dans les communes rurales pour un temps
qui ne pourra excéder trois ans.

Les délais ne pourront être prorogés qu'en
vertu d'une loi.

125. Les organisations actuelles de la garde
nationale par compagnie, par bataillon et par
légion, qui ne se trouveraient pas conformes
aux dispositions de la présente loi, pourront
être provisoirement maintenues par une ordon-

nance du Roi, sans toutefois que cette autorisation puisse dépasser l'époque du 1ᵉʳ janvier
1832.

126. Les compagnies qui dépassent le maximum fixé par la présente loi ne recevront pas de
nouvelles incorporations jusqu'à ce qu'elles
soient rentrées dans les limites voulues par cette
loi, à moins que toutes les compagnies du bataillon ne soient au complet.

TITRE V.

Des détachemens de la garde nationale.

SECTION PREMIÈRE.

Appel et service des détachemens.

127. La garde nationale doit fournir des détachemens dans les cas suivans :

1° Fournir, par détachement, en cas d'insuffi-
sance de la gendarmerie et de la troupe de ligne,
le nombre d'hommes nécessaire pour escorter
d'une ville à l'autre les convois de fonds ou d'effets appartenant à l'État, et pour la conduite
des accusés, des condamnés et autres prisonniers ;

2° Fournir des détachemens pour porter secours aux communes, arrondissemens et dépar-

temens voisins qui seraient troublés ou menacés
par des émeutes ou des séditions, ou par l'incur-
sion de voleurs, brigands et autres malfaiteurs.

128. Lorsqu'il faudra porter secours d'un lieu
dans un autre, pour le maintien ou le rétablis-
ment de l'ordre et de la paix publique, des détachemens de la garde nationale en service ordinaire seront fournis, afin d'agir dans toute
l'étendue de l'arrondissement, sur la réquisition
du sous-préfet ; dans toute l'étendue du département, sur la réquisition du préfet ; enfin, s'il
faut agir hors du département, en vertu d'une
ordonnance du Roi.

En cas d'urgence, et sur la demande écrite du
maire d'une commune en danger, les maires des
communes limitrophes, sans distinction de département, pourront néanmoins requérir un détachement de la garde nationale, de marcher
immédiatement sur le point menacé, sauf à
rendre compte, dans le plus bref délai, du
mouvement et de ses motifs à l'autorité supé-
rieure.

Dans tous ces cas, les détachemens de la
garde nationale ne cesseront pas d'être sous
l'autorité civile. L'autorité militaire ne prendra
le commandement des détachemens de la garde
nationale, pour le maintien de la paix publique,

que sur la réquisition de l'autorité administrative.

129. L'acte en vertu duquel, dans les cas déterminés par les articles précédens, la garde nationale est appelée à faire un service de détachemens, fixera le nombre des hommes requis.

130. Lors de l'appel fait conformément aux articles précédens, le maire, assisté du commandant de la garde nationale de chaque commune, formera les détachemens parmi les hommes inscrits sur le contrôle du service ordinaire, en commençant par les célibataires et les moins âgés.

131. Lorsque les détachemens des gardes nationales s'éloigneront de leur commune pendant plus de vingt-quatre heures, ils seront assimilés à la troupe de ligne pour la solde, l'indemnité de route et les prestations en nature.

132. Les détachemens à l'intérieur ne pourront être requis de faire un service hors de leurs foyers de plus de dix jours sur la réquisition du préfet, et de plus de soixante jours en vertu d'une ordonnance du Roi.

SECTION II.

Discipline.

133. Lorsque, conformément à l'article 127, la garde nationale devra fournir des détachemens en service ordinaire, sur la réquisition du sous-préfet, du préfet, ou en vertu d'une ordonnance du Roi, les peines de disciplicine seront fixées ainsi qu'il suit :

Pour les officiers :

1° Les arrêts simples, pour dix jours au plus;

2° La réprimande, avec mise à l'ordre;

3° Les arrêts de rigueur, pour six jours au plus;

4° La prison, pour trois jours au plus.

Pour les sous-officiers caporaux et soldats :

1° La consigne, pour dix jours au plus;

2° La réprimande avec mise à l'ordre;

3° La salle de discipline, pour six jours au plus;

4° La prison, pour quatre jours au plus.

134. Les peines des arrêts de rigueur, de la prison et de la réprimande avec mise à l'ordre, ne pourront être infligées que par le chef du corps : les autres peines pourront l'être par tout supérieur à son inférieur, à la charge d'en rendre compte dans les vingt-quatre heures, en observant la hiérarchie des grades.

135. La privation du grade, pour les causes

énoncées dans les articles 90 et 93, sera prononcée par un conseil de discipline, composé
ainsi qu'il est dit à la section VIII du titre III.

Il n'y aura qu'un seul conseil de discipline
pour tous les détachemens formés d'un même
arrondissement de sous-préfecture.

136. Tout garde national, désigné pour faire
partie d'un détachement, qui refusera d'obtempérer à la réquisition, ou qui quittera le détachement sans autorisation, sera traduit en
police correctionnelle, et puni d'un emprisonnement qui ne pourra excéder un mois : s'il est
officier, sous-officier ou caporal, il sera, en
outre, privé de son grade.

Disposition commune aux deux titres précédens.

137. Les gardes nationaux blessés pour cause
de service, auront droit aux secours, pensions
et récompenses que la loi accorde aux militaires
en activité.

TITRE VI,
*Des corps détachés de la garde nationale pour
le service de guerre.*

SECTION PREMIÈRE.
Appel et service des corps détachés.

138. La garde nationale doit fournir des corps

détachés pour la défense des places fortes , des côtes et des frontières du royaume, comme auxiliaires de l'armée active.

Le service de guerre des corps détachés de la garde nationale, ne pourra pas durer plus d'une année.

139. Les corps détachés ne pouront être tirés de la garde nationale qu'en vertu d'une loi spéciale, ou , pendant l'absence des Chambres, par une ordonnance du Roi, qui sera convertie en loi lors de la première session.

140. L'acte en vertu duquel la garde nationale est appelée à fournir des corps détachés pour le service de guerre, fixera le nombre des hommes requis.

SECTION II.

Désignation des gardes nationaux pour la formation des corps détachés.

141. Lors de l'appel fait en vertu d'une loi ou d'une ordonnance , conformément à l'article 139, les corps détachés de la garde nationale se composeront :

1° Des gardes nationaux qui se présenteront volontairement, et qui seront trouvés propres au service actif ;

2° Des jeunes gens de dix-huit à vingt ans, qui se présenteront volontairement, et qui seront également reconnus propres au service actif;

3° Si ces enrôlemens ne suffisaient pas pour compléter le contingent demandé, les hommes seront désignés dans l'ordre spécifié dans l'article 143 ci-après.

142. Les jeunes gens de dix-huit à vingt ans, enrôlés volontaires ou remplaçans dans les corps détachés de la garde nationale, resteront soumis à la loi du recrutement; mais le temps que les volontaires auront servi dans les corps détachés de la garde nationale leur comptera en déduction de leur service dans l'armée régulière, si plus tard ils y sont appelés.

143. Les désignations des gardes nationaux pour les corps détachés seront faites par le conseil de recensement de chaque commune, parmi tous les inscrits sur le contrôle du service ordinaire, et sur celui du service extraordinaire, dans l'ordre qui suit :

1° Les célibataires;

Seront considérés comme célibataires tous ceux qui, postérieurement à la présente loi, se marieraient avant d'avoir atteint l'âge de 23 ans.

2° Les veufs sans enfans;

3° Les mariés sans enfans;

4° Les mariés avec enfans.

144. Pour la classe des célibataires, les contingens seront répartis proportionnellement au nombre d'hommes appartenant à chaque année depuis vingt jusqu'à trente-cinq ans : dans chaque année la désignation se fera d'après l'âge.

Dans chacune des autres classes successives, les appels seront toujours faits en commençant par les moins âgés, jusqu'à l'âge de trente ans. Dans chacune de ces répartitions annuelles, les mariés depuis la loi seront considérés comme plus âgés que les célibataires.

L'aîné d'orphelins mineurs de père et de mère, le fils unique ou l'aîné des fils, ou à défaut de fils, le petit-fils ou l'aîné des petits-fils d'une femme actuellement veuve, d'un père aveugle, ou d'un vieillard septuagénaire, prendront rang, dans l'appel au service des corps détachés, entre les mariés sans enfans et les mariés avec enfans.

146. En cas de réclamations pour les désignations faites par le conseil de recensement, il sera statué par le jury de révision.

147. Ne sont point aptes au service des corps détachés,

1° Les gardes nationaux qui n'auront pas la taille fixée par la loi de recrutement ;

2° Ceux que des infirmités constatées rendront impropres au service militaire.

148. L'aptitude au service sera jugée par un conseil de révision, qui se réunira dans le lieu où devra se former le bataillon.

Le conseil se composera de sept membres, savoir :

Le préfet, président, et à son défaut le conseiller de préfecture qu'il aura délégué ;

Trois membres du conseil de recensement désignés par le préfet, parmi les membres des conseils de recensement des communes qui concourront à la formation du bataillon,

Le chef de bataillon ;

Et deux des capitaines dudit bataillon, nommés par le général commandant la subdivision militaire ou le département.

149. Les conseils de révision apprécieront les motifs d'exemption relatifs au nombre des enfans.

150. Les gardes nationaux qui ont des remplaçans à l'armée ne sont pas dispensés du service de la garde nationale dans les corps détachés ; toutefois ils ne prendront rang dans l'appel qu'après les veufs sans enfans.

151. Le garde national désigné pour faire partie d'un corps détaché pourra se faire rem-

placer par un Français âgé de dix-huit à quarante ans.

Le remplaçant devra être agréé par le conseil de révision.

152. Si le remplaçant est appelé à servir pour son compte dans un corps détaché de la garde nationale, le remplacé sera tenu d'en fournir un autre ou de marcher lui-même.

153. Le remplacé sera, pour le cas de désertion, responsable de son remplaçant.

154. Lorsqu'un garde national porté sur le rôle du service ordinaire se sera fait remplacer dans un corps détaché de la garde nationale, il ne cessera pas pour cela de concourir au service ordinaire de la garde nationale.

SECTION III.

Formation, nomination aux emplois, et administration des corps détachés de la garde nationale.

155. Les corps détachés de la garde nationale, en vertu des articles 138 et 139, seront organisés par bataillon d'infanterie, et par escadron ou compagnie pour les autres armes. Le Roi pourra ordonner la réunion de ces bataillons ou escadrons en légions.

14

156. Des ordonnances du Roi détermineront l'organisation des bataillons, escadrons et compagnies; le nombre, le grade des officiers, la composition et l'installation des conseils d'administration.

157. Pour la première organisation, les caporaux et sous-officiers, les sous-lieutenans et lieutenans seront élus par les gardes nationaux Néanmoins, les fourriers, sergens-majors, maréchaux-des-logis-chefs et adjudans sous-officiers seront désignés par les capitaines et nommés par les chefs de corps.

Les officiers comptables, les adjudans-majors, les capitaines et officiers supérieurs seront à la nomination du Roi.

158. Les officiers, à la nomination du Roi, pourront être pris indistinctement dans la garde nationale, dans l'armée ou parmi les militaires en retraite.

159. Les corps détachés de la garde nationale comme auxiliaires de l'armée, sont assimilés, pour la solde et les prestations en nature, à la troupe de ligne.

Une ordonnance du Roi déterminera les premières mises, les masses et les accessoires de la solde.

Les officiers, sous-officiers et soldats jouissent

d'une pension de retraite, cumuleront, pendant la durée du service, avec la solde d'activité des grades qu'ils auront obtenus dans les corps détachés de la garde nationale.

160. L'uniforme et les marques distinctives des corps détachés seront les mêmes que ceux de la garde nationale en service ordinaire.

Le gouvernement fournira l'habillement, l'armement et l'équipement aux gardes nationaux qui n'en seraient pas pourvus, ou qui n'auraient pas le moyen de s'équiper et de s'armer à leurs frais.

SECTION IV.

Discipline des corps détachés.

161. Lorsque les corps détachés de la garde nationale seront organisés, ils seront soumis à la discipline militaire.

Néanmoins, lorsque les gardes nationaux refuseront d'obtempérer à la réquisition, ils seront punis d'un emprisonnement qui ne pourra excéder deux ans, et lorsqu'ils quitteront leurs corps sans autorisation, hors de la présence de l'ennemi, ils seront punis d'un emprisonnement qui ne pourra excéder trois ans.

Dispositions générales.

162. Sont et demeurent abrogées toutes les dispositions des lois, décrets ou ordonnances relatives à l'organisation et à la discipline des gardes nationales.

Sont et demeurent abrogées les dispositions relatives au service et à l'administration des gardes nationales qui seraient contraires à la présente loi.

La présente loi, discutée, délibérée et adoptée par la Chambre des Pairs et par celle des Députés, et sanctionnée par nous aujourd'hui, sera exécutée comme loi de l'état.

Donnons en mandement à nos cours et tribunaux, préfets, corps administratifs, et tous autres, que les présentes ils gardent et maintiennent, fassent garder, observer et maintenir, et, pour les rendre plus notoires à tous, ils les fassent publier et enregistrer partout où besoin sera, et, afin que ce soit chose ferme et stable à toujours, nous y avons fait mettre notre sceau.

Fait à Paris, au Palais-Royal, le 22e jour du mois de mars, l'an 1831.

Signé, LOUIS-PHILIPPE.

ARTICLES CITÉS

DANS

La Loi de la Garde Nationale.

CODE CIVIL.

13. L'étranger qui aura été admis par l'autorisation du Roi à établir son domicile en France, y jouira de tous les droits civils, tant qu'il continuera d'y résider.

CODE PÉNAL.

10. La condamnation aux peines établies par la loi est toujours prononcée sans préjudice des restitutions et dommages-intérêts qui peuvent être dus aux parties.

42. Les tribunaux jugeant correctionnellement pourront, dans certains cas, interdire, en tout ou en partie, l'exercice des droits civiques,

civils et de famille suivant : 1° de vote et d'élection ; 2° d'éligibilité ; 3° d'être appelé ou nommé aux fonctions de juré ou autres fonctions publiques, ou aux emplois de l'administration, ou d'exercer ces fonctions ou emplois ; 4° de port d'armes ; 5° de vote et de suffrage dans les délibérations de famille ; 6° d'être tuteur, curateur, si ce n'est de ses enfans, et sur l'avis seulement de la famille ; 7° d'être expert ou employé comme témoin dans les actes ; 8° de témoignage en justice, autrement que pour y faire de simples déclarations.

234. Tout commandant, tout officier ou sous-officier de la force publique qui, après en avoir été légalement requis par l'autorité civile, aura refusé de faire agir la force à ses ordres, sera puni d'un emprisonnement d'un mois à trois mois, sans préjudice des réparations civiles qui pourraient être dues, aux termes de l'article 10 du présent Code.

254. Quant aux soustractions, destructions ou enlèvemens de pièces ou de procédures criminelles, ou d'autres papiers, registres, actes et effets contenus dans les archives, greffes ou dépôts publics, ou remis à un dépositaire public en cette qualité, les peines seront, contre les

greffiers, archivistes, notaires ou autres dépositaires négligens, de trois mois à un an d'emprisonnement, et d'une amende de cent francs
à trois cents francs.

255. Quiconque se sera rendu coupable de
soustractions, enlèvemens ou destructions men-
tionnées en l'article précédent, sera puni de la
réclusion.

Si le crime est l'ouvrage du dépositaire lui-
même, il sera puni des travaux forcés à temps.

256. Si le bris de scellés, les soustractions,
enlèvemens ou destructions de pièces ont été
commis avec violences envers les personnes, la
peine sera, contre toute personne, celle des travaux forcés à temps, sans préjudice de peines
plus fortes, s'il y a lieu, d'après la nature des
violences et des autres crimes qui y seraient
joints.

258. Quiconque, sans titre, se sera immiscé
dans des fonctions publiques, civiles ou militaires, ou aura fait les actes d'une de ces fonctions, sera puni d'un emprisonnement de deux
à cinq ans, sans préjudice de la peine de faux,
si l'acte porte le caractère de ce crime.

331. Quiconque aura commis le crime de vio

où sera coupable de tout autre attentat à la pu-
deur, consommé on tenté avec violence contre
les individus de l'un ou de l'autre sexe, sera
puni de la réclusion.

334. Quiconque aura attenté aux mœurs, en
excitant, favorisant ou facilitant habituelle-
ment la débauche ou la corruption de la jeunesse
de l'un ou de l'autre au-dessous de l'âge de
21 ans, sera puni d'un emprisonnement de 6 mois
à 2 ans, et d'une amende de 50 francs à 500 fr.
— Si la prostitution ou la corruption a été excitée, favorisée ou facilitée par leurs pères,
mères, tuteurs ou autres personnes chargées de
leur surveillance, la peine sera de deux ans
à cinq ans d'emprisonnement, et 300 francs à
1000 francs d'amende.

405. Quiconque, soit en faisant usage de faux
noms ou de fausses qualités, soit en employant
des manœuvres frauduleuses pour persuader
l'existence de fausses entreprises, d'un pouvoir
ou d'un crédit imaginaire, ou pour faire naître
l'espérance ou la crainte d'un succès, d'un accident ou de tout autre événement chimérique,
se sera fait remettre ou délivrer des fonds, des
meubles ou des obligations, dispositions, billets,
promesses, quittances ou décharges, et aura,

par un de ces moyens, escroqué ou tenté d'es-
croquer la totalité ou partie de la fortune d'au-
trui, sera puni d'un emprisonnement d'un an
au moins et de cinq au plus, et d'une amende
de cinquante francs au moins et de trois mille
francs au plus.

Le coupable pourra être, en outre, à compter
du jour où il aura subi sa peine, interdit, pendant cinq ans au moins et dix ans au plus, des
droits mentionnés en l'article 42 du présent
Code : le tout sauf les peines plus graves, s'il y
a crime de faux.

406. Quiconque aura abusé des besoins, des
faiblesses ou des passions d'un mineur, pour lui
faire souscrire à son préjudice des obligations,
quittances ou décharges, pour prêt d'argent ou
de choses mobilières, ou d'effets de commerce,
ou de tous autres effets obligatoires, sous quelque forme que cette négociation ait été faite ou
déguisée, sera puni d'un emprisonnement de
deux mois au moins, de deux ans au plus, et
d'une amende qui ne pourra excéder le quart
des restitutions et des dommages-intérêts qui
seront dues aux parties lésées, ni être moindre
de vingt-cinq francs.

La disposition portée au second paragraphe

du précédent article pourra de plus être appliquée.

408. Quiconque aura détourné ou dissipé, au préjudice du propriétaire, possesseur ou détenteur, des effets, deniers, marchandises, billets, quittances ou tous autres écrits contenant ou opérant obligation ou décharge, qui ne lui auraient été remis qu'à titre de dépôt ou pour un travail salarié, à la charge de les rendre ou représenter, ou d'en faire un usage ou emploi déterminé, sera puni des peines portées dans l'article 406.

Le tout sans préjudice de ce qui est dit aux articles 254, 255 et 256, relativement aux soustractions et enlèvemens de deniers, effets ou pièces, commis dans les dépôts publics.

463. Dans tous les cas où la peine d'emprisonnement est portée par le présent Code, si le préjudice causé n'excède pas vingt-cinq francs, et si les circonstances paraissent atténuantes, les tribunaux sont autorisés à réduire l'emprisonnement, même au-dessous de six jours, et l'amende, même au-dessous de seize francs. Ils pourront aussi prononcer séparément l'une ou l'autre de ces peines, sans qu'en aucun cas elle puisse être au-dessous des peines de simple police.

Art. 1er. L'article 5 du titre IV de la première partie du réglement de 1738, qui assujettit les demandeurs en cassation à consigner l'amende de 150 livres ou 75 livres, selon la nature des jugemens, sera strictement observé tant en matière civile qu'en matière de police correctionnelle et municipale.

. L'amende est de 150 francs pour les jugemens ou arrêts contradictoires, et de 75 francs pour les jugemens et arrêts par défaut.

66. La présente charte et tous les droits qu'elle consacre demeurent confiés au patriotisme et au courage des gardes nationales et de tous les citoyens français.

———

Nota. On doit interpréter les lois à l'aide des lois elles-mêmes, c'est-à-dire en rapprochant les différentes dispositions législatives qui ont entre elles quelque rapport. Tout autre commentaire n'est qu'une opinion particulière privée de force légale. Pour parvenir à ce but, nous ne nous sommes pas bornés à citer dans l'appendice ci-dessus les articles des Codes

énoncés positivement dans la loi sur la garde
nationale, nous avons encore rapporté ceux qui
peuvent y avoir trait indirectement. En lisant
avec attention ces divers articles, il sera facile
de lever les doutes que ferait naître le texte
de la loi.

CONCLUSION.

Nous ne parlerons ici que pour mémoire des troubles assez peu importans dont le procès de quelques jeunes gens, appartenant aux écoles et à l'ancienne artillerie de la garde nationale, furent le prétexte plutôt que la cause. Nous mentionnerons de même seulement le mouvement dont la place Vendôme fut le théâtre le jour anniversaire de la mort de Napoléon, mouvement que la garde nationale dissipa facilement et sans coup férir. Sa tâche d'ordre et de paix est désormais rendue facile par l'esprit d'union et de fraternité qui règne dans ses rangs, qu'il suffira toujours de réunir au nom de la patrie pour dissiper les agitateurs.

La nouvelle loi, cependant, devait recevoir une prompte exécution en ce qui concernait la réélection des officiers : avant de lui donner une organisation définitive, le Roi voulait se trouver encore une fois au milieu de ses rangs.

Il la convoqua donc à une dernière revue, jaloux qu'il était de rendre un nouvel hommage à cette garde nationale qui, après s'être recréée d'elle-même, sans autres règles, sans autres lois que celles de ses souvenirs et de son patriotisme, après s'être replacée d'élan et miraculeusement sous les armes, avait constamment fait, durant dix mois, un service tel qu'on n'aurait osé l'attendre des troupes les plus instruites et les mieux disciplinées. C'est à elle sans doute et à ses sympathies avec un Roi autour duquel elle aime tant à se presser, que nous devons l'établissement stable d'institutions franchement libérales et une paix honorable.

N'est-ce pas en effet dans les rangs de cette imposante garde nationale que la France et l'étranger lui-même ont trouvé des témoignages de cette unanimité de sentimens où il convient de chercher le véritable esprit du pays? C'est à travers des sacrifices répétés de temps et d'argent, c'est sous un régime sans règles fixes et tout provisoire, qu'elle s'est formée, consistante, énergique, à tel point qu'une vieille et régulière organisation n'aurait rien produit de plus fort et de mieux discipliné.

C'était assurément dans l'intention de reconnaître tant d'éclatans services, d'en exprimer

sa gratitude, devenue un sentiment profond et
personnel par les rapports constans établis depuis dix mois entre le Roi et la garde nationale,
que Louis-Philippe désirait si vivement de passer
une dernière revue avant que l'application de la
loi nouvelle soumît à une réélection ceux dont
le zèle et l'ardeur avaient rendu de si constans
et de si précieux services.

Cette revue, passée le 15 mai, était favorisée
par un temps magnifique. Le Roi, ses fils, un
brillant état-major, se virent accueillis par l'acclamation unanime de la garde nationale. C'é-
tait une fête d'adieu; Louis-Philippe partait
le lendemain pour parcourir la Normandie :
soixante mille hommes, dévoués au maintien
du trône qu'ils ont élevé, l'accompagnaient de
leurs vœux. Une seule pensée attristait cette fête
militaire : Lafayette, éloigné par quelques intrigues de cour, n'y assistait pas; son nom était
dans toutes les bouches, son souvenir dans tous
les cœurs. L'amour de l'ordre, le respect de la
discipline comprimaient seuls l'expression d'un
unanime regret.

Le soir même Louis-Philippe adressait au
commandant de la garde nationale la lettre suivante :

« Vous savez, mon cher général, que j'avais

voulu célébrer ma fête de la manière qui me
convenait le mieux, en revoyant encore la garde
nationale de Paris et de la banlieue, telle qu'elle
avait été formée par l'organisation spontanée de
juillet et d'août. Je voulais, avant que cette organisation eût subi les changemens prescrits
par la loi qui règle sa constitution, témoigner
à la garde nationale que, par son zèle patriotique et tout volontaire, elle a surpassé en instruction, en discipline et en dévouement tout ce que
je pouvais attendre d'elle, et tout ce que la
France pouvait en espérer. Je ne crains pas de
le dire, mon cher général, l'histoire des nations
ne présente pas d'exemple d'un élan aussi généreux et d'un résultat aussi brillant ; et mon
orgueil national me porte à croire qu'il n'y avait
que des Français qui en fussent capables.

« Mais j'ai encore d'autres dettes à acquitter
envers la garde nationale. Je dois d'abord lui
témoigner la reconnaissance de la nation et la
mienne, pour cette activité, cette patience et ce
sang-froid, souvent plus difficiles que le courage, avec lesquels elle a si puissamment con-
couru, au milieu des circonstances pénibles que
nous avons eu à traverser dans les neuf mois qui
viennent de s'écouler, à la répression des tentatives d'agitation, et au rétablissement de l'or-

dre public, sans lequel il ne pouvait y avoir ni liberté, ni prospérité pour la France.

« Je vais ensuite m'acquitter de deux dettes personnelles, et témoigner à la garde nationale combien mon cœur est pénétré de l'accueil qu'elle m'a fait, des sentimens qu'elle m'a manifestés, et de l'affection qu'elle me témoigne en toute occasion. Je sens que je les dois à la connaissance qu'elle a de mon patriotisme, et à la garantie que présente ma longue carrière ; de ma fidélité à mon pays et de mon dévoûment à la cause sacrée de ses libertés constitutionnelles. Mais que la garde nationale connaisse aussi tous les sentimens que je lui porte ; qu'elle sache combien je m'identifie à elle dans tous les services qu'elle rend à la patrie, et combien elle doit toujours compter sur ma vive et sincère affection.

« Je ne puis trouver, mon cher général, de meilleur interprète auprès de la garde nationale que celui qui remplit si dignement le poste important où ma confiance vous a placé. Veuillez donc lui faire connaître tout ce que je viens de vous exprimer.

« A Saint-Cloud, dimanche soir, 15 mai 1831.

« LOUIS-PHILIPPE. »

Dès le lendemain l'élection des officiers commença dans les treize légions de la garde nationale. Partout l'ordre le plus imposant, la régularité la plus parfaite présidèrent à cette opération toute constitutionnelle. Dès lors la garde nationale, définitivement organisée, offrit aux citoyens et au gouvernement un ferme et loyal appui; une garantie inaltérable et sacrée du maintien des droits précieux, conquis au prix de tant d'efforts, de persévérance et de sacrifices.

CHAPITRE COMPLÉMENTAIRE.

Sommaire.

Situation des partis. — Troubles réprimés. — Alliance des Carlistes et des Républicains. — Tentatives révolutionnaires à Paris, dans le Midi et dans l'Ouest. — Convoi du général Lamarque. — Insurrection. — Journées des 5 et 6 juin. — La Garde nationale réprime l'insurrection.

La Garde nationale était définitivement constituée. Son excellent esprit, son dévoûment sans bornes à la cause de l'ordre et de la liberté, assuraient désormais à la France des jours de paix, de force et de repos; l'année 1831 s'écoula donc sans qu'aucun événement important vint troubler le cours d'une prospérité renaissante, et d'une tranquillité dont, après de si violentes secousses, chacun sentait le besoin. La France, paisible au-dedans, respectée au-dehors, rassurée

sur son présent, commença à se reposer avec
confiance du soin de son avenir sur la sagesse
et la prévoyance du gouvernement de son choix,
sur la vigilance et le dévoûment du million de
Gardes nationales que l'Étranger avait vu surgir au premier appel de la patrie avec autant de
surprise que d'admiration.

Les constans ennemis du repos de la France
ne se décourageaient pas cependant : habitués
de longue main à fomenter la discorde, ils s'ap-
pliquèrent à tourner habilement à leur profit
le moindre sujet de mécontentement, appelant
à eux les amours-propres désappointés, les am-
bitions déçues, les rivalités malveillantes, ils
grossissaient leur parti à force de soins, de promesses et de dons.

Ce système de séductions et de basses intrigues une fois arrêté, de coupables tentatives devaient nécessairement avoir lieu : dès l'année
1831 les partisans de la dynastie déchue, enhar-
dis par une clémence qu'ils interprêtaient à
faiblesse, osèrent à diverses reprises risquer des
mouvemens que l'antipathie générale devait réprimer tout d'abord. Toujours ils trouvèrent la
Garde nationale et la population parisienne entre eux et le trône de juillet. Toujours leurs cri-

minels essais furent réprimés ; la clémence se
mêlant au mépris fit seule justice de leurs coupables espérances.

Constamment vaincus, jamais découragés, les
carlistes reconnurent alors que la seule chance de
succès possible, se trouvait pour eux dans l'alliance d'un autre parti, isolé de même au sein
de la nation, mais animé du moins de sentimens énergiques, mu par une conviction profonde, doué enfin de résolution et de courage ;
les carlistes dès lors se mirent à la remorque des
républicains, décidés à les seconder dans leurs
tentatives hardies, résolus à les aider à renverser ce qu'avait édifié la révolution de 1830, se
réservant toutefois de profiter après la victoire
de l'impéritie et des fautes de ces incompatibles
alliés, pour ressaisir un pouvoir que le parti
regarde comme un patrimoine à lui seul inféodé
à jamais.

Ainsi s'expliquent tant de mouvemens, tant
d'émeutes ; et la plantation de l'arbre de la liberté à la place Louis XV, et les premiers
troubles de l'Ouest, et les affaires de Lyon et
Grenoble, et l'affaire de la rue des Prouvaires,
et l'échauffourée de Marseille, et l'apparition de
la duchesse de Berry dans la Vendée. Toutes

ces tentatives que l'excellent esprit des popula-
tions sut réprimer se rattachaient à un plan unique; mais c'était à Paris que le coup décisif devait être frappé; les ennemis du gouvernement
fondé en juillet avaient résolu de se mesurer
corps à corps avec lui; la première occasion, le
premier prétexte devaient amener un conflit décisif.

C'est sur ces entrefaites qu'un des plus éloquens organes de l'opposition parlementaire fut
enlevé par l'épidémie qui désola la France. Le
convoi du général Lamarque devait être pour
les amis de la gloire et de la liberté constitutionnelle un jour de deuil et de regrets; il devenait pour les fauteurs de trouble et d'anarchie
un prétexte de désordres et d'insurrection. Nous
ne retracerons pas les circonstances de cette cérémonie où le gouvernement s'était appliqué
à faire régner une grave régularité; la Garde
nationale, la garnison de Paris, les réfugiés des
diverses nations, les écoles, l'industrie, y étaient
représentés par des députations nombreuses;
au premier aspect, ce cortége présentait le spectacle le plus imposant. Un bruit généralement
répandu cependant, faisait craindre que de
graves désordres ne suivissent ces démonstra-

tions; l'autorité était avertie que de coupables
tentatives auraient lieu à la place de la Bastille
où devait s'arrêter le convoi.

Là, en effet, après que des discours où les
plus touchans regrets étaient exprimés eurent
été prononcés par d'honorables membres de la
Chambre et des officiers de l'armée, des paroles
incendiaires se firent entendre des provoca-
tions furent adressées à la masse populaire ; le
drapeau rouge, le bonnet phrygien furent ar-
borés : les cris *vive la république! à bas le Roi!*
retentirent au sein d'une foule affidée. L'autorité fut insultée, la force constitutionnelle mé-
connue ; des hommes enfin qui n'eussent dû
paraître à cette cérémonie funèbre que pour
rendre à la mémoire d'un brave un dernier tribut de regrets, se montrèrent en armes ; la
troupe assaillie de coups de feu dut riposter, et
le plus déplorable désordre éclata en un instant.

La garde nationale s'était rendue sans armes
au convoi. Présente à ce conflit qu'elle n'avait
pu prévoir, elle ne pouvait manquer de reconnaître la main d'où partait le coup. Elle s'empressa de s'éloigner des criminels auteurs d'une
tentative insensée, et regagna au plus vite ses
foyers, ne prévoyant que trop que bientôt le

secours des bons citoyens serait nécessaire pour assurer le triomphe de l'ordre et le maintien de la paix publique.

En effet, ce n'était pas une émeute, c'était une révolte. Organisés dès long-temps, les insurgés s'étaient partagé les rôles; tandis que les uns élevaient précipitamment des barricades au faubourg Saint-Antoine, dans les rues Saint-Martin, Saint-Denis, Montmartre, etc., d'autres se portaient à l'Arsenal, à la Poudrière, aux manufactures d'armes de la rue la Roquette, et s'emparaient de fusils et de munitions : leur cri était *aux barricades ! vive la république!* La guerre civile se trouvait organisée.

Le rappel battait cependant dans les divers arrondissemens de Paris, et la garde nationale fraternisant avec la troupe de ligne, se portait sur tous les points où les insurgés se fortifiaient. Bientôt une vive fusillade fut engagée en tête de leurs baricades; Paris surpris à l'improviste était plongé dans une profonde stupeur. La résolution de la Garde nationale lui rendait toutefois la confiance, et les paisibles habitans ne doutaient pas que la milice citoyenne ne parvînt, dès le lendemain, à faire triompher l'ordre et à assurer le règne des lois.

Le Roi cependant, à la première nouvelle de ces cruels événemens, était accouru à Paris, et des cris de dévoûment et d'amour l'accueillaient à son arrivée au Carrousel où une partie de la Garde nationale était réunie.

Le 6, dès la pointe du jour, le Roi passait en revue les légions de la Garde nationale de Paris qui s'étaient portées, au grand complet, sur la place du Carrousel, les boulevards et les quais. Les braves Gardes nationales de la banlieue, accourues au premier bruit des événemens dont la capitale avait été le théâtre, demandaient avec ardeur à marcher les premiers contre les révoltés; la ligne ne montrait pas moins de bonne volonté. A huit heures, les barricades du faubourg Saint-Antoine, de la Grève, de la rue Saint-Denis, de la place du Châtelet, attaquées vivement, furent enlevées au cri de Vive le Roi! et les insurgés repoussés de maison en maison n'occupèrent plus que le marché des Innocens, une partie resserrée de la rue Saint-Martin, le cloître Saint-Méry et les petites rues qui établissent la communication entre cette position et le marché des Innocens.

Les Gardes nationales de Paris et de la banlieue avaient fait preuve dans les différens en-

gagemens qui avaient eu lieu le matin, d'un
courage et d'un dévoûment dignes d'admiration;
elles ne voulurent pas laisser leur ouvrage in-
complet, et résolurent de partager les dangers
de la troupe de ligne dans la dernière et décisive
attaque qui allait s'engager contre les révoltés,
dans la position formidable où ils s'étaient re-
tranchés.

Au marché des Innocens, les insurgés occupaient les maisons sur les quatre faces, et dirigeaient un feu meurtrier sur tout ce qui s'approchait; les Gardes nationaux, postés au centre,
et protégés par les auvens des boutiques, ne tardèrent pas à les déloger; le canon fit évacuer
les maisons dont la résistance était trop vive;
dès lors le centre de l'action se trouva resserré
au cloître Saint-Méry.

Là, les rues Saint-Méry et Saint-Martin étaient
coupées par des barricades d'une force et d'une
élévation extraordinaires; les révoltés occupaient les maisons dans toute l'étendue de ces
deux rues, et celles qui forment le carrefour
entre les rues Saint-Méry et des Arcis. Un feu
bien nourri défendait les abords, et ce n'était
qu'avec une extrême résolution et des pertes

considérables qu'il pouvait être possible de s'emparer de cette position formidable.

Dès midi la fusillade avait commencé sur ce point; la Garde nationale l'avait engagée; les assiégés dans leur situation désespérée, soutenaient l'attaque avec une extrême vigueur. Quatre fois l'escalade avait été tentée, quatre fois la mousqueterie de la barricade, lâchée à bout portant sur les assaillans les avait repoussés, et le canon pouvait à peine, après deux heures d'un feu nourri, faire brèche sur ce terrible rempart.

Vers cinq heures cependant, la brèche devint praticable : les Gardes nationaux alors s'élancent suivis de la troupe de ligne, et pénétrent dans la barricade au milieu de la grêle de balles que vomissent les maisons voisines. Dès lors tout était terminé.

Nous n'entreprendrons pas de relever tout ce qu'a d'admirable ce courage, ce dévoûment de citoyens qui, pour assurer la paix publique, bravent la mort avec un sang-froid dont s'étonnent les vieux soldats. C'est dans leur patriotique victoire qu'ils trouvent la récompense de leurs glorieux travaux.

Dans ces héroïques journées, la Garde natio-

nale à conquis des titres immortels à la reconnaissance comme à l'admiration de la France :
pour la seconde fois elles nous a donné la liberté
et le repos.

Le dimanche 10, une revue brillante réunit, sur la ligne entière des
boulevards, les treize légions de la Garde nationale et les troupes de
l'armée qui avaient partagé sa gloire et ses dangers. Partout un in-
exprimable enthousiasme accueillit le Roi sur son passage ; et cette
belle journée dut enlever leur dernière espérance aux ennemis du
trône de juillet.

Nous eussions désiré donner dès à présent la liste des Gardes nationaux tués ou blessés en combattant pour nos lois. Les lenteurs de
l'enquête que fait faire le gouvernement, nous en empêchent : nous
publierons dans un supplément cette liste de noms glorieux.

Voici le relevé du nombre de blessés entrés dans les hopitaux à la
suite des journées des 5 et 6 juin.

À l'Hôtel-Dieu, il a été reçu 152 blessés ; à l'hôpital Saint-Louis,
113 ; à l'hôpital des Greniers-d'Abondance, 58 ; à l'hôpital Saint-Antoine, 16 ; à la Pitié, 15 ; à l'hôpital Beaujon, 9 ; à la Charité, 0 ; à
l'hospice Necker, 2 ; au Val-de-Grâce, 37 ; au Gros-Caillou, 5 ; à la
rue Blanche, 3 ; total, 416.

FIN.

TABLE
DES MATIÈRES.

FIN DE LA TABLE.

5106

Lightning Source UK Ltd.
Milton Keynes UK
UKOW02f0159030614

232749UK00007BA/285/P

FIGHT

CHOREOGRAPHY

A Practical Guide for Stage, Film and Television

FIGHT

CHOREOGRAPHY

A Practical Guide for Stage, Film and Television

F. BRAUN M^CASH

THE CROWOOD PRESS

First published in 2010 by
The Crowood Press Ltd
Ramsbury, Marlborough
Wiltshire SN8 2HR

www.crowood.com

British Library Cataloguing-in-Publication Data
A catalogue record for this book is available from the British Library.

ISBN 978 1 84797 223 1

Cover photo and costumes by Mary McAsh; reference photo section by Joanne Bentley; additional photography by Shirley Chung, Mary McAsh and Joanne Bentley

DEDICATION
For my wife, Mary

Typeset by Sharon Kemmett, Isis Design
Printed and bound in India by Replika Press Pvt. Ltd.

CONTENTS

ACKNOWLEDGEMENTS

If one is truly honest and open, virtually every person who has ever impinged upon your art or development as an artist will have taught you something, some by good example and some, inevitably, by bad. And the latter are of great value since it's only by profiting from others' mistakes that we learn not to make them ourselves.

I really can't start listing all the people who ever taught or influenced me; the list would include not only fight directors, directors and actors, but costume designers like my wife Mary, stuntmen and stunt co-coordinators, special-effects technicians, my instructors in the army, numerous martial arts masters, museum curators, etc.

I think, by name, I would like to mention my first mentors and instructors in the art of the sword and choreography who are no longer with us but who deserve to be remembered for their great contribution to this art form: the ineffable Maestro Paddy Crean, bon vivant and the very definition of an English Gentleman; Maestro Istvan Danosi, former Olympic coach and also my first instructor in theatrical sword; Master Henry Marshall of the Royal Academy of Dramatic Art, who always inexplicably introduced me as his long-lost son.

I would also like to acknowledge some of the groups and societies that are integral to the promotion of our profession and the advancement of knowledge in the illusionary combat arts: The International Order of the Sword and the Pen who run the Paddy Crean International Combat Workshop, the Society of American Fight Directors, the Society of British Fight Directors, The Society of Canadian Fight Directors and Fight Directors Canada, the Society of Australian Fight Directors and the Sydney Stage Combat School.

I would also like to thank Academie Duello and the Vancouver Film School in Vancouver, Canada for their assistance in the photographic section of this book. I would also like to thank the Canada Council for the Arts for their generous financial support in the venue of study and professional development grants which have been invaluable in both the production of this book and my development as a fight choreographer.

And once again, I wish to thank my wife Mary whose unstinting support for my career and professional endeavours is without price.

INTRODUCTION

In Saint George's name, here begins the art
of fighting.

Preface to Sigmund Ringeck's commentaries

In that quote from Sigmund Ringeck, *is* the
key word. This book is about fight
choreography as an art form.

Although this is not a book about fighting
technique, the subject cannot be avoided. You
cannot describe or explore the methodology
of choreography without using specific
examples regarding the position of a weapon.
However, it's not realistic to expect the reader
to have previous training in sword, especially
knowledge of historically accurate techniques. Therefore, this book includes a
photographic section to be used by the reader
as a reference when encountering chapters
liberally using historical terms or describing
parry positions solely by their number. It's
much easier to have you refer to the photos
than have to write in considerable detail what
constitutes, for instance, the parry of six,
especially when a six-parry to defend a cut is
vastly physically different from a six-parry to
deflect a thrust. Some photos are also done in
historically authentic costume, not to be
pretty, but to illustrate that costume design
must be correct so as not to impinge on the
performer's full range of movement.

I also make much reference to the TV
series *Highlander*. Although having been the
Sword-master for that series for four years
definitely made an artistic impression on me,
the main reason for the multitude of
references is that the series, although no
longer on the air, is still available in VHS and
DVD and can provide a visual reference for
many of the problems or examples I describe
in the text.

The reader should also understand I make
no pretence to speak for anyone else.
Although I can certainly learn from their
examples, I was not party to their process and
experience and therefore can't speak for their
reasoning and choices. Not all fight
choreographers work the same way. The fact
that choreography is an artistic and
collaborative process implies that there are
many factors that inform it.

Be open to learn from any person, any
experience.

THE FIGHT CHOREOGRAPHER'S ROLE

I've never had any particular problem
explaining myself as an actor. I am paid to
pretend I am someone I am not while others
sit in a dark room and watch me, having paid
to pretend they too believe I am someone I am

not. It sounds a bit facile, but that is the textbook definition of what I do.

But fight choreography always requires a bit of an explanation. Usually, I simply tell the curious that I'm paid to arrange to have people beaten up or killed. And although this isn't entirely accurate, it does have the distinct advantage that for the rest of the evening they leave me alone.

Essentially, I am a practitioner of the art of illusionary violence. This is an important distinction since it implies a highly selective form of realism, which adapts and refines the deadly moves of actual combat into an entertainment medium. I am, for all intents and purposes, a teller of violent stories. The dichotomy is that while my work must give the impression of death, destruction and sometimes chaos, it must also be safe – but in a manner not perceptible to the viewer. This dichotomy defines my art form.

The job of the fight choreographer has been around for quite a while, but not perhaps so long as one might imagine. When the script required a fight scene, it was common in the early days of theatre for a local fencing master to be asked to supply the choreography. Barring this, many theatre schools in the early twentieth century taught a series of set routines which went by names such as The Round Eights, The Square Eights, The Long Elevens, etc., which would have been commonly known by most actors. The action, so I'm informed, was a series of cuts to the combatant's weapons, not to the body. They had nothing to do with characterization as one might assume, and equally nothing to do with the physical reality of the set. In some instances, when the actors were competent fencers, only the final hit was actually staged, the performers free-fighting for as long as they could engage the audience's attention. It is thought that the first person in film to actually request the employment of a professional choreographer was Douglas Fairbanks.

It is generally acknowledged that the first person to act in the capacity of a professional fight choreographer for the stage was Paddy Crean. I had the honour and privilege of working closely with him as an actor and choreographer at the Stratford Shakespeare Festival in Ontario, Canada, for over four years. Prior to that, I had been asked to choreograph fights based solely on the fact I was a competitive fencer and had two years of sword training in theatre school. Even then I was painfully aware the art of choreography must be much more involved than simply possessing a modicum of martial skills. So I endeavoured to undertake the study of fight choreography as an art in and of itself. The revelations were many and sobering.

A fight director, as you will soon learn, must have much more knowledge than simply armed and unarmed combat. He or she must have an in-depth understanding of virtually everything that impinges on the physical performance of a fight. This includes but is certainly not limited to set design and set decoration, costume design, lighting and special effects, props construction and, of course, acting and directing. In film and television, there is the added necessity of understanding the filming process, the function of lenses, the use of stunt devices such as air bags, and a host of other things such as horsemanship and firearms. Then there's also opera, dance, animation; the list goes on and on.

I was also shocked to learn how little of any substance there has been written about this art after all these decades. But being an accomplished procrastinator, it's taken me thirty-four years in this business to get to the point where I believed I finally had enough experience to have sufficient credibility to write this book.

This book is not in any way, shape or form a definitive work. I personally don't believe there's any such thing. The day one declares in any profession so dynamic and all-inclusive as this 'That's it! I now know it all!' they may be thought delusional at best; a fool at worst.

After roughly thirty-eight years of studying the sword, I'm constantly discovering new things both by research and insights gained by practice.

So, here's what I've learned so far. For the rest, I suppose I'll just have to get back to you.

WHAT IS A FIGHT CHOREOGRAPHER?

Obviously, if you are reading this book you are interested in the art of fight choreography, so what is a fight choreographer? The obvious answer is that it is a person who choreographs the moves to fight scenes in various mediums, stage, film, television, etc. This definition would be entirely correct, but far from complete. The devil, as they say, is in the detail.

A fight choreographer must first have a very broad and in-depth knowledge of a large number of armed and unarmed fighting styles. For my own part, I would consider that in order to consider yourself a fight choreographer you should, at a minimum, have knowledge of medieval weapons such as the single, hand-and-a-half and two-handed sword, plus shield work and knowledge of at least one pole weapon such as the halberd. You should also have knowledge of at least two (preferably more) systems of rapier, including the use of the *main gauche* dagger, the buckler and the cloak. You should have a decent command of the small sword, and also

have facility with the sabre and an adequate knowledge of the combat knife. It would help greatly if you also had some grounding in the basics of the Japanese katana or the Chinese Dao sword and also some experience in martial arts weapons such as the bo staff, sai, nunchaku, etc.

As for unarmed combat systems, it would help to have at least semi-advanced knowledge of at least three systems. Judo would be a good choice as one since it teaches proper falling technique. You should also have both a hard and a soft system such as Shoto Kan or Tae Kwon Do and Wing Chun or Taiji Quan. You should also have an understanding of the basics of a Western unarmed system such as boxing or Savate. The reason for having knowledge in a variety of systems is to give you the ability to tailor a fighting style to the actor's individual needs. You must be able to facilitate the performer to find a combat style that he or she is physically capable of performing with control, and also capable of learning within the restrictions of a specific rehearsal period that varies greatly from medium to medium. It is also desirable that you are able to choreograph fighters who fight in visibly different styles. This not only adds to the dramatic possibilities of a fight scene, but it also prevents the fighters from appearing as though they both studied under the same person. A fight choreographer should also have a basic understanding of gymnastics and tumbling.

It is also essential that you understand the medium for which you are choreographing.

Unarmed combat for stage and unarmed combat for film use very different physical techniques. However, sword styles for these two mediums are exactly the same, the difference being in the approach to the choreography.

You should have some study in stagecraft

and a basic understanding of directing and acting. For film and TV it's extremely helpful if you have some knowledge of lenses and camera work and understand the language of film (e.g. a 'dolly shot,' to 'rack focus', etc).

You must also cultivate teaching skills. You might be a world-class expert in a particular fighting art, but if you can't convey that skill to an actor in a tangible fashion, then your skill is of no use to anyone but yourself.

You must be patient, be a team player, be intellectually flexible, and have the courage to stand up for the safety of the actor when a situation arises that could compromise that safety. You must be capable of diplomacy and have the ability to think on your feet. These, in my view, are the minimum requirements. Where you go from there is entirely up to you. But there is one thing more you must continue to do throughout your career if you are to progress. That is to never stop learning.

What Is A Fight?

I always ask this question of my new students who invariably give me the same response: A fight is 'a violent conflict between two people', or words to that effect.

Now in terms of a real-world application of this concept, they are entirely correct. However, we're not speaking of the real world here.

Theatre, film and television are entertainment mediums. They, like the actor's art, effect a selective reality. This selective reality occurs within the narrative of a script. Therefore, a fight scene, as opposed to a 'fight', is a dramatic device intended to further or alter the overall storyline of the script. This implies that the first question a fight choreographer must answer is 'what is

the story of the fight?' What is its purpose in the overall narrative?

The easiest way to determine the validity of a fight scene with regards to the overall story of the script is to remove it and see what, if any, effect the absence of the fight scene has on the final outcome of the story.

The fight scene has its place

The fight scene is only one part of the overall narrative of the script. It's a device used to advance the story. However, just as sub-plots do, it has a story of its own. As a fight director, you must ask yourself what the dramatic purpose of the fight is and how it relates to the script, realizing it's not an independent story in and of itself. Otherwise, the fight can appear to be tacked on by a third party, as an afterthought, bearing no apparent relation to the action preceding or following it.

Here are two examples to consider. Firstly, in *Hamlet*, if the protagonist never fought Laertes, he would never have been treacherously inoculated with Laertes' poisoned blade. Knowing he will soon die (plus witnessing the accidental death of his mother via a cup of poisoned wine intended for him) leads him to kill the King. The ending of this play would be quite different if the fight scene weren't there.

Similarly, in another of Shakespeare's plays, *Romeo and Juliet*, had Mercutio not been killed by Tybalt, who is then subsequently slain by Romeo, the entire script would be sent in a different direction. It is, after all, the death of Tybalt that results in Romeo's banishment, which subsequently sets up a series of tragic choices resulting, in the end, with the death of both lovers.

I could cite many other examples of scripts whose endings would have been radically altered were it not for the presence and outcome of a fight scene, and I'm sure you could too, so I won't labour the issue further. But it becomes obvious that a fight scene can be crucial to the development of both story and character. On the other hand, if when the fight scene is removed the result is virtually no change to the final resolution of the script, one should seriously consider why that scene needs to be there at all. A scene of gratuitous violence for its own sake is a waste of time and money. If it contributes nothing of substance to the overall narrative, what is its point?

Here, I would hasten to acknowledge not all fight scenes have to end in the death of one of the combatants in order for them to have relevance and value to the script. There are plays and film scripts where a particular fight scene is instrumental in the development of the main character; its outcome serves to inform or influence their decisions further into the narrative. Losing a fight publicly might serve to humiliate the character, so he decides to seek revenge in a variety of nefarious and underhanded ways. Or he may decide to become more adept as a fighter, which leads him to train for many years – only to come to the understanding that revenge is antithetical to the code of honour he has now derived from his fighting art. Or perhaps someone else decides to seek revenge for him.

Another possible scenario could be the victim of a mugging or sexual assault who, instead of studying a martial art, is driven by their fear into purchasing a gun which results in the accidental shooting of an innocent bystander when the person's fear leads them to overreact in their next confrontation.

There are even fight scenes in which neither of the characters want to fight but have been goaded on to it by a third party. A good example of this would be Sir Andrew Aguecheek and Viola in *Twelfth Night*.

Naturally, a fight scene is a violent confrontation between two or more individuals. But for all that, it is also a dramatic construct that must have relevance if it is to have any integrity. What is the story? What caused the fight to occur? Who are the characters? To answer most of these questions, we must now consider the actors.

1　THE PERFORMANCE

THE PERFORMER AND THE FIGHT SCENE

It's surprising to me how many fight choreographers appear not to have the slightest understanding or appreciation of the actor's craft. They are simply fighting specialists who seem more concerned with presenting violence for its own sake than telling a story that serves to advance the script. I've been a professional actor myself for over three decades so I'm a bit biased in this regard, but it would be my personal recommendation that anyone wishing to become a fight choreographer should take at least a couple of acting classes if for no other reason than to gain an appreciation of how an actor approaches a script.

Acting effects a selective reality. You can't play everything. The reasons for this are many; a conflicted person may be experiencing several different and sometimes contradictory emotions at once. To attempt to express them all would be nearly impossible and would only serve to muddy the performance. An actor must carefully select what he chooses to portray so that his choices are both playable and clear to the audience.

This doesn't imply locking yourself into a never-changing line-reading. An actor must constantly be 'in the moment', actively listening to the other characters so his reactions are honest and reflect the ever-changing nuances as subsequent performances continue to evolve the scene. (Mind you, I have experienced the occasional actor for whom the opposite of speaking was not listening but waiting.)

A fight scene is like any other scene in a script. It can express emotion in its rawest, most primordial form, but it can also be a physical dialogue capable of evincing great subtlety, wit and nuance worthy of the highest forms of literary art.

This, I believe, is one of the best ways to not only choreograph, but to connect with the performer. The moves of the fight scene should be the physical equivalent of spoken dialogue. You should consider the moves to be lines.

This is not being pretentious. Movement is communication. Perhaps we should ask again, this time in an actor's terms, what is a fight?

Violence most often occurs when words become ineffective. When all the cursing and invective, stomping and raving simply become insufficient to express a person's emotions. Then comes the punch in the nose. It is often said that violence is the last refuge of the inarticulate. In many cases this is so. But think back to the last time you were literally angry enough to lay hands on someone.

What did it take to get you to that state? This is a very important question to ask yourself, because the level of violence in a particular scene must be dictated on its justification. It's not credible for someone to throttle a person half to death with their bare hands if the provocation was something along the lines of 'Man, you are being such a jerk.' Well, maybe if the aggressor was a psychopathic personality, but that too informs you of the potential level of violence that might be considered justifiable, character-wise, in a given scene.

CHARACTERIZATION

Understanding the Character and their Motives

The term 'motivation' has become a cliché of the acting profession. Pity, because it has tremendous validity. No one, not even a mentally deranged person, operates in an intellectual or emotional vacuum. Even a sociopath who experiences no human emotions is motivated by his or her desire to achieve their goals, to get their own way.

If the person is the aggressor in a fight scene, these are some of the questions you must ask and answer before you can stage the first blow.

Who is this Person?
By this, I mean not just his name, but his background, his social position, profession, etc. In other words, what made this person what he is today? This information will help determine why and how he fights.

What Does this Character Want?
If he started the fight, he obviously must want something from its results. Personal vindication? Revenge for a real or imagined

---

Morals and values create the scene

Hamlet is not a dissertation on psychology; it is a story involving the interaction of complex characters who often allow emotion to cloud their better judgment, act on preconceived notions, assumptions and misinformation and for all their lofty titles, behave in a very human fashion. All of that, plus the person's values, morals and ethics help determine how that character will fight. This gives you a lot of choices to play.

But it is not just enough for the choreography to reflect all those points, otherwise, it's not a fight scene; it's just a fight. It also has to reflect what the actor is doing with all those choices because he's the one who's playing the character, not you.

---

past slight or deed? Is it macho posturing indicative of personal insecurity or a psychological dysfunction? Or perhaps something as simple as robbing his victim of money or goods – the desire to perpetuate violence on someone needn't be fraught with Freudian overtones. It's perfectly fine for the actor to create a back-story that justifies him taking a swing at the short order cook in the local greasy spoon because his mother used to beat him with a spatula, but I would defy you to play it in a way that any audience could divine your character's reason. Choices must be playable and supported in the script. What does the character want that makes him resort to violence?

Is just laying a beating on his opponent sufficient, or is he intending to inflict death or risk death himself? And if so, why? What are the reasons that would drive a person to the extreme decision to take another's life?

By this I mean are the fighters alone or in public? A person will very often fight quite differently when he's facing an opponent alone from when there are witnesses. Remember here that what a person chooses not to do, even when there is no one watching to influence his choices, says as much, if not more, about his character than what he chooses to do.

During the final fight scene in Arthur Miller's *A View From the Bridge*, Eddie Carbone confronts Marco who has been defaming him around the neighbourhood and at Eddie's place of employment (he's a longshoreman). During the fight, Marco gets the upper hand and shames Eddie. Eddie, an old school first generation Italian then pulls a knife. He knows if he kills Marco he will be charged with murder, but he has also suffered a tremendous insult from him in front of his peers. He has lost face and by the code of his culture, redress demands blood. He also knows (or must realize) that Marco is a superior fighter – younger and stronger – and that there exists a very real possibility he will prevail over him, even kill him. Notwithstanding, he proceeds, and dies. But there never was any alternative to the outcome once Marco disgraced him in the eyes of his friends and neighbours. By his previous actions and his confronting Marco in public, Eddie sealed his own fate and proceeded knowing full well the ramifications and possible consequences of his actions.

What Do other Characters Say about Him?
Often, the clues to how and why a character fights can be found in how others describe him. Take, for instance, *Romeo and Juliet*. Mercutio describes Tybalt to Benvolio in what for the average playgoer of the day would've been in great detail. To wit:

He fights as you sing pricksong: keeps time, distance and proportion. He rests me his minim rest, one, two and the third in your

bosom. The very butcher of a silk button. A duelist – a duelist. A gentleman of the very first house, of the first and second cause. Ah, the immortal passado, the punto reverso, the hay!

In this speech, Mercutio characterizes Tybalt with great detail. We learn he is not only well schooled in the precepts of fencing such as time, distance, etc., but is compared to a famous duelist of Shakespeare's day who was so expert he was said to be able to tell you the exact buttonhole through which he would pass his blade. A gentleman of the 'first house,' is an allusion to being a student of the finest fencing school in the city. In Shakespeare's London, this would have been recognized as the Salle of Vincentio Saviola. The 'first and second cause' refers to the fabled Code Duello, which categorized ten levels of insult with corresponding levels of redress. The first and second causes being the gravest of insults, their redress normally required death. Here, we learn that Tybalt doesn't fight over trivialities; he will only draw his sword for the most serious (to him, at least) of issues such as the honour of his family. But when he does fight, be prepared to die. Mercutio then goes on to describe specific fencing moves of the period that perhaps Tybalt might use.

That's lot of information one can use not only playing the role of Tybalt, but for the fight director to consider. It's also implicit that the character needs to live up to such a description if he's to have any continuing credibility.

Does the Character Hold Back Anything?
This goes with the question 'what does he want?' Not all fights are started out of the desire to kill or inflict pain, or for material gain. Some fights, especially when one is

dealing with historical scripts, are about honour.

An example of this would be a fight scene I had the honour to perform with my good friend and fellow fight choreographer, Tony De Longis in the TV series *Mythquest*.

It was a tale of the legend of Camelot. Tony was playing Lancelot and I portrayed the glory-seeking King Maleger. After my character has captured Queen Guinevere, Lancelot rides to her rescue and the two of us engage in a long fight. I chose to have my character set the tone of the fight from the very beginning by taking an extra weapon, an axe, from one of my men just prior to attacking Lancelot. Finally, Lancelot (with dialogue the two of us wrote and had inserted into the scene to further define our characters) calls out to my character:

'We're getting too old for this sort of thing, Maleger.'

'Too old for glory?'

'But not too old for honour,' replies Lancelot.

My character regards him somewhat bemusedly, and then casts aside his second weapon; they both kneel and for the first time, formally salute each other. Two other characters watch us somewhat incredulously.

'What're they doing?'

'They're Knights of the Round Table, Cloe. Fighting fair is more important than winning.'

The additional dialogue added by Tony and I changed the entire nature of the fight from that moment on. It was far more consistent with who these two men were supposed to be and added a dimension to our characters within the fight scene that wasn't previously present in the script.

This leads us to another aspect of choreography. The fight scene can often become a vehicle to explore characterization

that is suggested by the script or the actor's portrayal that the script has not fully fleshed out. Here's another example, this time involving the choice of a weapon that was used prior to the fight scene that didn't actually figure into it.

In the *Highlander* episode 'Forgive us our Trespasses', Methos is determined to stop Duncan MacLeod from fighting the character of Kearne. MacLeod is troubled by the morality of a deed he committed in the past that has led to this confrontation and Methos is worried the guilt MacLeod feels might lead him to commit suicide by proxy. He intercepts MacLeod on his way to the duelling ground, they have words and MacLeod, after warning Methos not to interfere, turns to go. The script had Methos pull out a blackjack and knock MacLeod cold. I had somewhat different feelings about the situation so instead, I had Methos draw a silenced .45 automatic and shoot MacLeod in the back.

When the writers saw the dailies they were furious. That is, until they heard my explanation for the first time when I was on a Q&A panel at a *Highlander* fan convention. I explained that simply tapping MacLeod on the head wouldn't have guaranteed he'd stay out long enough for Methos to kill Kearne himself, but that taking a .45 slug might. After all, Methos could've cared less about Kearne, who was not an evil man. His concern was entirely to protect his friend. However, when he does meet Kearne and they engage in a duel, the audience knows full well Methos is carrying a pistol since they saw him return it to a shoulder holster. But then, even with his life possibly hanging in the balance, he chooses not to use it.

This told us more about Methos' character than the scene as previously written.

By way of another example, during one of the thirteen times I've choreographed *Romeo and Juliet*, the actor playing Tybalt decided that instead of the death of Mercutio being accidental (i.e. the fatal thrust occurs under Romeo's arm while he's trying to intervene to stop the fight, thus causing Tybalt to lose his sense of distance), that Tybalt, who is enraged at Mercutio for humiliating him in front of his minions, uses the opportunity to murder Mercutio believing his death can then be blamed on Romeo's interference. To make this point clear to the audience, I had Romeo immobilize Tybalt's sword, thus forcing him to strike under his arm with his dagger. The move forced Tybalt to draw his dagger in plain view of the audience, ensuring they knew this was a conscious act and not the result of an accidental scuffle.

It eventually becomes clear to Romeo that treachery was involved so, when he fights Tybalt and wounds and disarms him in his fury, I had him do a very uncharacteristic move. After wounding Tybalt, Romeo throws down his own weapon and kneels down beside Tybalt, raising him up onto his knee. For all intents and purposes, as far as the crowd is concerned, Romeo appears to be comforting Tybalt. As the crowd disperses – but in full sight of Benvolio, Romeo, hatred plain upon his face, snaps Tybalt's neck.

This was the only time in any of my *Romeo and Juliet* productions that I had Romeo perpetrate an act of what was essentially premeditated murder, but the decision was predicated entirely on that one choice made by the actor playing Tybalt. It also established Romeo as being a person prone to rash and spontaneous deeds without considering their consequences. This trait was further used by the actor in later scenes culminating in his suicide in the Montague tomb. I mention this because acting choices made for the fight scene can have a lasting effect on the portrayal of characters long after the fight is over. If a seemingly uncharacteristic deed is performed during the fight, that action must have some effect on the character in subsequent scenes. You cannot simply pretend that action didn't occur.

Therefore, it's necessary when making 'interesting' choices in your choreography to ensure they are not choices that force the actor into future choices or rationalizations in the rest of the script.

This brings me to what I consider an extremely important point a fight choreographer must always keep in mind when analyzing the script and creating the moves of the fight: you are not the one playing the character.

The actor must be the final arbiter of whether a move or the intentions of a move are appropriate to his or her interpretation of the character.

THE DIRECTOR

The director is the person whose job it is to pull all the disparate parts of a production into a unified whole and to guide the artistic process. It is his or her interpretation of the script that dictates their choices in casting; the subsequent direction of the actor's performances and all the various visual aspects of the production such as set and costume design, etc. In film and TV he usually also has the last word in the final edit.

In professional theatre, the director is aided by the stage manager. The stage manager makes a note of elements of the performance such as blocking, sound and light cues and so forth, since they will be running the show after opening night. In film and television, the director is assisted by a score of people such as the first, second and third assistant directors, the director of photography (DOP), the continuity person, the line producer, the stunt coordinator and a host of various designers – set, costume, props, together with special effects coordinators, location scouts; the list is almost endless. But, although the executive producers have final say over money matters (and, indeed, hire the director) it is the director who pulls all the artistic contributions of the aforementioned people into a cohesive whole, the result being a final, finished and polished performance of the script, either live or on film.

The director is the person you are directly responsible to. The producers will exercise direct say over money matters, but you have been hired to contribute an artistic skill to the production and it is the director who is ultimately responsible for the realization and completion of the same.

Is the director (like the proverbial customer) always right? Yes and no. By this, I mean the overall vision of the production is his, but you have been hired to provide skills and expertise he doesn't have. He may very well have an idea of what he wants out of the fight scenes both visually (in terms of how he would like to film them), and in terms of the physical realization of the text. In feature films, he may even have had the fight scenes story-boarded – that is, a pictorial progression of how he plans to film the scene. Don't worry if the storyboards depict weapons or strange moves. Artists aren't weapons scholars. Look at the storyboard for what it is – a sort of comic strip of the fight scene.

Whether the medium is theatre or film, you must have meetings with every department – set and costume design, lighting, etc. We will discuss each and every one of these in greater detail later, but for now simply understand that you must know as much as possible about every detail that affects the physical action of the scene. You might have these meetings prior to your conference with the director or after, or part of an overall production meeting, but you must still have them. It's doubtful that you will simply have just one single meeting with the director, especially in the case of film and television where script re-writes can add, subtract or substantively change the action of the script. It is your job to help the director realize his vision of the script. That, however, does not mean agreeing with everything he says or acquiescing to his demands. First, based on your (hopefully) superior knowledge of weapons, fighting styles and their possibilities, you might be able to come up with action superior to what the director envisions. There are also times when you must point out that the risk involved in a particular action is significant and that such an action might be inadvisable. This would be mostly prevalent on the stage, but also applies in film when actor, rather than a stunt performer is deemed necessary for the shot. After all, you are also supposed to be an advocate for the actor whose safety lies in your hands and must never be compromised.

There are many reasons for telling a director 'No' besides that of physical risk. After analyzing the projected rehearsal time available it may simply not be possible for certain actions to be rehearsed to a point of safety and credibility. This is especially true if the director envisages a long fight. If the director has either no or limited experience in action scenes, there is no reason to believe he has any basis for understanding the time involved in learning a fight scene up to performance level even if it's being broken down into a large number of shots. You should explain to him the amount of time (per your experience), that it takes to learn a fight sequence up to speed – with complete control and confidence. The length of the fight scene will always be gauged on the amount of rehearsal time.

You must also impress on the director, politely, that once the final choreography has been approved by him, it cannot be changed on the day of shooting. Nor can things be 'made up on the spot.' I once had a scene in a movie where the two combatants were to fight each other in an underground tunnel festooned with a large number of pipes of various sizes. Naturally, the choreography had to conform itself to the space available and to also use these pipes in various ways as the actors threw each other from one side to the other, and taking the occasional spark-hit (using special effects 'poppers') as pipes were struck by blades. It was tight, but quite doable. Then, on the day, suddenly the director decided (after having approved the choreography and direction of filming), that he wanted to turn the camera's axis around 180 degrees and film the fight from the complete opposite direction.

Now this would have presented no problem whatsoever if he wanted the action to stay the same and merely film it from the opposite end of the tunnel. But no – for some reason he wanted the action turned around 180 degrees too. I told him this was physically impossible since to do so would absolutely ensure that every blow that had been carefully choreographed to avoid a pipe would now be hitting a pipe. His answer was interesting: 'But, I'm the director.'

'Yes,' I replied, 'and I respect that, but that fact does not make the pipes change sides.' Finally, after a slow-motion walk-through, he realized it would not only be hazardous to try and film the action that way, it would also look ridiculous. We finally scrapped the entire sequence and working with the two actors, we came up with a whole new sequence.

Yet another director once asked me to lengthen a sequence but wanted the actors to simply 'wing it' on the spot.

'Couldn't they just bang their swords together?' he asked.

There is an answer to that sort of question. Bear in mind that you can never give it voice.

So sometimes you must be prepared to tell the director 'No.' However, you must give valid reasons for doing so, and it is now your job to provide him with an alternative. In theatre it is usually quite easy to keep the director up to speed on the progress of the choreography. In film and television, less so. When you sit down with the director, you must ask very specific questions:

Where does the fight begin? What is the fight's progress through the set or location(s)? How long is the fight? (This will dictate the number of phrases of action.) What are the dramatic dynamics of the fight (i.e. what are the fight's ebb and flow, its highs and lows, very much as if it were a piece of music)? What specific actions does the director wish to see in the fight (i.e. is there stunt or gymnastic action)? Does he want certain props or elements of the set or set decoration involved – stairs, furniture, etc? Are there special effects to be considered? Will part of the fight action be performed by stunt players due to specific physical hazards of the set or location, or will the principals do it all?

Where does the fight end, and are there any particular moves of the fight the director might wish to shoot as a close-up or individual shot for the purpose of clarity or a storyline point?

Finally, if the director cannot audit fight rehearsals, you should film the fight rehearsal from all sides, even from above, for his perusal. After all these questions are answered, then choreography can begin.

21

2 THE SET

One of the most important aspects to be considered prior to beginning choreography is the physical environment in which the fight is to be performed. It can inform a large number of choices including the choice of weapon. (I refer here to the 'longsword-fight-in-the-phone-booth' phenomenon.)

THE THEATRE

First, let's examine the theatrical environment. The set is constructed and decorated entirely by design, so the fighting environment should be entirely controllable. First, you must identify the usable areas of the set. By this I don't simply mean the set's dimensions. It's exceedingly rare that you will be choreographing a fight for a bare stage. Therefore, the set design and models will show the furniture and various pieces of set decoration. It is necessary for you to obtain precise measurements of the useable space in and around the fully dressed set – how many feet and inches between the apron of the stage and the sofa? From the door to the stairs? The number of steps in the staircase, as well as the width and height of each step and the height of the handrail (if any), etc. You should, of course, have the overall dimensions of the set from front to back and side-to-side if the set

decoration can accommodate continuous action in either direction.

It's very important that you pace out the set and not just rely on measurements. It's necessary to have a physical understanding of the space, especially if swords or any long weapons are to be used. If you have any doubt as to how much space a sword fight takes, pick up a weapon and mark your rear foot with a piece of tape. Now assume an *en garde* stance, lay the weapon down onto the floor directly from that stance, and mark your sword's tip with another piece of tape. Now take up the sword and assume the position of your opponent in a way in which the sword overlaps the tape representing the tip of your sword in your previous position by a third of the way down the blade.

Now tape the position of your rear foot. Stand back and stare at this for a while. That is the amount of space two combatants with swords require just standing still! Now, think of them moving through the environment of the set, with the swords describing arcs the full length of their blades, to the right, left and overhead. This should give you a very graphic but entirely realistic idea of how much space a sword fight requires.

Obviously, one of the first questions you must ask when you have seen the set designs is 'what weapons are appropriate for this space?' If the space created by the set design would make a sword fight not only hazardous but almost physically impossible, then you need to sit down with the director and designer straight away, because obviously someone is going to have to make some accommodations here (hint: it may have to be you). The important thing is to get this information and do your preparation early. Once they have a good portion of the set constructed it's a little late to start expressing concerns.

Here is another reason you need to have your meeting with the director as soon as possible. He will describe to you the action he would like to see in the fight and, no doubt, you will have given him some input as to what might be possible yourself. The designer and construction crew need to be kept in the loop here since some of the ideas might require reinforcing certain areas of the set. For example, if you intend to hurl somebody against the wall, that section of the wall better be built (and heavily reinforced from the rear) to be able to withstand the impact.

One of the things you should always have hecked out before you meet with the director are the theatre's sight lines. In film and television, the camera lens is the audience and consequently, we can move the 'audience' anywhere we choose, manipulate its field and range of vision with various types of lenses, let the audience 'run' through or past things as part of the action with dolly shots and even soar overhead using camera cranes or wire tracks. Not so in theatre.

Sight lines refer to the direct lines of sight an audience has from the various seats in the theatre. These sight lines are fixed and immutable. They also provide various seating areas with sometimes radically different views of the same action. If you need a

particular piece of action or a safety device like a mat hidden from view, you must have a full understanding of what each member of the audience is seeing from every vantage point in the house. This especially includes balcony seats where the angle of view can actually allow members towards the rear of the balcony to see behind set pieces and furniture in a way completely impossible from the front row or the extreme stage right and left of the ground-level seats. In some of the older, more sumptuous theatres you also have to contend with box seats which often give those seated in them a view directly in between the teaser curtains, consequently redefining when an actor is 'off' or 'on' stage.

I remember seeing a production of *Deathtrap* from a box seat in the Haymarket Theatre in London, where I could clearly see the gym mat behind the sofa they'd placed so an actor could take a fall. It sort of spoiled the moment.

You must understand the sight line predicament before you meet with the director because he is now going to tell you where he wants the fight to move in and around the set. You must be able to advise him that certain actions may not be appropriate for a specific area of the set if any of those actions need to be masked from the audience.

We'll get into the rationale for determining the appropriate length of a fight scene later. For now, the director will tell you where the fight starts, where it travels through the set and where it ends. Now you can break the fight up into phrases – individual sections of action that are self-contained, with a beginning, middle and end. A series of mini-fights that together tell the story of the overall fight like chapters in a book.

Now you know where the fight will go from start to finish. Before we go on to the specific problems of film sets, lets take a look at the problems posed by some special sets in theatre.

I have twice choreographed *Peter Pan*. Naturally, the only fight action occurs on Hook's pirate ship. Both times, the designer used a revolve to bring the ship in through fog effects. I must admit it was a magnificent sight when this huge, two-masted ship glided onto the stage, creating a water-like wake of the mist.

Now, of course, we had to fight on it.

To accommodate the revolve, the design of the ship set was curved. Normally, this wouldn't create any particular problem. However, for *Peter Pan*, Pan did a lot of his fighting in the air wearing a wire harness (we'll examine the problems of wire harnesses further on in the book). He would often fly from one end of the ship to the other and, on at least two instances, engage Hook in swordplay while in the air. However, since the ship was curved, even though the spars on the masts were turned to allow Peter to pass without encountering them, we had to use two separate wire tracks due to the fact that the curvature of the ship put the upstage and downstage portions of the foredeck and quarterdeck out of alignment with one another. If you fought onto the upstage position of the quarterdeck, you couldn't fly back on the same wire track without going face-first into the mast. So, when Pan landed on either of the opposite elevated decks, there had to be found a way using a couple of the Lost Boys to unhook his wire from the downstage track and re-hook the new wire from the upstage track, masking the process as they did so. All this had to be done as an integral part of the fight scene while Peter was fighting Hook. In other words, there had to be found a way to justify non-fighting action to support the fighting action. The choreography had to bring combatants up to the un-hooking and re-hooking areas and temporarily resolve their actions long enough to accomplish the inconspicuous change-over of wires, and those actions had to be timed out so they coincided with Pan's start and end positions so that it wasn't obvious that the actors were waiting for him.

There was also a production of *Hamlet* I once staged where, for some totally inexplicable reason (since it was entirely unnecessary to accommodate sight lines), the designer decided to rake the entire set towards the audience, and to distress the flooring to achieve a look of what he called 'beaten gold,' which, although impressive, was going to present all sorts of problems for the fight scenes. I was party to this information from day one, but the actors first confronted the condition on the day of our first rehearsal on

Dealing with the set

Regardless of what medium in which you are working – theatre, film, television, etc, – virtually everything that affects physical movement must be considered. The set is one of your biggest considerations. I've worked on sets with absolutely no focal point, sets that were physically impossible to walk across in a straight line, sets that seemed determined to dump the actors into the laps of the front row of the audience, etc. It's very rare a fight director will get direct input into the design of a theatrical set and some designers appear to regard their set as an unwritten character in the play. The widest range of fighting styles and movement techniques are necessary to deal with such creations since the most serious problem a set can create is it can become a danger to the actor.

the semi-completed set.

I recall they met the situation with somewhat less than unbridled enthusiasm. The rake forced actors to walk like a woman with one high-heeled shoe broken. Walking from stage left to stage right in a straight line was physically impossible since the rake tried to pull you downstage.

In any case, the footing for the fight scene was tenuous at best; it dictated very specific stances and the manner of movement, together with the necessity of very precise targeting when Hamlet and Laertes were fighting in the upstage direction – the equivalent of fighting up a staircase since the upstage fighter was always somewhat higher than the downstage combatant. I never had them fight downstage since there was a very good chance, even with such strong, controlled fighters as the actors were, that they might inadvertently gain sufficient momentum they'd end up in the laps of people in the front row.

This also brings to mind a factor you must consider when choreographing for theatre. It involves the individual moves of the choreography. What happens if a weapon breaks? Where does the broken portion of the blade go? Remember; in film and TV you only usually perform the fight phrase by phrase, all taken as individual shots, and sometimes featuring only a couple of moves in close-up that might be germane to the audience's understanding of the action (you rarely shoot a fight as a master – that is, the entire fight in one continuous shot; editing usually renders such a thing redundant). In film you must also have many duplicates of the same sword to be changed out as the action renders a blade so nicked and scarred it's no longer presentable for the camera (aluminum blades can easily bend if struck in the flat, rendering them both un-shootable and dangerous).

But on stage, the action is continuous – no cuts, no 'bring in the stunt man'.

Most blades are still made of steel, especially thin blades like rapiers and small swords that can't be reproduced in aluminum because of their lack of tensile strength. Also, you aren't going to have any more than a single safety sword for each weapon, and you certainly can't change it out in the middle of a fight scene. As these swords are used for the entire rehearsal process as well as the run of the show, and since they are usually always rentals whose blades may or may not be new, there is always the problem of metal fatigue. This is a condition where constant, repeated impacts causes the metal to essentially crystallize and micro-cracks to form internally.

The trouble is, there's no way of knowing until a blade actually breaks. Unless a blade has been visibly bent then re-straightened (in which case you should not use it), there's no reliable way of telling what condition it's in internally, save to x-ray it.

With this in mind, you must try to avoid choreographing powerful blows that are parried to the downstage side. This prevents the blade fragment, if the sword breaks, from flying into the house. I have adhered to this rule ever since I was called in to 'clean up' the moves to a fight scene in a show in Toronto many years ago.

In six nights, six blades had broken and all had gone winging off into the house, on a few occasions striking members of the audience. This, in case you're in any doubt, is not good. The original fight director wasn't available, so someone who knew me phoned me up. The first thing I did was examine the blades. They were all brand new. But each one had broken in exactly the same spot and each exhibited the internal evidence of severe metal fatigue. All I could offer by way of explanation was that they had come from the same production run (they were double-wide epée blades), and were the result of a manufacturing flaw, probably in the forging stage. But you couldn't tell by simply looking at them.

Choreograph 'power moves' sword against sword, so they are directed upstage. Staircases present their own unique challenges. First, it's not simply a case of one actor being higher than the other. So long as you have emphasized the necessity of precise targeting on cuts and thrusts, minor changes in elevation don't represent a significant problem since the target is a portion of the human body, regardless of how high or low it is (obviously, the person holding the high ground will be restricted in his ability to target certain areas of his opponent's body simply because they almost always lie beyond the reach of his blade.)

When choreographing fights ascending and descending stairs, the first consideration is the stairs themselves. Try walking backwards up a flight of stairs and you will plainly see, even without having to swing a sword, that it's much easier if the individual step is at least as wide as your shoe or boot. The set designer should be made aware of this necessity in order for the construction of the set to accommodate the action. If the step is so narrow that the actor's foot significantly overlaps the edge of the step, he can be at risk of losing his balance forward.

> Up and down, up and down – I will lead them up and down.
>
> Puck, *A Midsummer Night's Dream*

When an actor is fighting on stairs, the rear foot should be placed so the edge of the foot abuts the riser of the next step – in other words, parallel to the step. The front foot can be placed similarly or angled forward in whichever position the actor feels most secure. If the performer is being forced up the stairs, the movement should be initiated with the rear foot to insure their balance is maintained by having the rear foot firmly in contact with the bottom of the riser so that no slippage can occur when the front foot is picked up and placed on the next ascending step.

When descending the stairs as the aggressor, the actor should initiate the movement with the rear foot for the same reasons – to ensure the even division of weight and maintenance of balance. This also helps ensure the actor won't slip off the descending step (which is quite possible if one leads with the front foot), and promulgate a dangerous tumble – weapon in hand, quite possibly into his opponent.

When an actor is descending the stairs as the defender, his step should be initiated with the front foot stepping down to the next lowest step and then completing the move with the rear foot, again, to ensure the performer's centre of gravity is maintained equally between the legs and that weight is not committed backwards while the rear foot is still in the air, which can cause a disastrous loss of balance.

The steps on a staircase may often be very wide, allowing an actor to have both feet on the same step, so they can ascend backwards with greater ease. Wider steps may also allow the performer to have his lead foot pointed toe-forwards which is not usually the case with narrow steps.

The design of staircases that must be fought up and down should be addressed by the fight choreographer working with the set designer, since it is a matter of considerable safety to the performer.

Naturally, targeting is extremely important since one person is significantly higher than the other. This is another example of when stressing the targeting of specific areas of the body becomes very important. If the actors are going for precise targets on their opponent's body, the question of elevation becomes moot. Of course, the elevation of the person going up the stairs renders certain targets on his partner's body unfeasible since his blade will not be able to reach the lower body extremities. However, his opponent, while ascending the stairs below him, will present his lead leg as a viable target.

When setting the choreography you must take into consideration the width of the stairs, especially when there's a handrail or banister involved. This will obviously restrict the cuts that can be made on one particular side, and it's easy to forget this if you're rehearsing without a banister. You must also be acutely aware of the fact that you probably also have a wall on the other side. Tape out the width of the stairs and place something to simulate the height of the handrail as a reference while you choreograph. This will avoid choreographing moves that go outside the parameters of the set. It's also of great value (especially if you aren't able to rehearse the fight on stairs), to tape out the floor in the precise measurements of the stairs along with lines representing both the handrail and the wall. The actors must be trained from day one to practice the fight using a very specific length of step.

Outdoor Theatre

Outdoor theatre has its own particular set of concerns. I worked several shows with Skylight Theatre in Toronto, one of which was *The Three Musketeers*. They, like the Stratford Shakespeare Festival's Main Stage, had a permanent, well-designed set that could be adapted with set pieces and decoration to fit almost any production. One of its features was a three-part staircase leading to a large upper balcony. During the show fights went up and down that staircase – which was without handrails – twice. There was no intrinsic problem with the stairs, except for the fact that being an outdoor theatre, its stage was susceptible to the depredations of the previous afternoon's weather. The director actually gave me the power to call off the show if, in my opinion, the stage surface was unsafe. To help ameliorate this, we took the precaution of mixing the paint for the floor and the stairs with abrasive grit that would provide a positive surface for the actor's footwear. The stairs also had grippers affixed to them (which were painted over), and the actor's boots had grippers. We even used portable space heaters to dry the boards of the portion of the set under the balcony that didn't receive much sun during the day.

Of course, being outdoor theatre, part of the environment of the 'set' was the grassy area immediately around the stage. This had to be regularly inspected for holes and depressions which, if found, had to be filled in and the area rolled. The grass had to be maintained to a reasonable length, as wet grass can be as treacherous as wet wood. When staging fights in the grassy area, I had to take this into consideration because if the grass were wet for the evenings' performance, there really wasn't a lot I could do about it. This being said, we never had an accident, and we never missed a show.

Theatre in the Round

One final thing that should be mentioned for choreographing for theatre is theatre in the round.

This particular style of stage design can cause a lot of headaches since there is nowhere to hide anything. Regardless of what you do to mask a particular move, some part of the audience will be able to plainly see the masking technique. Here's where you have to be both acutely aware of sight lines and creative in your choreography. I have had to invent entirely new ways of creating 'knaps' – the sound the audience expects to hear on a punch or slap (but is never anything like the real sound), and the manner in which blows are delivered. Similarly, the masking of killing blows using bladed weapons now requires even more control than normal since the cut or thrust must be taken directly to the target. For physical blows such as a punch to the face, one must establish the 'knap-hand,' (i.e. the hand on which the knap is to be taken by the punching hand to create the noise of the strike) so that it is visually logical and not obviously a part of the set-up leading to the punch. The knap hand should be used to grasp clothing on the actor as close as is safely controllable to the 'target' you wish the audience to believe is being struck. It should also be used as your measure of safety distance.

Bear in mind that theatrical combat is illusory in the same manner as a magician's art. You are attempting to convince the audience something is happening that, in the reality of the moment, obviously cannot be allowed to happen for real.

The audience must be directed by the movement of the action to watch the wind-up to the blow – then the reaction to the blow. The moment and point of non-contact should be so fast the audience does not perceive it. Therefore, the reaction to the blow and the follow-through of the blow must be consistent with each other. The knap hand that was struck to create the illusory noise must be thrown off in a completely different direction from the reaction and follow-though of the blow so the audience cannot associate the knap hand's proximity to the striking hand with the noise.

Another important aspect of the knap is that if the blow is being thrown correctly, there will be no contact whatsoever with the receiving actor. However, especially with blows to the head or face, the second the blow is seen by the audience to 'land,' it will be out of the receiver's peripheral vision. This creates problems with his ability to time his reaction precisely, which is necessary to selling the illusion. Therefore, the knap provides an audible cue for the actor, and is much more reliable and consistent than his trying to guess the proper moment night after night.

There are other problems, which often fall to the fight director when staging for the round, which require strict attention to safety. Once, when I was staging a performance of *Farther West* by John Murell, one of the last scenes involved the female lead and her violent lover struggling on a bed for possession of a gun. The man (and even now I wince at this image) sticks the revolver under her skirts, between her legs, and fires. Since this was in the round and the bed was down-centre of the stage with the audience just feet away, there was no possible way to have the sound of the gun's discharge be done 'off-stage.' And, needless to say, there was absolutely no way to make safe the weapon so it could actually be fired between the actress's thighs. But the illusion would have been ruined had the sound of the gun firing come from anywhere else but the bed.

Enter the long-suffering assistant stage manager (ASM).

This young lady had to hide under the bed (which was draped to the floor), for the entire third act then, at the appropriate moment, fire a large calibre blank gun into a pillow. The effect was horrific. Especially at dress rehearsal, for the ASM. A few seconds after the dull, loud discharge of the gun was heard, a muffled voice emanated from under the bed.

'Could someone please take this pillow? It's on fire.'

She had chosen a foam pillow with a polyester case. The revolver (a .38) had created just enough muzzle flash to burn through the pillowcase and set the foam inside to smouldering.

The gun was technically a sound-effect, which wasn't part of the fight scene. However, a fight director should understand that almost anything having a bearing on the fight scene, directly or indirectly, could create hazards or unintentional consequences.

FILM AND TELEVISION

There are definitely some distinct physical differences between sets built for film and TV, and those built for stage. One of the main differences is that movie and TV sets are usually built with an exponentially larger amount of money than stage sets. They can afford to over-build, and in some cases action scenes demand that they are.

First, most film and TV sets are built with entire sections of wall being removable. This is to facilitate moving cameras through them as well as being able to light from that area. Not all sets are large enough to have a camera and crew inside the room for filming purposes, and dolly tracks for moving shots or the use of a small crane such as a scissor-lift often demand a wall be taken out. Also, since you're rarely using more than two cameras on an inside shot, the ability to remove and replace walls, plus the ability to shoot multiple shots independent of one another gives the room its four-wall integrity when all the shots are edited together. This doesn't really impinge on the fight scene *per se*, but I

mention it since the fewer surprises you have, the better.

Part of the problem with location shooting is that you often cannot exert complete control over your environment, as you should be able to do when the set is built to accommodate the action.

I was once shooting in the lobby of a large downtown theatre in Vancouver, British Columbia. It was massive. I've worked in theatres where the stage and seating areas together weren't anywhere near as big.

It had two tiers of walkways along one wall with large balcony-like openings. The sword fight was to take place along one of these walkways, which were about twelve feet wide, and culminate in a move wherein one of the combatants would be knocked headfirst over the handrail. He would seize one of the long red curtains that framed each gallery window and hung down about fifteen feet on each side. The curtain was pre-cut and whipstitched together to tear under his weight without swinging him – it was just a visual 'gag' and didn't impede or slow his fall in any way. The drop from the gallery window to the lobby floor was almost thirty feet.

For this stunt, the stunt coordinator went with a box tower rather than an air bag. This is created by taking a series of uniform, brand new cardboard boxes, each about thirty inches per side, and stacking them in a square formation as wide and as high as is necessary to arrest the fall with several layers of boxes as a safety margin. The boxes are all tied together around the outside of the formation to prevent the impact from making the outside boxes shoot out.

The stunt man in question was also a stunt coordinator himself and a man of considerable experience. When you're working with a stunt coordinator on a stunt within a fight scene you must understand where your job stops and his or hers begins. I have only recently billed myself as a stunt coordinator as well as a fight director. Even so, there are many things I will not attempt since I have either only done them myself as a performer (and never rigged someone else to do them), or I only have training to rig them and have never done them in practice at all. Naturally, I want to work as much as possible, but I will never compromise another performer's safety by pretending to know how to do something I know I am unqualified to do just to secure a job. It's not only unethical, it's putting someone else in danger.

In this case, since the stuntman was only going to do the last two moves of the fight (while being filmed in a long shot) before being thrown over the railing, I limited my input to simply advising him that when he went over the side, he should throw the sword as far as he could. I made sure there were no crew or equipment in the area the sword would land in, and the floor was heavily carpeted; we also laid down padded blankets known as 'furnie' or furniture blankets.

When executing a stunt such as this, the stunt performer must always throw the weapons as not to have it land under him. But in this particular instance it was absolutely necessary since this was a real (aluminum-bladed) sword. Normally you would use a rubber 'stunt' sword for such an action, but this was episodic TV, and this particular scene occurred on day two of the shooting schedule. There had been no budget to make a rubber duplicate of the sword.

The first take was almost the last. The stunt man went into his fall, but apparently had a hard time grabbing the curtain with his left hand. This action preoccupied him sufficiently that he never actually threw the sword so much as just let it go. The sword fell more or less straight down, and, since the hilt outweighed the blade, inverted itself on its journey, landing just off-centre in the boxes and conspiring to wedge the grip and pommel in between two boxes with its point facing up.

The stuntman saw it and twisted in the air to avoid it, with the result that he hit the box tower more towards the edge and almost bottomed out. The next take, he winged the sword so hard it actually flew across the entire lobby and put a nice ding in the opposite wall (for which we were billed).

The learning value of this example is that there is a limit to how much you can control as a fight choreographer. Sometimes you must rely on the skills and experiences of others like the stunt coordinator and stuntmen. I have, with only a few minor exceptions, been privileged to work with extremely experienced artists in this regard who have taught me a lot. But even with the most experienced people, circumstances can conspire to create potential accidents. Once that stuntman was in the air, neither the stunt coordinator nor I had any control over the action. Sometimes, as much as you may choreograph safety features into the fight, rehearse the fight and remind people prior to its performance, there are times when yelling 'cut' won't do a single bit of good. Sometimes, even when you have done your job as well as humanly possible, the safety of the moment is in the hands of the performer. We'll examine other problems endemic to sets and location shooting, especially in film and TV in the chapter on set decoration.

OUTDOOR LOCATION SHOOTING

First, it's just as necessary to get the dimensions of the ground to be used as it is on indoor sets, especially in mass battle scenes (which we will examine in more depth later).

It's very important to know what and how much ground is involved for many reasons; you will probably have limited rehearsal time and your performers will probably include both stuntmen and background extras, both of whom will need equal rehearsal.

Don't assume a stuntman knows how to handle a weapon properly, especially one of historical design. You need to know how much ground the battle scene is going to be required to cover so you don't waste valuable time rehearsing unnecessary action that'll never be shot.

This also implies sitting down with the director and going over his shot list for the scene so it's clearly spelled out where his 'edge of frame' will be (this refers to how wide his shot will be – what its right and left limits are). Very often, the frame, when shooting outdoors, will be dictated by what cannot be allowed to be filmed. Obviously, if it's a movie set in a particular historical period, you can't pan the camera into an area where elements of the twenty-first century are clearly visible. This includes overhead power and telephone lines, and things in the deep background.

You must also understand the depth of frame. How far does the camera see clearly into the background? Camera lenses have what's known as the 'focal length'. This refers to the distance from the optical centre of the lens to the film-plane where the lens is focused on infinity. Images further away will become less distinct in direct relation to their distance from the camera. Since a lot of your scenes will involve principal actors or 'featured' stunt performers in the foreground, the primary focus of the camera will be adjusted to them. Therefore, in scenes like these, the less experienced people with the least complicated action can be placed in the deep background where they often become essentially moving coloured blurs.

You must also know the nature of the shot to be able to allow the necessary safety distance between performers in a battle scene since one of the greatest dangers in such a scene doesn't come from one's opponent, but swords winding up overhead and moving in arcs to the right and left, inadvertently striking people beside and behind. We'll elaborate on this more in the section on mass battle scenes.

If the director wants an overhead crane shot of the action, the lens will allow every performer to be clearly seen on all sides. Action shot from a high angle shows every move with virtually no ability to pull or otherwise fudge blows. This dictates the number of experienced people you will need or, at the very least, the amount of rehearsal time necessary for a particular duration of shot.

The main thing about outdoor fight scenes whether they are battles or individual duels is the condition of the ground. You must walk the area meticulously, scoping out chuckholes, irregularities or anything else that might cause a performer to stumble, twist and ankle or anything that might serve to throw off the direction of a blow. These irregularities must be dealt with by the crew's 'greens-men'. The area must be as level as possible.

Also bear in mind that tall grass or vegetation, especially when it's wet with dew or a previous rain, can grab an ankle or even a shin and cause a tumble or heavy slogging. I once performed a fight scene on a pebble-paved driveway leading up to a French chateau. This wouldn't have been a huge consideration with regard to footing, except it was in the dead of winter and at night.

We didn't have to contend with snow, but there was a heavy frost on the pebbles and it made them extremely slippery. Fortunately, I had also choreographed the fight scene and, knowing exactly what the physical conditions would be, had taken this factor into consideration when putting together the moves. The thing I couldn't control were the lights.

Filming at night can be deceptive. You might imagine the lighting would be minimal. This is not the case. Lighting, especially when attempting to create mood, can be quite intense. The lights surrounded us on three sides and a few of them were large 24K lights. This meant my partner and I were not only fighting on rather slippery ground, but also spending roughly half the fight slashing and thrusting at moving coloured blurs.

It's not realistic to assume the fighting surface will be the same as when you saw it on the day of the location survey. When I viewed this driveway during the day, the sun was out and the surface was not yet frosted over. The footing by day was quite different from the footing by night. Knowing this, my choreography was predicated on what the footing was going to be like at night when the temperature dropped.

Sand can also present a problem since it constantly shifts under your feet. This condition greatly increases if you're fighting on a slope such as a sand dune. Your rear foot will be especially susceptible to sliding. When fighting in sand, you must set your feet by stepping directly onto the heel and turning the foot outward, essentially grinding your foot into the sand like setting a screw into a piece of wood.

One final word on outdoor environments before we move on to set decoration. Sometimes you can't predict the weather. During the *Highlander* episode 'Duende', the final climactic fight scene between Duncan MacLeod and Consone (played by my great friend and fellow fight director, Anthony

'Tony' De Longis), was to take place on an exact to-scale replica of the famous composite diagram of the human body with all the chord lines running through it and the circle surrounding it as depicted in the book *The Academy of the Sword* by Thibault D'Anvers, circa 1628 (Tabula II). The fight was choreographed in the Spanish style, the Destreza, and was done with full-length rapiers and *main gauche* daggers.

The actors did an incredible job, no thanks to the weather. We started shooting the fight at dusk and continued to shoot the fight well into the dark, as was always planned. The weather report was dubious and it started to spit the moment we began filming the scene. Knowing rain was a distinct possibility, I asked that abrasives be mixed in with the paint when they painted the raised platform on which the fight was to take place. I wasn't able to supervise this directly because we filmed all of our French episodes on location and had no centralized studio facility, just a production office.

On the day, the set piece arrived – slick as can be. No abrasives had been added to the paint. They had also not painted on the myriad chord lines that crisscrossed the diagram, but had done them in red plastic tape. Did I mention it was raining?

The two actors had grippers on their shoes, but after a couple of hours they peeled off and the shoes were too damp to allow new ones to be re-attached. The two manfully forged through it all, soaked to the skin. On at least two occasions Tony fell. Being a highly experienced swordsman, he didn't try to fight it. He simply yelled something like 'going down,' pitched his rapier and dagger to the right and left (away from Adrian), and protected himself by taking the fall properly. The out-takes for the day showed a rather spectacular splash.

The insult to injury came when at the end of the filming – almost to the last stroke of the sword, the rain stopped, almost like turning off a tap. It was never raining hard – just consistently. It was so light it didn't even show on camera. It did, however, show on the hair and costumes of the actors, so the rain had to be CGI'd into the shot in post-production.

So you try to predicate the weather as best you can. You often end up filming in some pretty miserable conditions and even proper planning can come to dross. Although, the above example was unique in my four-year experience with the *Highlander* series. However, there are some times when such a situation is created on purpose without proper consideration.

A movie, where the crew created rain for a battle scene using rain towers on an outdoor location. They had it just bucketing down. It was also at night. Then, one of the scenes called for a large group of warriors (all background extras, most of whom were allowed to set their own sword action with their partner) to run downhill. In the dark. Through soaking wet grass. Worse yet, they weren't using rubber stunt swords. They were sent down the hill with metal-bladed swords in their hands. At least a dozen of them tripped and almost broke their ankles. It's just short of a miracle no one got an eye put out or was accidentally impaled on a sword while falling.

Don't create accident situations for yourself. Nature will often do its best to conspire against you without purposely adding further potential hazards to the mix.

SET DECORATION

Virtually everything in the physical environment of the fight can affect it, either intentionally or unintentionally. I'm now going to take a look at set decoration, because it is something that will often change even after the set has finished being built. And it will present unique challenges every time something new appears on the set.

Set decoration refers to the articles on the set that contribute to the set's overall appearance. They do not refer to props, which are articles an actor handles as part of his character's action. Set decoration refers but is not restricted to furniture, plants, anything hung from the ceiling or on a wall, articles of decoration on shelves and various pieces you will see on a set. They are often referred to in the industry as 'gak'.

The first thing we should examine is the furniture. Naturally, the first consideration is: does the fight scene utilize the furniture, and if so, how? If actors have to clamber over sofas, beds, etc, then certain considerations must be thought of. If the actor has to get up on a piece of furniture, spring over it or vault it, the first, most obvious consideration is: will it support his weight, especially with the added force of leaping onto it. During the fights in a Shostakovich opera I was choreographing for the Canadian Opera Company, one of the characters had to be hurled across the bed. This would not have normally required any modification, except that the singer in question was a gentleman of substantial girth and weight. The bed had to be strongly reinforced since the throw had him hitting it from the air. He was also quite an agile and capable man. He could actually kick up to his own head level. Being rotund doesn't necessarily preclude being fit.

The pillow padding on furniture such as a sofa often needs to be replaced with something stiffer or underpinned with plywood if an actor is going to stand on it or vault it. Any excessively padded cushions can give substantially under the performer's feet and cause him to constantly fight for balance, which can lead to accidents.

If a piece of furniture, like a sofa, is going to have an actor thrown onto it, its back legs must be chocked or otherwise fastened down so that when the actor is thrown onto it, the sofa doesn't go skidding backwards or sideways, striking things such as end-tables which could send lamps crashing to the floor or overturning completely, spilling the actor upstage.

If you do intend to use the sofa or a chair in a manner in which the actor is thrown or falls onto it and it flips over, you should use L-shaped brackets behind the upstage legs so the overturning of the chair or sofa is controlled. These brackets, when secured onto the stage floor, will prevent the piece of furniture in question from skidding backwards when the actor drops into it, thus preventing it from tipping over and also from hitting other pieces of furniture unintentionally and dumping whatever is on them to the stage floor. The L-brackets will arrest the piece of furniture so that the tipping is both assured and controllable.

End tables and lamps are a very real hazard in a stage fight and any table or floor lamps should be firmly fastened to either the floor or the tabletop. If they fall and break, they will scatter shards of glass all over the stage to become both a serious hazard to footing or taking a fall. Similarly, any breakables on bookshelves or display cabinets should be secured with double-sided tape in the off chance they may be bumped or jostled, creating similar hazards. This also goes for mirrors on walls, which can produce the same undesirable effects should they become displaced and fall.

Generally speaking, as a fight director, the action you choreograph should ensure that certain areas of the set be avoided, especially when working with bladed weapons where an errant blade action can accidentally sweep something to the floor or even puncture a flat (the name given to the false walls used on sets).

Occasionally, you want to involve the set decoration, in which case the planned action will require the duplication of items to be broken – lamps and vases for instance. During one episode of *Highlander* I had been instructed to 'trash the set' during the fight and did just that. During the course of two phrases of choreography we cut an entire bookshelf and a TV in half, threw over an easy chair, smashed a vase and cut a potted tree in two. Naturally, after each take, the set was swept and of the items replaced with duplicates. However, if the production in question is on stage, think carefully how much money will be involved in replacing set decoration items night after night for weeks, if not months.

Whenever you decide to break something on stage, you must consider several factors: Where will the broken bits go, and after the fight scene, will the performers be forced to walk over or through the aftermath?

During one particular Canadian Opera production, one of the characters was 'killed' by having a bottle broken over his head (although it rarely happens on TV or in film, in real life such a thing can easily cause a skull fracture that results in death). Naturally, we were using a sugar-glass bottle.

The problem was that the scene (and the singing), had to continue for some time after the killing. The stage had microphones on it that were attached directly to the stage.

Any shards of sugar glass left on the stage would result in a virtual cacophony of crunching as the performers walked about. Naturally, this was not an option. The solution was to have the character killed far downstage and to strike him in such a way as to allow the greatest amount of sugar glass to go as far downstage as possible, or even off the stage entirely. There was a considerable distance between the edge of the stage apron and the audience so there was no danger of any shards reaching them. Not so, however with the orchestra pit.

The orchestra took it with good humour but every night the French horns knew that on one particular note of a very specific bar of music it was time for them to duck. Afterwards, the body was to be disposed of by dragging him over to the door of the basement and unceremoniously kicking him down the stairs, an action that fortunately didn't have to be seen. However, lugging the guts, as Hamlet put it, proved a chore. The entire stage surface had been covered with a padded cloth to reduce foot noise. Unfortunately, it acted as a drag factor on the fabric of the singer's costume. That, plus his weight, conspired against getting him started, even with two not-unsubstantial people almost tugging his arms out of their sockets. Finally, I introduced a rug to the set that was liberally sprayed on its reverse side with Teflon. He'd die on it and then be dragged off on the rug.

Any rug used in a scene must be tacked down firmly not just around its perimeter but also in its middle. The edge of the rug is particularly susceptible to actors getting their feet caught up under it so the entire leading edge of the rug must be taped down to prevent this.

You must also be prepared to deal with the occasional surprise. Once on an episode of the popular TV series *Smallville*, I had a sword fight in a set that was a combination office,

library and poolroom. It started with the characters of Lex and Lionel Luther fencing sabre in whites with masks. The masks allowed me to double the principals with stunt performers and concentrate on the second half of the fight scene when the masks come off and they go at it more or less for real with swept-hilt rapiers taken off the wall (rehearsal time for TV and film is often at a premium and you must develop tricks to maximize the time you have with the principals). I had been party to the production meeting and had been provided with set design diagrams, so I was rather surprised to learn, when arriving on the day, that the set now included a large palm tree right in an area where the two stunt fencers had to pass through.

The sword action would definitely hit the tree and that couldn't be allowed to happen. With the approval of the director, I selectively pruned the tree (which was a rental), in an inconspicuous manner that allowed the sword moves to be executed unmolested. I didn't win a friend of the set decoration person that day, but I couldn't allow a piece of decor essentially added as an afterthought to interfere with the safety of the fight.

If a chair is to be picked up and thrown or used to strike someone, there are very particular ways in which these techniques are done and the design and weight of the chair must accommodate them.

Very often, when shooting on location, the set decoration has not been added, but is the personal property of the house owner. Naturally, under these conditions, you must take proper care not to allow the action to damage their property. This can be especially difficult in restricted spaces and the action must be carefully planned to take this into consideration.

Once, while filming inside a multi-million

dollar mansion, the sword fight had to go past a pair of very expensive etched-glass doors. Knowing this, I had to take care in my choreography not to stage any move, be it a wind-up, parry or bind that swept either weapon towards them.

Similarly, the floor surface can work against you. Again, you need to enlist the help of the costume department to ensure that footwear have the proper grippers on their soles to allow the actors to move without sliding. You can also use dancer's rosin to prepare the surface of a slippery floor. When using any substance to 'sticky-up' a slick surface, you must be aware that excessive use of the substance in question might actually work against you if it inhibits the performer from pivoting on the ball or heel of their foot.

Sometimes, however, you get thrown a curve on the day of filming. One episode of *Highlander* had a large sword fight taking place in the ballroom of a luxurious chateau. The ballroom featured about a dozen crystal chandeliers, all well over 150 years old. They were also hanging low enough that, with two-handed swords, there was a distinct possibility the lower crystals might be struck. I staged the moves so there were no extended head cuts, but just to be on the safe side, I created a movement plot that wove the fight in between the chandeliers so that at no time was there ever a head cut while either of the actors were directly under one.

This worked well until the day we arrived to shoot this scene and found that the chateau staff had 'done us a favour' (as they told us) by waxing the floors.

We had nowhere near the rosin necessary to do an entire ballroom and pouring Coke over 200-year-old oak flooring, even if such a thing were tenable, was not to be done. Fortunately, both the actors were extremely capable and so we took a half-hour and did the only thing we could do under the circumstances; incorporate the virtually ice-rink quality of the floor into the fight. The actors would take a run, set their stance and slide at each other, turning as they did so to strike and parry. It brought an entirely new dimension to the fight, albeit one none of us had previously envisaged, but it was a result of having to deal, on the day, with a circumstance we hadn't expected.

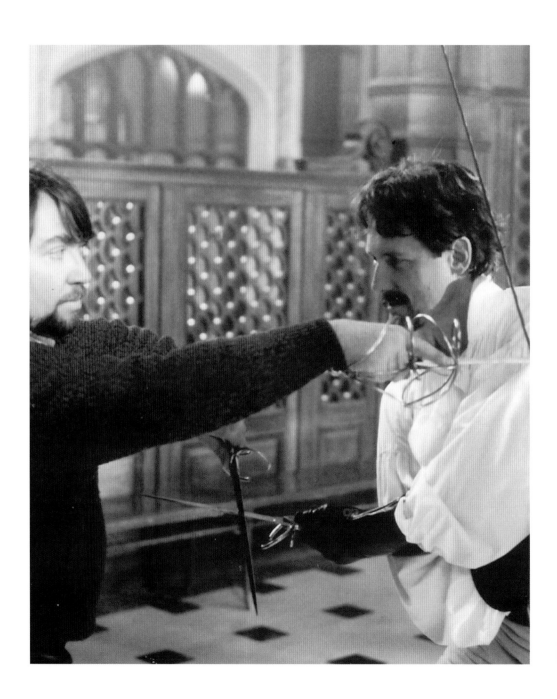

3 COSTUMES, LIGHTING AND SPECIAL EFFECTS

As I've already mentioned numerous times, virtually everything affecting physical movement affects the fight scene, and not the least of these are costumes, the lighting and the special effects used. When I say special effects, I don't necessarily refer to computer generated images (CGI), but the good old fashioned effects created on the set.

COSTUMES

If modern dress is being worn, there really isn't much problem except possibly for shoes, which we'll address later on.

Think of how you move in your regular street clothes. Unless you're wearing excessively tight clothing, I would think you to have the full range of movement from every joint in your body. Not so with clothing from certain historical periods. Worse so, if the costume designer has not studied how such clothing is constructed, or, worst of all, has decided to stylize the design, keeping the basic elements but altering them in a way that might impede the actor's movement.

One has to remember that for a substantial period of history, men's clothing has been designed with features predicated on the idea that the wearer may have to wield a weapon.

Sleeves

The European and English Renaissance saw many men, especially of the upper class (financially, if not titled), wearing a tight-fitting tunic onto which sleeves were tied at the shoulder, often with elegant bows. The interchangeable sleeves allowed a person to vary his appearance by owning several sets of

Know your costume design

After the set or filming location, costumes are next on the list of creating movement problems for the actor. The fight director must work with the designer from day one to ensure he or she is aware of the full range of movement the wardrobe must accommodate. Actors must also be aware to stress this in fittings.

Historical costumes are often problematic because what a costume looks like on the outside is not necessarily indicative of how it's put together on the inside – the plackets, the seams, the ties, etc. A costume can look right and still be an impediment to movement. It's not enough to know how a garment looked if you don't understand the physical realities contributing to its design. Pretty isn't always synonymous with functional.

sleeves but only a couple of tunics. However, there was also a practical reason. The tied sleeves allowed for the full rotation of the arm at the shoulder.

In a similar vein, many sleeves were not only voluminous but also slashed. This slashing allowed the rich fabric of the under-sleeve or shirt (which were usually in contrasting and complementary colours) to be visible. It also allowed the complete freedom of the elbow; an important consideration in the use of the sword.

Sleeves also usually had very high and tight cuffs. These didn't impede the action of the wrist, but they did serve to keep the excess fabric of what were often somewhat voluminous sleeves from falling over the hand and entangling in the hilt of the sword. They also permitted the wearing of gauntleted gloves.

Additionally, in later periods, one of the principal reasons men's garments button from left to right was to be able to free their sword arm from unnecessary tension and binding.

Hats

Broad-brimmed hats from the 1600s (what you might style the 'Musketeer' period), were often turned up on one side and turned down on the other. This came from using a firearm, matchlock, dog-lock or early flintlock, while standing in line to give volley fire against the enemy. The aforementioned ignition systems all had a pan on the right side of the weapon primed with gunpowder. This pan would be either opened by hand or would be struck open by the descending hammer which bore the flint. The spark created by the flint striking the 'frizzen' (the serrated inside of a striker that was an integral part of the pan-cover), or the direct application of a glowing match held by a 'serpentine' would ignite the powder (literally, the 'flash in the pan'), which would then be transmitted into the barrel via a small hole in the side of the barrel to ignite the main charge. This created a decent-sized spark and puff of smoke. To protect your face from the pan flash of the man on your left and to protect your own hat from the flash of your pan, hat brims were turned down on the left side and turned up on the right. This discrepancy can lead to potential accidents on film sets where mass battle scenes often have a large number of Special Skills Extras all firing in a line.

Capes

Capes, especially the short capes worn during the Elizabethan period, were worn over the right shoulder with the cord going across the chest and descending under the left armpit. This dropped the cape down the back on the left side and prevented it from falling over the hilt of the sword, which would impede its draw.

Capes were also very often constructed with weights in the hem so they could be used as weapons to strike ones' opponent or to facilitate whipping it around an opposing sword blade.

Capes were also used to ward off sword blows by wrapping a few turns of the fabric around the arm. Here, I always wrap the cape from left to right (the cape being carried on my left arm). This allows the cape to be thrown to the left to enwrap my opponent's blade by unwrapping a turn off my arm and thus lengthening the cape in the process, making the move more viable. When holding the cape in front of you, hold it with the left arm almost fully extended so the cape goes across the entire front of your body.

One of the purposes of the fighting cape is to deceive your opponent as to the exact position and disposition of your body and weapon. If the cape is not wrapped around your arm, a documented ploy was to inculcate the point of your sword into the cape near your left hand, an action the cape itself would hide. Then, at the opportune moment, you would use your sword to hurl the cape off your arm and over your opponent's sword or head. You could also close with your opponent and thrust directly through your cape and into him. The preparation for this move together with 90 per cent of the delivery would be concealed behind the cape. This technique could also be used at closer range with the dagger.

A final word on capes. If you have to mount a horse wearing a full-length cloak, you will find, since it's necessary to grab the pommel and the rear portion of the saddle to mount, you will inevitably get your right foot caught in your cloak unless you prepare your cape by either collecting it in the crook of your left arm or at least swinging it off the right hip prior to mounting. Because of the problems a full-length cape causes when attempting to mount and dismount a horse, riding capes were usually cut shorter than those made for wearing while on foot.

While we're on the subject of costumes and horses, the chain-mail hauberk and the surcoat were also split up the centre at front to just below groin level and in the back to just under the buttocks not simply to give the wearer more mobility on foot, but to allow the person to mount a horse without the armour or the clothing binding or restricting his ability to swing the leg over the saddle.

Usually when costumes create movement problems for the actor, it's because they are not designed and constructed true to period fashion. Stylizing period designs is perfectly valid but often when this occurs, certain design features that allowed the full range of movement are eliminated. The actor must know what range of movement will be required of him in the fight and must take that knowledge with him into costume fittings.

Ideally, you as the fight director should have met with the costume designer prior to the beginning of costume construction and made your requirements known. You can't expect a designer to throw out an entire show concept, but he or she must understand the safety of the actor is paramount. The visual aspect of the show is very important, but it can't be allowed to compromise the actor's ability to move.

Belts and Baldrics

Another dimension of costumes are sword belts and baldrics. You must have the proper belt and 'frog' for your weapon. In England and Europe baldrics – that is, belts worn across the chest – were only worn during the latter portion of the Renaissance. Medieval single-handed swords were worn vertically from the belt. Larger hand-and-a-half swords required the frog on the belt to angle the sword forward to contend with the extra length. Later, rapiers came into vogue and the nature of the suspender and harness changed. Initially they too were worn on waist belts, but the hanger or 'frog' which held the scabbard was canted forward. The reason for this is the rapier, having either a barred hilt or, later, a cup to protect the hand, did not readily take to a vertical position since it would abut uncomfortably against the side. And, since the rapier had a longer blade than the medieval sword, it required the scabbard be tilted forward, or at a 45-degree angle to the centre-line of the chest so the weapon could be drawn quickly and efficiently. The left-handed dagger, instrumental in many forms of rapier play, was also worn on the same side as the sword, either below it or across the small of the back at whatever angle best facilitated its draw.

Some scabbards were not rigid but made entirely of leather, which allowed them to go limp after having the sword drawn from them. This negated the hazard of them tangling between one's legs.

However, the majority were rigid and were sometimes used as a left-handed weapon for parrying, somewhat like a walking stick. The scabbard or saya of the Japanese katana is held into the sash with two long cords (sageo) that tie around the sash. As one draws the katana, the left hand re-adjusts the position of the saya to the rear in order to get it out of the way. When a baldric is worn, it is entirely possible to remove it and the scabbard prior to drawing the sword, discarding them both temporarily prior to the beginning of the fight. I normally do this myself as baldrics become a hazard or an unnecessary distraction once the sword's weight is removed from the scabbard.

The problem with sword belts is when one inappropriate to the period is coupled with the costume or weapon; they not only look peculiar even to the untutored eye, they also create a problem for the actor who is now forced to deal with the fact his broadsword (which is now being worn in a forward-angled baldric), is bouncing all over the place when he moves, thus necessitating he keep his left hand clapped onto his hilt at all times. Or he's wearing a rapier in a vertical Medieval harness, making it impossible to draw his weapon, and causing the scabbard to bump the floor each time he sits or flexes his knees.

Boots in various periods are also equipped with spurs. Beware of using pointed or star-shaped rowels; they have a tendency to get hooked on anything passing over them,

including your own cloak.

Footwear

Needless to say, this is extremely important. Footwear must fit snugly but not tightly; the foot must not have so much room that it can shift position inside the shoe or boot. If the weather is cold or wet, footwear must be able to accommodate heavy socks or foot-warmers. Shoes and boots must be flexible enough not to immobilize the foot – there should be some flexure in the arch to allow the necessary ball-heel movement. The high heel and pointed toe of a cowboy boot is to facilitate efficient entrance into and the positive retention of the stirrups, but can provide movement problems for the actor. The same is true of boots of the Cavalier period. Actors should have similar boots to rehearse in as early as possible.

Footwear must also have a sole with grippers appropriate to the necessities of the surface you are fighting on. An actor should never have to fight any part of his costume, especially not his boots and shoes.

Any specialized costume pieces not typical to modern dress such as certain types of boots, capes, baldrics and sword belts (with the swords so actors can get used to dealing with a trailing scabbard), should be available as soon as possible for the actor to work with in rehearsal. And you, as a choreographer, must be aware of these accoutrements to either use or otherwise deal with them in your choreography.

Costume Decoration

Costumes also often come with decoration in the form of chains of office, orders of chivalry or other forms of male jewelry. These should be firmly sewn down onto the costume so they can't bounce up during action and get snagged by a hand or a weapon.

Also, make yourself aware of large rings which can compromise the grip of a weapon.

Gloves are almost as important as footwear in a fight. It was customary in England for ladies' gloves to have elongated fingers which were often an inch or more longer than the fingers of the wearer. This was ostensibly to imitate the long, slender fingers of Queen Elizabeth. Not so for men. Gloves should fit snugly but not excessively tightly and should conform to the actual length of the finger. If the glove is bigger than the wearer's hand it results in the hand sliding around inside the glove much the same way as a foot in a shoe two sizes too big. This can seriously compromise the grip on the weapon with all the resultant safety problems. The bell of the glove's gauntlet should not be excessively wide, otherwise it can actually snag the weapon's quillons from sword moves originating in wrist action.

There is also a problem with gown-like costumes that extend close to the floor which often rear their head when designers start fooling around with Medieval designs. For mobility, the best bet is to have them split up the front to at least groin-level. If you have to mount a horse, a partial split in the back is also handy.

I once had to do a sword fight using a double-handed longsword while wearing what was essentially a monk's robe complete with a hood that had to be drawn forward so my face was invisible to camera. To ensure my obscurity I also had to wear a fencing mask whose mesh had been blacked out. We referred to the costumed character as 'the snorkel of Death'. It also featured full-length sleeves with extremely wide ends.

First, I had to adjust my footwork. I couldn't bend in the knees any more than an inch or so. Even that brought the hem of the robe to the floor where I ran the real risk of treading on it from the inside and throwing myself forward. This nightmarish figure was highly aggressive and almost all my movement was straight forward. I therefore had to stride with legs almost locked at the knee.

The real problem, however, were the sleeves. The arc of my swings would get them moving like a ball on a rope and eventually they would wrap around my hilt, arresting my movement.

Alternately, the wide quillons of my longsword would get caught inside the capacious opening of the sleeve itself. Eventually we had the sleeve openings sewn shut to just below my wrist. I wore long black gloves so the sleeves could be pushed up and tied down from the inside onto my forearms just below the wrist joint to prevent them from interfering with my weapon.

Costumes should also be designed with under-padding in mind. This is especially true for stuntmen, and most especially for stuntmen doubling a principal actor. Simply having a duplicate of the principal's costume is not sufficient if it won't allow for the concealment of protective gear. Unfortunately, some period clothing simply doesn't allow for this. Men's tights, for instance.

LIGHTING

There are two main considerations when it comes to lighting: when it affects the performer's ability to perform the fight, and when it affects the audience's ability to see the fight.

Regarding the performer, walk the set, be it film or theatre, and see what the lights do to you (while doing this, keep in mind any visual deficiencies you might personally possess that might tinge your perception). If you are having trouble negotiating the set or seeing in general, chances are, so will the performers.

On a film or television set, the lighting is sometimes considerably more intense than on stage. This is especially true when they're trying to light a large area on location. Film lights go up to 24Kw (kilowatt), and include such specialized lights such as the HMI (also known as the halogen metal iodide or hydrogen mercury incandescent). Powerful lights, even when they're being directed from a high angle, can radically affect your vision.

A similar problem can occur when, on a dark stage or set, there are a series of 'light-pools' created by lights beaming straight down onto the floor. This creates a hazard in two ways; first, the light's perpendicular nature creates a situation where the actor's brow ridge keeps his eyes in complete shadow. Second, when you go from an area of light to no light, the pupils of the eyes dilate, increasing in size to acquire more light. This involuntary physical response results in the eyes being temporarily defocused during which time they cannot delineate images or judge distance with their normal ability. Therefore, when you are choreographing for such a situation, it's necessary to put brief pauses in the choreography when going from light to dark to light again to allow the eyes to adjust. The actors should begin their phrases by stepping into the light first and allowing a second or so for the pupils of the eyes to contract. If the light pools are in close proximity, it should be possible to fight through a couple of them quickly enough that the eyes won't have time to react to the brief seconds of low light or darkness. The dispersal of and distance between light pools will be significant in determining the number of phrases in the fight.

In another instance, a DOP had created some eerie lighting effects, one of which was to place a large number of small lights (sometimes called poppers, peewees or inky-dinks), that were angled up at about 45 degrees. This caught the actor at such an angle that it created very dramatic shadows on the face. Professional photographers often call the light-from-below technique the Frankenstein Flash. The effect was wonderful – except for one small thing. It was totally blinding the actors.

This was the one and only time I had to ask a DOP to substantially re-light the set, but I really had no choice. The lights were creating a totally unacceptable safety hazard. He did a bit of grumbling, but ultimately agreed.

Another problem created by light is that certain colours of light affect the eyes. I had staged the fights for the play *Farther West*, and some very brutal fights they were. During one scene, the Northwest Mounted Policeman had another character held at gunpoint. The Mountie would briefly look away, calling for his superior, then the other man would take the opportunity to grab the barrel of his pistol and wrench it out of his hand, thus starting the fight. The first few times we rehearsed the scene under the lights, the man grabbing for the gun (a 1873 Colt Cavalry with a 7-inch barrel) missed it twice.

The distance between the end of barrel to the body was about two and a half feet.

The reason for the miss was not because the actor had a sudden attack of clumsiness. It wasn't even due to the relatively low level of light. It was caused by the fact that the scene was supposed to be at night and had been lit with a 'moonlight special', which cast the stage in a beautiful bluish tinge. Unfortunately, the colour of the light was affecting the actor's depth perception. Keeping the barrel at a constant height in relation to the other actor's chest helped ameliorate the problem.

SPECIAL EFFECTS

Special effects can also create hazards. Flash pots, since their primary chemical is magnesium, create extremely intense bursts of white light and have the same effect on an actor's eyes as a photographic flash. If they occur during action scenes, this effect must be recognized and dealt with in the choreography. Normally, it's best that the flash pot be detonated directly after the actors have finished a phrase of the fight so that a blow or a thrust isn't being delivered when it goes off. Or the actors can be in a *corps-à-corps* sometimes referred to as the 'You've come to Sherwood once too often, Robin!' position (i.e. from a head parry, both actors step in and seize each other's sword wrist with their free hand and the swords move down to throat level, in a St Andrew's cross position, thus clearing the faces for dialogue and reactions). It's a cliché, but useful in film and TV to get two actor's faces close together as the camera pulls to a head-and-shoulders shot.

On location shooting, explosions are usually simulated by mortars buried beneath the ground and filled with the appropriate-sized charge and Fullers Earth. They are quite safe as long as you aren't inside the explosive cone when they go off. Fullers Earth notwithstanding, that's still an explosive charge blasting it out.

The shrapnel cone from an explosion expands up from the source at around a 30 to 45 degree upward angle depending on the depth and of course, in a 360-degree circle. There will also be concussive force, and even if you're standing outside the area of the cone, you could still be singed by the flare of burning gases. Performers should be briefed by the special effects crew as to how much flame expansion a special effect (FX) pot will produce so they are well out of the potential danger zone. And, since there is probably going to be a fair report from the detonation, you should also utilize the artilleryman's trick of keeping your mouth open to equalize pressure in the ear.

If your actors are running though a battle scene where explosions are going off all over, the performers must walk the battlefield and memorize the position of the mortar pots. The performers must know the order in which these pots are to be detonated so as to be able to protect their eyes. Often each pot is assigned a number and these numbers called out from off-camera. Since real soldiers will respond to the sound of a shell coming in, the warning should be made a second or two before the pot is detonated if the actors have to react by going flat.

The special effects men do their best to prevent accidents but they can't watch everybody simultaneously. Actors must take some responsibility for their own safety.

Flame effects can also be problematic. Normally, the actor need be nowhere near the flame bar which can easily be set a substantial distance away from the performers with the camera using the appropriate lens to shoot through the flames. However, sometimes there is a necessity to create flames of substantial height. In this instance, both the special effects controller and the actor must be sensitive to sudden shifts in the wind.

Occasionally there will be the necessity of using an explosive charge surrounded with a rapid accelerant to produce a fireball as the charge detonates. This effect is often used in battle scenes. It's essential that you know the maximum width to which the fireball will expand on detonation. Actors must not only be out of that range, but with an added safety margin to take into consideration the heat from the explosion can sear the eyes.

I'm not going to get into body burns or anything like that since more mention of fire effects is the territory of professional stunt men. However, one last mention on the subject of flame bars. When they are used to create camp or cooking fires, you must be cautious when they are being brought up after being fired. Don't let people stand too close until the flame has reached its proper height for a few seconds. Often, there can be an air bubble in the line; as it passes through it may have trapped enough propane behind it to cause the bar to flare suddenly.

Squibs

These are small explosive charges fixed to the body of the actor under their clothes. The ones I'm personally familiar with are white tablets that resemble Bromo-seltzer tabs, with two wires running out of them. These are then fixed to a small metal plate with padding on the back that is then taped to a vest which is worn under the wardrobe. There is often a blood bag, most commonly a condom either filled with stage blood or a combination of blood and Vaseline, depending on what consistency they want of the 'splatter' (this can often be determined by the camera speed – i.e. under twenty-four frames per second). It's also necessary to prepare the clothing the squib is going to blow through. You don't want the force contained in any way. To this end, the FX people will usually use sandpaper to sand away as much fabric from the inside of the costume piece directly over the squib as they can.

Squibs are often quite loud and you will usually be required to wear earplugs. They are also very dangerous if you aren't paying attention. Were you to hold one in your fist when it detonated, you might possibly lose a finger. I know one stunt person who lost an eye by inadvertently turning his head to a position directly over the squib when it went off. Listen carefully to the special effects people and the stunt coordinator. Protect yourself and your actors.

Finally, there are small special effect units called poppers. These are used to simulate spark hits, say, when a bladed weapon hits metal. We used them very frequently on the *Highlander* TV series. There's really no trick to using them. All the actors have to do is hit as close to the mini-charge as they can. However, make sure that the wires aren't running parallel to the charge. Otherwise, the actor's blade is going to chop one of the wires in half before the charge detonates.

Which brings us to the sparks that can fly from blades as they connect with metal or some other hard material. They used to simulate this by actually wiring the blades of both swords in question. Problem is, the wire has to go up the actor's sleeve, down the back of the costume and out the pant-leg in order not to be seen. Therefore, if there's any significant movement, the wire has to be played out, or slack taken up in order for the actor not to be tripped up. And often, the blades cut through the wire, resulting in nothing at all happening! I regard it as a waste of time. Boneage, as they say in the film industry. More often than not it's best just to use CGI to put the sparks in during post-production.

ARMOUR

Of course, the most problematic thing in costuming is armour. This is especially true since, for the most part, with the exception of leather armour, it isn't going to be manufactured by the costume department. It will probably fall to the props department or some branch thereof.

Chain Mail

With chain mail, you don't really have any great problem with mobility. Nowadays authentic riveted chain mail of exceptional quality is available in aluminum, thus negating the weight problem. It should be noted, however, that chain mail does not just get thrown over you like a tunic. If it were, it would have little protective value. When a hauberk of chain mail is put on, the wearer then raises his arms above his head while a servant puts on and cinches up his sword belt. When the knight puts his arms down, the mail hangs like the love handles on an obese person. This may look unseemly to many, but armour isn't a fashion statement.

If the mail were to be flush against the body, any blow received on it would have its kinetic energy transferred directly into the body of the wearer. When it hangs loosely, the kinetic energy is more readily absorbed and the shock of the blow ripples through a significant portion of the suit.

During the Roman Republic, mail-shirts were often reinforced on the shoulders with 'doublings' – sections of mail attached to leather pieces that were then tied onto the mail-shirt. There was also often additional mail during the early and late Medieval period. A descending skirt of mail was often attached to the bottom of a helmet to further protect the neck. This is often referred to as an aventail or 'Bishop's Mantle.' Another form of mail was a hood with a descending skirt that fell over the neck and shoulders, over which was worn a helmet. This is referred to as a coif. Further uses of mail included reinforcing plate armour. A skirt of mail was often attached to a belt worn under the armour which descended over the buttocks, with a separate piece in front protecting the groin. Individual pieces of mail were often sewn directly onto the padded garment worn under the armour – the gambeson or aketon, which helped prevent abrasion and absorb shock. These pieces would be attached in the armpits and often extended down the inside of the triceps portion of the arm. This was necessary since the armhole on a breastplate-backplate (the cuirass) is quite large to enable the full range of movement necessary to fighting.

In the early Medieval period right up to the mid-1300s mail was also worn in plaquets tied to the leg, known as chausses. Mail mittens were also often an extension of the arms of full hauberks and could be slipped on and off.

Just to regress slightly, not all early armour was metal. The ancient Greeks initially used a form of armour very similar to thick buckram which was then stiffened by applying coats of a gesso-like substance. The stiff but still flexible result was constructed in overlapping layers and then bent around the body and laced up the front.

In a somewhat similar fashion, leather was often boiled, molded into shape and then let dry to give it rigidity. Leather was not boiled in wax even though this does greatly enhance the toughness of leather for the simple reason that wax was an expensive commodity. Leather also figured into a very popular armour of the Middle Ages known as a 'brigantine'. Here, small metal plates were individually riveted to the inside of leather which was cut to resemble the front and back of a cuirass, the heads of the rivets appearing on the outside.

Both leather and metal armour was also made in small overlapping plates not dissimilar to the appearance of a pinecone. This was referred to as scale armour, lamellar armour or *lorica segmentata*.

When articulated plate armour came into being beginning gradually in the late 1200s and early 1300s with individual pieces to protect the arms, legs and shoulders, it was necessary to take precise measurements of each individual piece of the harness since it had to fit the owner like a well-tailored suit. The same holds true today. Theatrically, you cannot have a one-size-fits-all suit of plate.

Remember the purpose of your armour

If you don't understand the function of armour you can't construct it correctly. Armour was never intended to be a universal panacea against blows. Skill with your weapon, awareness, speed and agility were your primary defensive tools. Armour was designed to allow you maximum flexibility so none of the previous attributes got compromised. It was also designed to let blows slip or graze off you – another key point in the adage 'form follows function'. This is especially important when people start getting creative when they design fantasy or science-fiction armour. Just like bladed weapons, if you examine armour from different cultures in different periods of history, they all have many features in common. That's because, barring height and weight, the human body only comes in one standard model: upright bipedal with bi-lateral symmetry and binocular vision.

You should always endeavor to understand the relationship between armour and weapons. It's very symbiotic and one dictates to the other.

This is especially true with regards to the length of the arm and leg pieces, particularly the forearms (vambraces), and the thighs (cuisses).

If they are excessively long, they will not only dangerously hamper movement, but rub painfully on the actor. Armour has to be fitted just like another form of clothing.

Many designers who deal with armour have never viewed a real suit from the inside. If they had, they would have noticed the great number of sliding rivets employed. When you have multiple overlapping plates such as on the shoulders (the pauldrons), or the upper arms (the rerebrace), the lower plates have to have the ability to ride up under the plates above them in order for a person to have normal mobility. If such a feature isn't present, the plates just lock up against each other.

I had this happen in a production of *Richard III* I was in at the Stratford Shakespeare Festival in Ontario, Canada. The armour consisted of a partial breastplate that ended somewhat inconveniently at the base of the ribcage, which meant any upper body movement right and left grated an edge into you. The pauldrons were three large plates apiece and put together without sliding rivets. When you raised a two-handed sword up to either parry your head or deliver a downward blow, the pauldrons would butt into one another like cars on a train coming to a stop. The upper plate would then push into the side of your neck. All of this occurred by the time your arms got just above shoulder height, so that by the time you'd raised the sword up, one hand had actually been forced off the grip because the arm simply wouldn't go any higher.

The helmets, which were proper 'salade' design, also had an unfortunately anomaly. Their eye slots were cut as short rectangles, giving one no peripheral vision whatsoever.

Just as armour must give the performer his full range of natural movement, so must a helmet's visor give the actor as close to his full range of vision as possible.

A word now about stylizing armour. First, one must understand the function of armour. Armour is not there to protect the wearer absolutely. It is a secondary protection intended only to protect the wearer from what his skill and speed can't. Only jousting armour attempts to provide complete protection, and as a result, cannot be worn in combat. It has too many specialized pieces allowing either extremely limited or no movement at all (especially the rein arm). It also had features such a targetta – a small shield attached permanently to the upper left portion of the breastplate, a huge and utterly immobile single-piece pauldron for the left shoulder and upper breast area, and a haut-piece rising from the left pauldron to protect the left side of the neck. This over-armouring of the left side was undertaken because this was the side where you were receiving your opponent's lance.

Very often there would be minimal or no leg armour at all since your saddle, also designed for the joust, totally enwrapped you from the front. The Great Helm, often referred to as a frog-mouthed helm because it's shape was designed to allow vision through its visor slit only when the rider was leaning forward in the 'couch' position. The second prior to impact you would rise up slightly, thus removing your eyes from the level of the visor. This prevented you from getting splinters from the broken lance through your eyes and possibly into your brain. A Dauphin of France died from just such an injury.

Suffice to say that jousting was a sport; the armour made for it very specialized, and not intended for war. This, however, hasn't stopped many a designer from incorporating into their armour designs elements of jousting armour that are manifestly inappropriate to fighting on foot.

Imagine a modern soldier going into battle wearing football or hockey armour! One of the ways armour serves to protect its wearer is to provide glancing surfaces designed to slide blows and thrusts off and away from it. Yet how many times have you seen, especially in fantasy movies, armour with spikes on the shoulders, elbows, knees and even all over a helmet? Each one of these useless pro-tuberances serves only one purpose; to get an opposing weapon caught in them. Instead of slipping a blow off cleanly and efficiently, the blow is now arrested, transmitting that torque directly into the wearer, possibly to the point of throwing him off balance.

The more you think about it, the more you wonder: why would anyone think it a good idea to saddle a warrior with a helmet that would actually twist sideways on his head when an enemy landed a blow? Can you imagine what it would feel like to suddenly have your helmet wrenched to the right or left with such force it not only almost broke your neck, but re-oriented your visor so you were now effectively blind? In all of archeology we have found one horned helmet. It is a magnificent bronze Celtic piece used for ceremonial purposes, not for combat.

This isn't intended to be a dissertation on armour, but there are a lot of things to consider, not just when armour is being designed, but the proper weapons and fighting styles when choreographing for armoured combat. You must study and inform yourself. I'll cover more about appropriate fighting styles later in the book.

It is necessary to understand the relation between arms and armour in order to exploit their dramatic possibilities in the choreo-graphy.

4 WEAPONS

The first thing a choreographer must do is to choose appropriate weapons. By this, I mean weapons appropriate to the historical period in question or, if modern, appropriate to the character as defined by the actor's interpretation or the context of the script.

HISTORICAL BLADED WEAPONS

Throughout history there has been a constant game of one-upmanship waged between the armourer and the weapons maker. The latter will come up with some cunning and devious way of negating a particular design of armour, forcing the armourer to re-evaluate his design and modify it to frustrate the latest weapon. Often, this was done simply by adding an appropriate piece to the existing armour such as 'besagews', which were circular plates that hung in front of the armpit to protect that particularly vulnerable area, or haut-pieces added to the paldron that added to the protection of the neck.

In Maximilian armour of the early sixteenth century, breastplates and other armour surfaces were fluted or grooved, which not only added tensile strength, but actually provided channels for points to be caught and diverted away from the body. The armourer's job was to provide the warrior with maximum protection without sacrificing his speed or flexibility. The weapon smith's job was to render that work dross.

Remember that weapons are functional

The human race has been designing weapons that cut, perforate, bludgeon and otherwise inconvenience and annoy for many thousands of years. So it would follow that any successful design has probably perpetuated for a very long time with minor variations on a theme. The knightly medieval sword and the cup-hilt rapier all have components in common although their usage is considerably different. The Egyptian Copis and Celt-Iberian Falcata eventually transmogrify into the Kukri of the Nepalese Gurkha. Once again, as form fits function, there's a limit to how ornate cutting and thrusting weapons can become and still remain functional.

The design of a weapon is also often indicative of what it has to overcome. A war hammer with its deadly curved spike is a good example; a weapon designed to pierce the hard shell of armour to get to the chewy centre inside.

A bladed weapon has several functions. Primarily, as with any weapon, it is an extension of your reach, designed to cut or perforate. How they do that and what their design is predicated to overcome will dictate the manner in which they are used.

Weapons Can Dictate the Fighting Style

You should be able to tell a lot about a weapon's fighting style by examining the blade and the hilt. The rapier, for instance, underwent a series of design changes from its inception to its evolution into the small-sword. Initially, the edge was considered superior to the point, and the blade reflected that preference. During the early 1500s, the rapier blade was just a somewhat narrower version of its Medieval predecessor.

The hilt of the rapier had first just simple quillons, a knuckle bow, and a ring on the outside of the crossbar to prevent slide-downs. Later, the hand became more or less encased in a cage of multiple bars and the lower portion of the blade, the ricasso, was left unsharpened to allow the thumb and forefinger to overlap the quillon with safety. The swept-hilt rapier had now reached its fullest stage of development.

Then, as swordplay evolved, the blade became narrower and the point took on equal importance to the edge (although European and English masters of arms would debate for many years which had the greatest efficacy). As a result of the increasing use of the point, the rapier's design changed slightly. A shell guard was added to the upper portion of the hilt to prevent thrusts from penetrating through the bars and wounding the sword hand.

This design was known as the Pappenheimer, after Graf von Pappenheim. Finally, the point won out to the extent that some late-period rapiers have no physical edge. This necessitated a radical change in the hilt.

A cup replaced the rings and bars thus affording complete protection of the hand. A few other devious changes aided rapier play. Many cup-hilts featured an up-turned rim around the entire circumference of the cup and quillons were often elongated. This allowed the opposing point to deflect off the curving surface of the cup and fall into the groove or gutter. The adept fencer would then rotate his weapon to the right or the left, bringing the quillon into contact with the opposing blade. With the point still in the cup's groove, this effectively locked the attacking blade long enough to affect a successful riposte.

Also remember most swords – rapiers in particular, don't represent an invention but rather a logical development of what came before, predicated on numerous factors. So when viewing rapiers, it's entirely possible to make intelligent decisions as to which of the many schools of rapier technique to use in your choreography based on what each of the three main designs are capable of doing. It allows you to choose the proper techniques that are appropriate to each weapon, and to choose weapons that are appropriate to the period and costume design of the show.

Just briefly, simply because rapiers changed design doesn't mean everyone threw away their swept-hilts when Pappenheimers evolved. Some people used swept-hilt rapiers right to the end of the rapier period just as many people today prefer a revolver even though an automatic pistol carries more rounds. Personal preference is a character decision. Similarly, the rapier didn't simply vanish with the advent of the small sword or Colichemarde. The Spanish maintained a sword tradition using the cup-hilt until the early 1820s.

As a further example, look at the extreme curvature of the Persian or Arabic Shamshir, or scimitar. This indicates a weapon intended to fight in very close proximity. The highly curved blade allows the edge to stay in contact with the body through the entire draw and indicates a fighting style that is highly circular in nature.

The Turkish Kilij is a similar weapon, but in its upper third, the point (which has a sharpened back edge), suddenly takes an oblique turn of almost 45 degrees upwards. This greatly facilitates the release of the blade from the body on a close slash, but it also allows for a falso manco or back-edge cut that can, if delivered properly, allow the blow to wrap around the parry and strike with the point against the head or neck.

Similarly, observe the tip of the Japanese katana. The kissaki (tip) is rounded off to facilitate cuts which draw straight through the body, exiting either high or low depending on the nature of the cut. Since the katana is designed as a two-handed weapon, this feature can allow you to extrapolate the manner of and end-position of the cut and consequently, the relationship of the hands and the body at its termination.

Finally, look at the lower portion of the blade in the double-handed great sword, the bidenhander or zweihander. You will note a second set of up-swept, pointed, shorter quillons above the main crossbar, under which is a ricasso (the lower unsharpened portion of the blade), wrapped in leather. This is to facilitate moving the upper gripping hand above the main quillon and grasping the ricasso, while the lower hand moves up to a mid or high position on the grip. This allows a sword that could be six feet in length overall to be used face to face. Indeed, many of the fighting techniques depicted in Talhoffer's

Fechtbuch (circa 1467) exploit this feature in very graphic detail.

Scottish Swords

A word about Scottish swords. The word claymore is derived from the Gaelic term claidheamh-mÚr which roughly translates into 'great sword.' It is, however, a fairly recent addition to the lexicon since it doesn't appear (at least in printed form), until 1715 where it is used in reference to a basket-hilted sword. Not until 1722 does the term refer to a two-handed sword. It was the Curator Emeritus of the Tower Armouries, Claude Blair's opinion that the term was used interchangeably for both the single and double-handed weapon. The term 'claybeg' as describing the basket-hilt, was invented by Sir Guy Laking (a gentleman who didn't speak Gaelic) in the 1800s. And the Sgian Dubh, which now graces the stocking of every kilted Scot, was originally worn under the shirt in a manner very similar to a shoulder holster, and was considered a weapon of last resort. The name translates into 'black-handled knife'.

A bladed weapon can tell you much about its fighting style if you are open to let it.

BLADES

Nowadays, there's an increasing number of companies making replica weapons, some advertising they come with 'battle-ready' blades. And some of them do. By that, I mean they are of good quality steel, flexible, properly balanced and have the capacity to hold an edge (this last point being entirely irrelevant to theatrical combat). They also have blades of proper length, vis-à-vis historical authenticity. While this is good if historical authenticity is your goal, it can often be a problem for the performer, especially in the case of the rapier.

Blades of historically accurate lengths are often awkward for actors to handle. First, they require a stronger wrist. Secondly, since they are generally longer, often by a considerable degree than the epee or 'musketeer' blade commonly found in theatrical training weapons, they require a longer scabbard that can get in the way on stage or on set, and can be difficult to draw and return the weapon from and to the sheath (although this is nothing a little practice cannot cure). They also change the distance at which most actors have been trained to engage. Therefore, if historically accurate blade lengths are being used, the actors must practise to regain a new sense of measure that will be essential to their safety.

Normally in film, aluminum blades are used, at least for broadsword-style weapons. This greatly reduces the weight and adds much to safety. Remember, on stage the performer will only have to execute the fight once, whereas in film, you can shoot a fight or battle scene for days. I once had a fight in a movie where we filmed the fight scene and nothing but the fight scene for twelve hours a day for six days. Under such circumstances it's essential that the weapon not tire the actor unnecessarily as this will once again compromise safety.

Different Materials for Blades

However, the aluminum blade is not practical for narrower weapons such as the rapier or small sword. They have a tendency to bend very quickly with very little impact. If you try to thicken up the blade to compensate for this, the blade will take on the appearance of a piece of industrial rebar and look ridiculous.

Nor will it be able to be sheathed.

For film, I have always gone with steel blades for rapiers. On stage I normally use the 'double-wide' epée blade or the 'musketeer' or 'schlager' blade, all of which read well from the house, are not excessively heavy, and provide good balance. For small swords in both venues, I always use a doublewide epée blade as this reproduces almost exactly the original which was a hollow-ground blade of roughly equilateral triangle shape. I will also usually cut the blade down in length a bit since small swords were not so long as the modern epée blade.

Titanium is sometimes used for broadsword blades, although I've never particularly favoured their appearance. Carbon fibre blades have also been used in rapiers for film but are expensive, and in my opinion don't impart the proper feel.

I will usually order the entire sword, then change out the blade for either aluminum or whatever based on the type of weapon in question, but for film I will always keep the original steel blade handy for what is known as the 'beauty shot.' This is a close-up of the weapon, usually as it's being held close to the actor's face. The reason for this is that very often an aluminum blade that looks perfectly acceptable at a distance while it's being whirled about at great speed will look rather dull in close-up. During the run of the *Highlander* TV series we always used the steel blades for such shots primarily because of the hamon line that appears on Japanese sword blades. This is a wavy line just above the yakiba or tempered edge, and is produced by firing and quenching the blade after a layer of special clay has been coated onto the cutting edge.

This clay causes the edge and the rest of the blade to cool at two different rates and creates the beautiful wave pattern. The cooling differential also causes the blade to curve. It would be prohibitively expensive to create this line on aluminum blades so we always have an original standing by for this purpose.

On stage, many people think that leaving the nail-like safety tip on an epée blade is safe. It's not. Cut it off and grind the tip round. Leaving this flattened tip provides a point that can grab and rip fabric and also abrade or even cut exposed skin. It can also catch on any number of items including the mouth of the scabbard. I'll talk more about this in the section on Weapon Maintenance.

I suppose without going into a long dissertation, sword by sword, design by design, all that is really necessary to say here is to ensure your weapons are designed to be used, not admired from a distance. Either use replicas from credible manufacturers, many of which have a separate line of theatrical swords, or purchase the sword with the intent of replacing the blade with a more actor-friendly model.

Also be certain you purchase or rent more than one weapon per actor. You should never have just enough. On stage, you should have a couple of spare swords or at least spare blades to cover damage or breakage during the performance. On TV sets, you should have a minimum of two hilts per weapon plus as many blades as your budget allows.

On film sets where coverage is more extensive, you should have as many hilts and blades as you can. When one sword is being used, a stand-by sword should be prepped and ready to exchange at a moment's notice in order to reduce lag time between takes. The sword coming off set should immediately have its blade replaced. The 'beauty sword' should also have at least one replacement just in case one is damaged in transport or on the set.

During the filming of one movie, I had sixteen grips per principal actor and a dozen blades per grip. We used all but one.

Remember – an aluminum blade will nick more readily than a steel one. As a result it becomes dangerous after a couple of takes and at the very least, un-presentable to the camera. How many takes you feel the weapon can sustain before these conditions occur is up to you, but you should be watching the monitor to see what the camera is seeing not simply with regards to the fight, but also the condition and appearance of the weapons.

The concept of 'blade' also extends to such items as spears and axes. Spears used for slashing and cleaving as well as thrusting (such as the Greek spear and the Viking hoggspjot), should be treated as sword blades. As for axes, there seems to be a general impression axes were great heavy things more appropriate to chopping firewood than fighting. This, of course, is another historical myth. If you look carefully at the blades of Viking axes, especially the two-handed Danish axe, you will see the blades are actually slimmer than sword blades. Just as the weight of swords has been exaggerated by people who have never picked up a real one, an axe whose weight developed such momentum that it could not be timely re-directed in case of a missed blow would be a virtually useless weapon.

While we're on the subject, the Viking axe was usually held with the left hand as the top hand if you were right-handed. This allowed the blow to naturally fall to your opponent's weapon side rather than his shield side, thus forcing him to move his shield, possibly at the expense of using his sword.

KNIVES AND SHORT-BLADES

I separate short-bladed weapons from knives because they are obviously not the same. In The short-bladed category I include such weapons as the Japanese Wakizashi, the scramasax (with its short and long versions, the hadseax and the langseax), the eighteenth-and nineteenth-century military 'hanger' and main gauche daggers of various designs. These are weapons designed to contact other bladed weapons directly. A combat knife, when used properly, does not. In proper knife-fighting technique you never parry with the weapon. Indeed, if one weapon directly encounters another, it would be by accident.

In knife fighting, you deflect or block with your off-hand and simultaneously attempt to cut with your own weapon, the first target being your opponent's knife hand or arm. Or, if the opportunity presents itself, you might forego a block and cut directly to the knife hand. This is based on the reasonable assumption that if he can no longer hold a knife, he can no longer threaten you with it. Disabling your opponent's ability to wield a weapon is a prime consideration.

Generally, I use hard rubber knives for both stage and film as there is no persuasive reason to use metal. There are many excellent rubber practice knives on the market that are exact replicas of the Gerber, Randall, Tanto, etc., and with some cosmetic metallic paint they are entirely acceptable substitutes for the real thing. Further along in this book there will be an entire chapter dedicated to the techniques and problems of knife fighting.

Science Fiction Weapons

Finally, a word regarding science fiction and fantasy weapons. There are many stores displaying swords, daggers, etc. to gladden the heart of your local Elf, Orc or Mysterious Dark Rider fan. And they all appear quite impressive. Now pick them up and try and do anything with them.

Apart from their excessive weight and execrable balance due to the fact they've been cut out of steel bar stock and machine-ground into shape, all of those lovely little serrations, spikes, flutings, extra quillons and sub-hilts, fancy pommels featuring gaping skulls, luscious maidens, belching dragons, etc., make them damned uncomfortable to wield.

The fabled Klingon Batlith of *Star Trek* fame is another case in point. When I first saw one, I thought 'Yeah – that's definitely something a Klingon would have come up with.' It looked quite impressive. It wasn't until a few years later when I actually picked one up and tried to do something with it that I understood why the fight scenes using it appeared somewhat crude. It was because it really can't do much. I suspect the decision to have Michael Dorn's character of Worf revert to the Meklith, a smaller weapon having characteristics of the Egyptian Copis or the Ghurka Kukri might have been precipitated by an obviously physically adept actor getting sick of the pushy-shovey nature of the choreography necessitated by the design of the weapon and wanting something which gave him a chance to show the sophistication one might expect from a warrior race. As far as I can determine, the Batlith appears to have elements of at least two Chinese weapons and one East Indian device. Unfortunately, none of the weapons whose designs I believe I recognize in the Batlith are offensive weapons *per se*, their design being more defensive in nature.

Here's another example, this time, attempting to extrapolate the design of a weapon from a novel that's being made into a movie. At the time of writing, Disney-Pixar is in pre-production for filming the first novel in the Edgar Rice Burroughs *Mars* series, *A Princess of Mars*. In it, an Earthman, John Carter, is transported through some unexplained paranormal phenomenon to Mars to find it inhabited by many warlike races who, in spite of their advanced technology, use the sword as their primary weapon of war and duelling. The principal races are human, but one, the Green Men, are not. Carter is initially captured by the Tharks and learns their ways, incorporating his superior strength and speed (due to Mars' reduced gravity), and his previous training and experience with the sword in the U.S. Civil War, into their fighting style. John Carter is given his first weapons by receiving them as trophies from the first Thark he unknowingly killed with his bare hands. But here's the rub – the male Thark is not only four-armed, but stands about fifteen feet tall. There is nothing about a weapon designed for such a being that could be used in its intended one-handed manner by a human, regardless of how much stronger that person was. The length, the grip – the entire weapon – would have to be radically altered to fit a human hand and a human's height (try even wearing a weapon with a seven-foot blade, let alone attempting to draw it). This process will hopefully be addressed in the movie. It would also radically change Carter's fighting style if he ever had to defend himself by picking up the weapon of a fallen Thark.

The principal weapon, the longsword, is described by Burroughs as 'long, straight and needle-like', yet I've seen countless illustrations of weapons with curved, cutlass-like blades, broadsword-style blades and even one where the weapon was two-handed with a flamberge or wavy flame blade design. None of the artists appeared to have read the books. At least, none of their drawings or paintings

suggested they had. I even saw a photo of someone who'd built a replica which was a standard-issue, cruciform-hilted, single-handed Medieval sword with a blade that must've been at least five and a half feet long. Needless to say, it had been made of wood. Had it been metal (apart from the fact it was both un-wearable and un-drawable), its balance would have rendered it utterly useless.

Burroughs himself somewhat muddies the waters when he ascribes various attributes and moves to the Martian longsword that seem to contradict the physical description. In many of his novels he has people being beheaded with a slashing blow from a sword previously described as 'needle-like.' It goes without saying such a weapon, if faithful to the author's description, would not only be physically incapable of performing such a feat, but look ridiculous even attempting it.

DESIGNING WEAPONS

Obviously, before choreography can even begin, there are a lot of decisions that have to be made regarding the physical nature of the weapons, and it would greatly facilitate the process if someone who was educated and experienced in the design and handling of weapons were to be a principal advisor.

Don't get into a position where someone with no experience in handling bladed weapons is designing them for you. You are the one who's going to have to come up with a credible and safe way of fighting with them, and the actor is the one who's actually going to have to be safe and look credible using them.

When you are designing fantasy weapons you must understand the function of every part of a bladed weapon – the blade, the

57

quillons and hand guard (if any). Form follows function.

Without taking this too much further, let us suffice it to say the human race has been designing and creating weapons for over 5,000 years. So if you think you've come up with a design that's never been seen before, there's probably a reason.

SHIELDS

Let's start out by putting to rest the myth that a shield is something to hide behind. There was actually one shield designed for this purpose called a Pavise. It was specifically for cross-bowmen who would lug it to the field, set it up on a couple of legs so that it was hands-free, and use it as cover while they shot. Remember that crannequin crossbows had to have their strings wound back by a windlass device, a time-consuming procedure that left the archer vulnerable.

Combat shields come in a variety of shapes and sizes, usually oval, round, rectangular and 'kite,' and a variety of smaller shields known collectively as bucklers.

Greek shields could be either circular or oval. The most famous design was oval with two semi-circular notches cut into either side halfway down. The Greeks fought in line with the shields overlapped to the right. This position allowed the two semi-circular holes of two shields to collectively form a circle, through which a spear was thrust. Other spears would be coming over the shoulders and heads of the front line as part of the famous phalanx formation. Although Greek shields are usually depicted as being bronze, many were actually wood with a thin bronze outer layer. They were worn on the arm with an upper strap and a handgrip.

The shields of the Roman period started as an oval in the days of the Republic then changed to the rectangular scutum most commonly seen in film and television today. It was a composite shield made of alternating layers of wood with each layer's grain going in the opposite direction of the previous one. The earlier oval shield was covered with sheep's wool felt, and the central boss was oval. The rectangular scutum was constructed in a similar fashion – usually three layers of what we'd call plywood encased in leather, over which was stretched linen that allowed it to be painted. The scutum's central boss was rectangular with a round centre. Both were held with a single central grip.

In the days of the Republic, the Triarius and Hastatus class of soldiers would carry the large shield while javelin-armed light skirmishers, known as Veles, would carry a small circular shield. The average size of a scutum was around four feet in height by two feet in width.

The scutum was designed for use in formation. Taking your place in the front line, a Legionnaire would overlap the right side of his shield over the left side of the shield of the soldier on his right. As you advanced, you would stab over your shield with your heavy spear, a 7ft long pilum (having thrown your two lighter javelins, or venutrum as you advanced). When it was finally thrown, you would draw your gladius and alternately thrust over the shield or, in coordination with the line stepping forward in unison, slide your shield to the left, opening the 'door' and stab through – then return it to its overlap position. Often, the row behind the front line would hold their shields over the head of those in the front row. Units would sometimes advance or receive arrows with all but the front row holding their shields overlapping above their heads. This formation was known as the Testudo. A Legionnaire got a twenty-minute break in the rear for every fifteen minutes in the front line. You would leave formation by swinging your shield forward so its right edge was pointing directly in front of you, and quickly step back. As you cleared, the man behind you would thrust his shield edge-forward, immediately filling your space and turn the shield so it once again overlapped the man to his right.

Roman cavalry of the Republic carried a hexagonal or convex shield, the parma equestris. During the Empire, cavalry shields were either oval or hexagonal, but in both cases, were flat.

Viking shields were made in much the same fashion, being of overlapping layers of wood. They were usually edged in metal and had a central iron boss, and held one-handed.

Unlike the Saxon shields of the same period, Viking shields were flat. Their diameter seems to have averaged around 60cm. They were also equipped with a strap so the shield could be swung onto the back to free both hands for using the large axe.

Norman shields were not all kite-shaped. There were also oval, round, and elongated triangle designs. The kite shape was at its greatest advantage on horseback, where it was worn on the forearm close to the shoulder for strength and stability. You could think of it more as a piece of armour than a shield. It protected the warrior almost entirely on his left side. However, this protection sacrificed mobility. It was next to impossible to swing the shield from the left to the right. The kite design is also fairly clumsy on the ground.

Medieval shields are generally of the triangular or 'heater' design. It was curved, made of wood and usually covered with boiled leather (which is remarkably difficult to cut through), and edged in metal. It wasn't huge, but covered you from the shoulder to the hip. It was carried on two straps, the upper forearm strap being angled down so as to keep

the arm in a natural position which made long-duration use easier. It also usually had a long strap so the shield could be slung just off the left shoulder. Many German shields were attached to the users' chest armour by chains to prevent them from being lost in battle as occasionally were swords and daggers.

Finally, buckler shields were small metal devices usually carried in one hand and date from the twelfth century to the end of the 1600s. The earliest manuscript depicting their use is the *Tower Fechtbuch*, Manuscript 1.33, circa 1290 which illustrates what appears to be monks having a decidedly non-liturgical practice session.

Bucklers of the single-handed variety are either round, while rectangular bucklers are what we might style corrugated, with the gutters direction being up and down. This was to facilitate trapping and deflecting a point, or preventing a blow from slipping off to the right or left. Some of the bucklers depicted in the 1.33 manuscript have a pronounced central boss that comes to a point. Larger bucklers were worn on the arm with two straps.

Excellent research on the use of the buckler can be found in Achille Morrozo's *Opera Nova* of 1536.

The Scottish Targe, which is traditionally leather-covered with a long central spike and decorated with brass rivets, is not technically a buckler per se. It's worn on the arm by a strap and a grip. Many people refer to such shields as a 'large buckler', but I prefer to make the distinction of a buckler being a shield wielded with one hand.

Incidentally, the term swashbuckling originates from gangs of drunken louts in the Renaissance roaming the streets banging their swords against their bucklers in search of some action. Which might make you change your mind about the romantic notion of swashbuckling!

There are a wide variety of Asian shields as well, but this is not intended to be a book about the history of weapons.

Correct Use of Shields

Just like swords, shields are designed for use in very specific ways, and are quite capable of inflicting injury when they're not. We've already mentioned some of the ways in which Greek and Roman shields were used. Now, let's look at a few generalized techniques.

First, the Viking shield, or any round central-boss, single-grip shield. Hold it in front of the body away from your chest. By away I mean so the arm is still bent at the elbow, never with the elbow locked straight. The elbow should be a couple of inches away from the chest. When a blow is thrown to the head, angling the top portion of the shield slightly back towards you and either pulling the shield in a few inches, or stepping back allows the blow to slip off down the front. If the blow can't be voided in such a fashion, pulling the shield to the right or left allows the curving outer edge to slip the blow to the right or left. If the blow is coming off-centre, keep the shield upright. The impact of the blow will cause the shield to rotate in your grip to the right or left, going with the force of the blow and passing it in the manner of opening a door. This would normally be accompanied by a counter-step to the opposite side. This should put you in a better position to exploit openings on your opponent caused by slipping his blow.

A flat shield is especially effective when used offensively. By this, I don't simply mean charging your opponent and butting him shield to shield. Using or right outer edge of your shield, you can strike your opponent's shield on his right edge. This causes his shield to rotate to his right, not only temporarily fouling his sword side, but opening up a window for thrusting around his shield on his left. Similarly, a sword blow can be temporarily forestalled by using the right edge of your shield to strike to the top of your opponent's shield, sending it back into his face. The shield can also be used to hook.

Again, using the inner or right edge of your shield, thrust the edge forward and past the right edge of your opponent's shield, then quickly pull it back and to your right, having hooked your edge inside his. This, as you step forward, returning your shield to the frontal position, gets his shield thrown open to his left. You can then ram him with your shield or use your weapon.

When using a Medieval heater style shield which curves around you slightly, try to use minimal movement. Large movement will simply expose you; move the shield by rotating your body.

Buckler shields are usually depicted as being held a fair distance from the body. Since they are small, the further from the body they are held, the more angles they cover. Many sword and buckler techniques depict the sword sweeping up to knock the opposing sword off the shield or to reinforce the parry against a heavier weapon.

Here's a piece of nastiness the Romans dreamed up against shields. The light spear or venutrum had a barbed point that would bite into the enemy's shield. It also had a long metal shaft which joined it to the wooden shaft specifically so the enemy couldn't cut it off his shield. Finally, the metal shaft was soft iron so when it hit and stuck, it bent askew to prevent it from being pulled out and thrown back. But here's the nasty part; at close range, the enemy would be dragging this bent spear sticking out of his shield. The Legionnaire would approach and step on the trailing end, thus dragging his enemy's shield down.

Bows

It goes without saying, one would hope: you should never fire an arrow directly at a performer unless the arrow and performer have been specifically rigged for the procedure.

If the scene demands that you perform this action, then you should pay close attention to the following technique. A hollow arrow shaft is used and a wire threaded through it. One end is attached or manually held while the other is attached to the performer's costume. Under the point of contact the actor or stunt performer wears hard padding and some medium allowing the point to penetrate lightly and hold. The arrow is launched by a slingshot or similar device, the arrow then tracking along the wire to strike the precise point on the performer at the wire's terminus. This is the only safe way of doing it. This system is also used for arrows intended to closely miss. I have also seen double-wire tracks used to guide thrown objects such as axes and tomahawks.

If bows are being used by actors or extras to actually fire arrows, they should have as little draw weight as possible and naturally, they are being fired past camera-shot into an open, clear area. If bows must be drawn but not fired on other performers or specific targets with performers in the background, the arrow should be held by the fletching between the first and second fingers of the drawing hand but never knocked into the bowstring. This assures it is impossible for the arrow to fire if the string is accidentally released.

It would also be desirable when drawing a bow for the actor to exhibit proper form. The English longbow (whose draw-weight can go up to 150lbs if the examples recovered from the Tudor warship the *Mary Rose* are anything to go by) is drawn to the ear. Other bows are drawn to just below the eye. Mongolian composite recurve bows are drawn using a thumb ring made of stone or bone. Japanese bows are drawn one third of the way from the bottom. Japanese archery technique also designates eight different positions from nocking the arrow to the post-release period which is maintained until the arrow is seen to strike.

When being used on stage, often no arrow is used at all. A piece of dark leather slightly wider than an arrow shaft is attached to the bow and the bowstring in the position of an arrow when nocked. When the bowstring is drawn back, the leather strip is pulled taut resembling an arrow. The strip then goes flaccid once the string is released.

When arrows are actually fired on stage, they must obviously be fired either upstage or off stage where butts have been set up to catch them. When off stage, these butts must be clearly visible. They must also be of sufficient depth. I remember being in a production of *Titus Andronicus* at Stratford where Titus, Marcus, *et al*, shoot letters attached to arrows into the courtyard to 'afflict the emperor in his pride'. The actors all faced upstage and fired the arrows through the door of the balcony. Unfortunately, the backstop wasn't very deep and roughly once every dozen performances, one arrow would go through, hit the wall and bounce right back out onto the stage. Once, during a matinee, Max Helpmann, who played Marcus, picked up the errant arrow, examined the rolled up letter and commented 'Humph ... insufficient postage.'

WEAPON MAINTENANCE

On film and television sets, the maintenance of the weapons will be done by the props people and on stage, by the assistant stage manager (ASM). However, you, as a fight choreographer, should know how to maintain your weapons. After all, it's probably you that will have to teach the above how you want it done.

As swords are used, they naturally develop nicks in on the edge. On stage, these must be removed after every performance. I clamp the sword into a vice after having wrapped that portion of the blade in leather, then work one side of the edge up in one direction and then down on the other. You should never simply file in one direction, especially with wide blades.

When a nick occurs, metal is deformed out. When you file in just one direction, you are now pushing that deformed metal back into the nick. This can result in a metal fragment flying off the blade when it's next used creating a significant danger to the eyes.

You should also run the file over the edge in both directions and file the edge in semi-circular pattern to ensure your filing isn't actually creating a cutting edge. The edge of the weapon as well as the point should be rounded off, not left with an actual edge.

I prefer using a fine file for this work although an electric drill with a fine grinder wheel is faster, a factor that can inform your choice on a film set. However, you need to exert a light touch since the electric grinder can inadvertently remove more metal than you intend.

Aluminum blades naturally have a tendency to nick more deeply. Grinding them down often removes the high polish and consequently makes them less presentable to camera. I usually relegate these blades to mid

or long shot in battle scenes, or if they are a Principal's blade, save them for rehearsal purposes or have the props people buff them back up to be saved as emergency blades.

After the filing process, I always rub the blade down with fine sandpaper, emery cloth or steel wool, then pass a piece of cloth or tissue up and down the blade to detect any small nicks that might remain.

The mouths of scabbards should also be checked periodically since they can also get burred on the inside which can inhibit the returning of the weapon.

The constant percussion of combat will cause blades to become loose. If the pommel is threaded directly, you must check it after every take or when off-stage. Blades just coming loose are not always readily detectable by the actor. If the pommel does not hold the blade directly, check the nut at the end.

One way of ameliorating the percussive effects of fighting on a sword is to put a leather percussion washer at the base of the blade where the forte of the blade abuts the cross-hilt or quillon. A lock washer should also be used between the pommel and the grip or the nut and pommel.

When we speak of the sword's tang, we're talking about the portion of the blade that goes through the grip onto which the pommel then attaches. Narrow tangs are weak and it's very often the case that when a blade suddenly flies off with no prior warning, that the break has occurred in the tang, inside the grip. Ensure the tang is adequately sized to take the stress expected of it. Some aluminum stage swords are all one piece – blade, tang and pommel.

The grip is simply a cosmetic created by placing wood slabs on either side of the tang, securing them by drilling though the tang and grip to accommodate bolts, and then wrapping it overall with wire or leather.

Do be careful of overly tightening the pommel or nut as this can lead to stripping the threads at the end of the tang. When using aluminum blades, I don't thread the aluminum at all – the metal is not conducive to this. Instead, we create a steel sleeve that slots over the end of the tang which has a steel thread.

In the case of katanas, where, in the real sword, the tang only goes about two-thirds through the grip, the blade is secured to the grip by two bamboo pins called mekugi. I've tried having theatrical katanas made using these, but the results have never been satisfactory, undoubtedly owing to the fact that theatrical swords take a much more brutal beating than the originals. I now use a full tang and, to avoid having a nut visible at the end of the grip, I have the base of the grip counter-sunk and the nut holding the sword together removable with an Allen-key wrench.

Metal fatigue is a big factor in sword blades. Unfortunately, the exterior of the blade rarely exhibits any symptoms until the actual break occurs. Metal fatigue usually occurs as a result of swords being constantly bashed together, another persuasive reason to keep excess force out of choreography. However, it can also occur as a result of improper forging or annealing.

Again, short of X-raying the blade, there's little you can do to detect it. If you are the resident fight director of a theatre company, you should consider retiring blades that have been in the weapon for many years. As a competitive fencer, I was admonished to replace my blades every six months. A friend of mine has told me that when a weapon's blade is properly installed and adequately tightened and then struck lightly with another piece of steel, there is a discernible difference between the quality of sound a safe blade makes as opposed to one exhibiting metal fatigue. I've never tried this and I have no reason to doubt him, but this method of testing would not work on an aluminum blade.

Don't ever spot-weld on a sword. I had a friend who rented his Medieval swords out to someone who decided to eliminate the rattling of the quillons by applying solder with a propane torch to spot-weld the quillons to the blade. Naturally, his work changed the temper of the blade and every one of my friend's swords subsequently broke.

Steel blades must be protected from the weather. When using such blades in the rain or in damp climates, they must be wiped down with 3-in-1 oil before storing. Live rust should be removed with oil using emery paper, very fine sandpaper or steel wool. The tangs should be inspected occasionally as well.

Weapons such as spears and halberds should be checked regularly to ensure cracks are not being incurred on their shafts. Any superficial splintering of the wood should be sanded away and the area re-finished.

Shields should also be inspected for cracking and splitting, or any deformations of their edge. Metal edging can deform outwards to create a hazard. Also any form of decoration on the shield such as brass tacks that are often found on Scottish Targes should be inspected since percussion can often cause them to work loose and pop out, which can result in serious injury if they're trodden on.

Firearms, if fired, should have their barrels swabbed out with barrel solvent after every performance. If swords are exposed to particularly cold weather, the blades should be allowed to warm to room temperature before use as cold makes metal brittle. If a blade is bent, it is officially done; do not attempt to straighten and reuse it.

5   FIGHT CHOREOGRAPHY

Yes, it has taken us quite a while to get to this point, but let's remember everything that has come before represents all the knowledge and all the questions you must pose and answer before what we are about to discuss can begin. Any gaps or unanswered questions in the preceding sections and you aren't ready to start piecing together the moves.

The first thing I always do before starting the choreography is to make a detailed diagram of the set or environment in which the fight will take place, noting all the furniture, the placement of windows, doors, etc. I will sometimes draw this myself, but

---

Fights must make sense

The purpose of fight choreography is to tell a violent visual story that thrills and entertains an audience while keeping the actor safe in the process. It affects selective realism and must advance the story of the overall narrative and also enlarge the audience's perception of the characters. It must have a consistent internal logic and must also direct the audience's attention in a manner that reveals certain moves and conceals others. It must have flow, rhythm and pace in much the same manner as a piece of music.

But most of all, it must have meaning.

---

usually it's easier, and just as accurate, to obtain the floor plan of the set from the designer, make several copies, and annotate it. Outdoor locations for filming are a different matter. You should have walked the area thoroughly prior to this stage so that you have measurements and have noted things like trees, bushes, rises or dips in the ground, etc., and noted their location and dimensions.

THE NUMBER OF PHRASES IN A FIGHT SCENE

The first thing to do is to have previously decided, during consultation with the director, how many phrases the fight scene will require.

The term 'phrase' refers to a series of moves similar to a written paragraph. A phrase is part of the overall story of the fight. When a writer sets out to tell a story, he structures the narrative so there are peaks and valleys in the action. Some dialogue is expository, some terse. Some gives the reader information they need to understand what follows, some (as in mystery writing), is designed to mislead or suggest alternate explanations, and so on. The phrases of a fight should have a similar structure since no single one of the phrases is the entire fight in and of itself, but part of the overall narrative of the fight's story that leads to a conclusion.

Another analogy might be that phrases resemble the structure of a piece of music which has auditory, rather than visual dynamics, with highs and lows of volume and changing patterns of speed and rhythm.

So, having previously decided the number of phrases, you now need to map out on the set design where each phrase starts and ends, and what portion of the set that phrase utilizes. This will also include what exists within that area of the set, vis-à-vis furniture, props, etc. One of the prime factors determining the length of a phrase is its number of moves. Here is where we must now consider logic combined with the acceptance that a fight scene is a dramatic contrivance which must achieve certain goals.

First, realistically speaking, the first phrase of a fight will probably not be either long or complex. The reasons for this speak to both logic and the concept of selective realism. In the real world, there are two ways to ensure you'll lose a fight. One is to get fancy. The other is to blunder in swinging and hope for the best. If two people have never fought each other before or seen the other fight, they are likely to be reticent to strike the first blow, or if they do, it will probably be after a bit of moving about – jockeying for position, watching the other person respond to their moves in hopes of either catching them in an awkward position or at least learning something of how the other person might fight based on how he moves his weapon and body (the Japanese style of fighting is very attuned to this concept referring to it as 'Ken' and 'Kan,' sight and insight). Unless you were drunk, uncontrollably enraged or just flat-out stupid as a log, chances are you wouldn't risk your life to just wading into a potentially

deadly encounter with an unknown commodity.

So logic dictates the first phrase might consist in large part of changing positions of both the body and the weapon to promote a response from the other fighter. Then, a couple of blows struck either tentatively or with the purpose of testing the other combatant, perhaps also utilizing feints.

There is also a secondary reason for starting the fight in this manner. If this is the first, or perhaps only fight in the show, the audience will need to be brought into the action gradually. If the fight starts with a flurry of complex moves executed at high speed, chances are good the audience will lose most of the action. It will have been like turning the corner and suddenly having a violent accident occur instantly right before your eyes. You will be aware of the carnage, the suddenness of it will probably result in the details eluding you. One purpose of the first phrase is to teach the audience how to watch the fight. Using simple moves initially is not

Genre can define the fighting style

One of the main things informing your choices in choreography is knowing your genre. This both informs and defines your choreography. *Crouching Tiger, Hidden Dragon* has wonderful fights, many of which are entirely unrealistic. But it's perfectly acceptable because at the very beginning of the movie, the writer made it plainly known to you: this is a legend. Nobody believes that *The 300* or *The Thirteenth Warrior* were intended to be realistic, historically accurate films. What matters is the internal logic of the film's universe. You must not only know the story your fight is trying to tell, you must also know the nature of that story.

only logical, but it also serves to build the audience's visual vocabulary.

As always, there can be exceptions. When Romeo attacks Tybalt, there's no reason why the first phrase of that particular fight can't be an explosion of violence that can sustain itself for quite a while. However, at that point in the story, Romeo has just been an unwitting accomplice to the death of his good friend, Mercutio. He is beside himself with grief and rage and, in his lines, plainly indicates he has become the most dangerous of men; one who, for what might be considered reasons of temporary insanity, has decided he doesn't care whether or not he lives or dies so long as he can kill the object of his hate. Also, at this time in the play, the audience has already seen several fights including a biggie just a few minutes ago. They should be well broken into the visual aspects of the sword fight by now.

What we have just been discussing applies to both stage and film and television. Film and TV, however, have an added feature you must consider – what is the nature of the shot?

On stage, the audience sees it all. Anything you don't want them to see has to be hidden or purposely masked. In film, as we've mentioned, the camera lens is the audience so you are able to direct their attention in an entirely controllable manner. We'll get into the specifics of choreographing for the camera a bit later. For now, let's just leave it by saying you should always try to get a general idea of what kind of shots (i.e. full-body, 'cowboy shot,' head-and-shoulders, POVs, dolly, etc.), the director might wish to use to cover the action of each phrase. Naturally, he's probably not going to lock himself into a virtual story-board but at least you should get a general idea of how he visualizes the action. It's always preferable, both in the artistic and practical sense, to be able to choreograph for

specific shots. The length of the first phrase (or any phrase, for that matter), will also be dictated by how much area is needed to traverse, although as we've previously stated, this doesn't necessarily mean a lot of fighting movement. Another factor would be if the first phrase contains dialogue, and if so, how many lines. If the time period and weapons are appropriate, I have often utilized a salute to cover areas of dialogue in the opening phrase since many actors find executing choreography while simultaneously speaking to be difficult.

BRINGING THE PHRASES TOGETHER

So, let's assume you know the number of phrases and the weapons the characters will use. Apart from the actual specifics of how each particular weapon is used and leaving aside the aspect of characterization, how do you start piecing together the actual moves of the choreography?

First, each phrase will begin with the actors in a particular guard stance (i.e. the position of the weapon or weapons prior to actual contact). Guard stances (sometimes known as Guardia or the *en garde* position), have a very specific purpose. First, the position of the weapon(s) either invite or discourage attacks. It may be one combatant is trying to entice his opponent into attacking him in a very specific place, in which case, his guard might leave that area of his body open, presumably in a non-obvious fashion. One of the tenets of the Spanish Destreza, the fabled Magic Circle, is to control your opponent by giving him limited and predictable targets through the constant movement of the body and the sword, unconsciously conditioning the enemy to attack where the practitioner wishes him to.

So, for instance, if you take the position of Agrippa's Prima Guardia, in which the left foot is forward and the rapier held so that the hilt is just above the head on the right side, with the point angled down so it comes to the centre of the body around stomach level. What targets (including the blade itself) does this stance suggest?

Again, using Agrippa's Terza Guardia, where the rapier is held on hip level on the right side, with the point facing straight ahead, what targets now appear to be viable for attack?

It is common sense that, unless you are going to attempt to attack the blade itself (such as in a beat-attack to move it to the side, or to execute a croise to force the blade down, or a bind to move the blade diagonally from a high line to a low line) you will be seeking an open target, probably one that forces your opponent to move his blade the farthest distance in order to affect a parry. After all, why would you attack a target so close to the position of his weapon he could parry it with the slightest movement of his sword?

Another function of the *en garde* or guardia position, at least in historical terms, is that it is a position from which attacks are launched. The guard position must be considered carefully since it is probably going to be the position from which your performer will launch his first attack if he is to be the aggressor.

Don't discount the possibility of having one or both opponents change their guard positions once or twice prior to the first move. The Renaissance rapier master Salvator Fabris advocated a ploy he called *contra postura* in which you imitated exactly the guard position of your opponent on the premise that this negated its effectiveness. This, of course, assumed you knew how to fight from a large number of guard positions since simply mimicking the guard would have limited value.

So, since it's illogical to throw a blow, even as a feint, to the direct area of the weapon, what are the open targets?

FULL CONTACT

Now we get into the realm of what I call Full Contact Chess. After the first blow is thrown, the possibilities start going up exponentially. A good fighter will plan ahead, knowing any attack he launches has a good chance of being parried. Therefore, he is thinking of secondary targets. If I launch a thrust at my opponent's groin or a cut to his leg and he parries it, I will use the energy of his parry to send my sword to its next target.

Again, logically, the secondary and subsequent targets are going to be widely separated in space so as to force my opponent into large movements to attempt to parry them.

Here's a little sequence of moves to illustrate: my opponent is standing in Agrippa's Terza Guardia as described above; that is, his sword is on the level of his right hip. I choose to duplicate his guard position. From there, I execute a thrust to his left shoulder or a cut to his left neck, forcing him to move his sword from low level to high, and across his body to parry in the position of quarte (four). My sword bounces off his parry and I then advance one step, swinging my sword to cut to his right thigh; again, a target of maximum distance from the initial attack. He manages to parry my second attack with the parry of seconde (two) which I then use to send me in a semi-circular cut (a molinette or molinello) to cut to the centre of his head, once more, attacking on the advance. He, once again, is able to step back and block my attack with the parry of either quinte (five) or sixte (six). My last attack has lifted my sword to the point where my entire body below the neck is now completely exposed and my opponent, responds with a counter-attack. If he has chosen the parry of five, he might either cut my right or left side, hip or thigh, or thrust to my stomach. If, however, he has parried in six, he is pretty much limited to cutting to my right side only.

This is a very important point. Using the standard eight-parry system most common in theatrical combat, you will note, if you run through the positions, weapon in hand, some positions are conducive to cutting and thrusting as a riposte, either to one side of your opponent's body or both. Some positions, like the aforementioned six (and we mean here the sabre parry of six, not the foil or epée six), really only allow you a cut to one side and no thrust at all. The parry of septime (seven) restricts your immediate action to a thrust only.

Now, of course, this little four action phrase I've put together for demonstration of the logic of blow choice is predicated on linear foot action. This doesn't necessarily have to be the case. My opponent may choose to deal with my head cut in a variety of different ways. For instance, he might decide to angle his parry of five or six so that his point dips down (being certain the bottom third of his blade is still above and covering his head), and step to either his right (for a five parry) or left (for the six) in a footwork move known as the thwart.

This will allow my sword to slide off his harmlessly to one or the other side. This, accompanied by his footwork, will now have him repositioned on one of my two flanks with all the targets on my body from these positions accessible to him.

That's if my character cuts on a single-step advance or a lunge. If I chose to run at him on my last attack, his parry (known as a grazing parry) will allow me to pass him as he steps out of the way. In this case, he will also have my back and the back of my neck or head available to him as targets as I hurtle by.

If he chose not to move at all, but still executed a grazing parry that allowed my blade to slip off right or left, my sword would now be lowered so, unlike the initial piece of choreography which had my lower body exposed, the new position of my sword now makes my head the prime and unprotected target, and a head cut is easily executed from either of the parry positions he might have chosen.

You can see how the complexity of the choreography can compound itself the longer the phrase goes on.

Let's just take the instance of a single move. Say we're fighting with Small Swords, which are point-only weapons. I thrust to my opponent's centre chest and he parries in either three or four (either one is material to the demonstration). Now I have several choices for my second attack. I can disengage from his parry by dipping under his blade and thrust directly. If he attempts to parry, I can execute a second disengage to avoid it as part of a continuous movement of my attack. I could also, after my second disengage, execute a beat or sharp tap to his blade, thus ensuring it keeps moving smartly and totally opening up the target area of his chest. If I want to get fancy, I could also disengage to avoid his parry, and continue the action of my sword to go overtop his and then deflect his blade away to my right (if he was coming from a parry of four) by executing a bind. I could also execute a beat from my disengage if he were reacting out of the parry of three. Or, out of his response from the parry of four, I could execute a croise by allowing him to meet my blade and then binding it in a semi-circular motion that would take it from the high line and throw it off to my left in the low line, also thus exposing his chest. Or, after he had parried me in either three or four, I could have chosen to execute a cut-over or coupe wherein I use my wrist or possibly also some elbow movement to bring my blade up one side of his weapon, over the point, and then throw my blade forward into a thrust in much the same movement as a fly fisherman casts a line.

Those are just some of the possibilities out of a single, simple move.

Naturally, the length of the phrase, the distance it traverses and the footwork involved will be dependent entirely on how much space there is in that part of the set or in the outside environment.

Another thing to bear in mind with regards to the logic of the choreography is that every move you make opens new target areas on your body, and every move you force your opponent to make to defend against you opens up new targets on his. If I cut to the head, pretty much the entirety of my body is now open to attack to either cuts or thrusts. If I have cut to my opponent's right shoulder, my own right shoulder is now open, but since it is on the same plane as my attack, it would take very little effort to recover my sword to a parry and thus would not be a logical target.

That is, unless my opponent is going to exploit it as a feint. For instance, from parrying my attack in a tierce (three) parry, he then thrusts directly to my right shoulder to draw my parry, which I, not knowing it will be a feint, obligingly respond in a parry of three of my own. He then disengages without contact and thrusts to my groin or cuts to my left hip, forcing me to move a considerable distance to effect a defence.

RHYTHM

Feints are handy in changing the rhythm of a phrase. Obviously, people don't square off and slam away at each other like metronomes – one, two, three, four, bang, bang, bang...

A feint followed by a secondary intention attack has the timing of AND one – that is, a half-beat/full beat. This too is simply logic since if the feint is delivered as a full beat, it loses its tactical value.

Molinellos or moulinettes (circular motions of the sword that can vary from 90 degrees to a full 360 degrees) can also be used as feints. They can also be used as intercepting parries which, historically, were highly recommended in the Radaellian system of sabre fencing promoted by the legendary maestro, Italo Santelli.

Another way to introduce rhythm changes in choreography is to use the double. (This, of course, assumes the proper weapon. The Small Sword is best, the move having been designed for a thrusting weapon. It can be done with the rapier, especially the cup-hilt, although, strictly speaking, it wouldn't be historically authentic.) The double is essentially a double disengage.

I attack with a thrust, you parry, I disengage and renew my attack and you counter-disengage to pick up the parry. This can be done stationary, or with the attacker advancing two steps, or one step and a lunge.

Think of ways to vary the rhythm. After all; what's more interesting? A fight that proceeds in a rhythm of one, two, three, four, five, six, etc., or one that moves like one, two and three, four and five and six, seven and eight, and so on. Music has tempo. So do good fights.

The Rhythm of a Two-Weapon Fight

If you're using a two-weapon system such as the rapier and dagger, you now have the ability to parry and attack simultaneously, a technique known as scanatura. I would only recommend such a thing to be used for the killing move since the audience will have a hard time following two moves at the same time and the kill normally brings the action to a halt allowing them to absorb what has just happened.

However, the and-one or one-and rhythms can be easily accomplished with the rapier and dagger. I have often used combinations where the parry is made with the dagger and the sword is then used to beat the opposing blade up or down to remove it from the dagger while simultaneously opening up a target. Similarly, the dagger can be used to strip the opposing blade off your sword if the parry was made with your primary weapon, thus freeing it for attack. And you can occasionally use a reinforced parry to ward off a very powerful blow. This is sometimes referred to as the cross-parry because the rapier and dagger form a cross into which the descending blade falls. There is, however, a right and wrong way to do this move.

Always keep your dagger in front of or on top of your sword. The reason for this is that after the parry has been made, the dagger will strip your opponent's blade off your own to free your weapon for the counter-attack. It can't do that effectively if it's trapped behind your blade.

Another way of varying the rhythm is to pass in on a move and close distance with your opponent. This is also a very good way of going from a wide or medium shot into a close-up or two-shot when filming. Passing in can be done on a bind or a lunge in which your opponent doesn't retreat. Once in close, in the literally in-your-face position, it's possible to interject dialogue, or, more practically, use the knee or pommel to strike. Often, this can be set up by grasping your opponent's hilt with your left hand in order to remove his sword from contact with yours. If the pommel is going to be used, it's much safer (and faster), to have moved in on a prime parry which not only puts the pommel in shot (if you're filming) but allows the move to be executed with direct and minimal movement with your blade safely pointing backwards.

If you are closing in with rapier and dagger, it's quite logical to use the dagger offensively.

Remember, however, the audience must see its preparation in order to perceive the danger and react appropriately. One way to do this would be to pass in on a reinforced parry, where your opponent's blade has been entrapped in a cross-parry in the quarte (four) position. Just a word before we continue: this does not imply your sword is in the parry position of quarte in which the blade would be pointing up. To adjust this position to accommodate a reinforced parry, your sword will be in a high prime position with the point angling about 45 degrees out to the left and your dagger (which should be in front of your sword blade) will be pointing up and 45 degrees to the left to create the entrapment angle.

The dagger can now be safely removed because your blade and hilt will still be in contact with and controlling your opponent's blade. The dagger is then drawn back into the audience's view and goes about its filthy business.

Remember also when you work in close, It's very important to keep the forearms and elbows down. The audience and the camera both want to see your face.

The empty off-hand can also be used in both rapier and Small Sword to parry or bat away your opponent's blade, or even seize it if a chain-mail glove is being used. The Small Sword in particular has no cutting edge so it's

71

possible to grab hold of the blade with the bare hand.

Many hand parries and deflections are evident in historical manuals such as Domenico Angelo's or Liancour.

The 'Off' Hand

One advisement that goes to credibility. If you have any pretensions to becoming a fight director, I'm sure you will have seen the movie *Rob Roy* and in particular the final duel between Liam Neeson and Tim Roth which was choreographed by William Hobbs.

Remember when Rob Roy, on the verge of defeat, suddenly grabs Roth's blade and holds on? Well, this can be done. However, if you just grab the blade and hold on, your opponent can simply pull it out, flaying open your hand in the process. What you do, once you've seized the blade, is to bend the blade down. This means the blade is no longer linear to the hilt and your opponent can pull all he wants. I've done this with a sharp blade and a bare hand and I can still count to ten without resorting to taking off a shoe. I only mention this because I've seen too many improbable moves in my life but this is one that actually works – but only if you show the audience how.

The left hand can also be used independently with the longsword and Great Sword or Bidenhander. If you examine the works of Talhoffer and Lebkommer you might be surprised at just how much fighting with these large swords was done face to face. The reason why the Great Sword has a ricasso (the portion of the blade at its very base), wrapped with leather and a pair of upswept horns coming off the blade just above, is that when closing, the right hand was removed from the grip and replaced on the leather-bound ricasso above the quillons, where it was now protected by the mini-quillons on the blade. At this new range, the swords' large primary quillons could be used for entangling and striking to the face. And the left hand could also be removed from the grip to grapple or draw and use a dagger.

Naturally, the fighters (unless the style of the weapon or the physical environment dictate the combat be essentially linear) will need to change positions occasionally while engaged in the exchange of blows. As I have mentioned before, this can be done with the use of grazing parries that allow one combatant to pass the other on a blow, thus changing their relative positions by either 90 or 180 degrees.

Let's now examine various forms of footwork that can be used to change the physical relationship between the combatants.

Footwork within the Choreography

The volte is a move allowing one actor to displace to the side and is very handy for 'unstacking' two combatants for a camera shot (stacking, refers to both performers being directly in front of each other, a condition that will prompt the camera operator to request one or the other actor step to the left or right to reveal one of the actor's faces to the camera when it's in the over-the-shoulder position).

The volte is a kind of backward lunge. The right or forward foot is planted and movement initiated with the rear foot. The back foot passes behind and in front of the forward foot.

This is a bit of a contortion that normally requires one throw the right shoulder forward and the left shoulder back. It also drops the body considerably in height so it serves the purpose of not only displacing the attacker to the defender's left side, but also can serve to reveal the recipient's face. One of my old masters, the late Henry Marshall, called this move 'Bum in Face' since the performer's end position is essentially presenting one's posterior to one's opponent.

Changes in position can also be achieved through other forms of footwork such as the thwart wherein one executes a step of 45 degrees forward to either the left or right of your opponent's centre-line, always with the forward foot if leading with the right foot, and if the left foot is forward (and the sword is held in the right hand), by leading with the left foot to step to your left and with the right rear foot as a pass step if thwarting to your right. Thwart steps may also be done angled 45 degrees to your rear to give way to an aggressive attack.

It is also correct to execute the thwart as a 90-degree step to either the right or left, leading with the foot the direction of the thwart is intended to go (i.e. thwart left with the right foot as the forward foot) by stepping 90 degrees to the left with the rear (left) foot. Bear in mind the 45-degree thwart steps are also intended to close distance with your opponent while the 90-degree thwarts displace your body but maintain the same distance.

Other steps for changing the angulation between fighters include the cross-step and the slip.

The Cross-Step

The cross-step is, as its name implies, a step in which one foot crosses in front of the other. If I am standing with my right foot as my lead foot and I wish to make a cross-step to my right, my left foot will travel forward past my front foot and then, in continuous motion, cross in front of my right foot, travelling to the

right to be placed to the outside right of my right foot and at least twelve inches ahead of it. This naturally requires that the right foot come up on the toe. The left foot (which is now the forward foot), will have its toe angled slightly in, pointing perhaps 20 degrees to the left. There should be at least six to eight inches between the knees. Never should the knees physically touch, as this is a very precarious balance position.

To cross-step to my left (again, from a right-foot-forward stance) I step my forward foot to the left, planting it at least a foot outside the line of my rear foot with the toe angled slightly inward. This also usually necessitates coming up on the toe of the left foot (note: if this move is done with the sword held in supination and the blade angled so it describes a 90-degree angle to the sword arm – which is completely extended with a straightened elbow, this move is historically known as the *punta reversi* and is used to make point attacks to the lower back, especially the kidney).

The Slip Step

Slip steps are, to my mind, a method of letting your opponent through if he charges you. As the name suggests, one foot is 'slipped' behind the other, which remains relatively stationary. If I slip to my left, once more, assuming a right-foot-forward stance, I swing my right foot in an arc to the rear, pivoting on my left foot, so that my final position is with my left foot as the forward foot (with the toe slightly turned to the right), and my right foot now behind and to the outside left of the forward foot. My entire body has been effaced and my hips are now facing in the direction of what was, from my *en garde* position, my right.

To slip to my right, I merely move my rear (left) foot in a straight line to my right to a position where my left foot is at least one foot or more to the right of my forward foot's heel. In this position I can not only let my opponent through on my left, but also execute an attack. This position, if accompanied by the foil or Small Sword parry of quarte (four) is known as the Inquartata. If used to parry by displacement and attack directly, it is known as a demi-volte.

Since we're on the subject of body movement that adjusts distance, let us take a look at a few more moves before we continue.

The Pass

This, as the name would imply, is when one foot passes another. Normally, it is a two step move (i.e. a complete pass involving both feet). If I am standing with my right foot forward, I will pass forward by stepping with my left foot past my right, then stepping again with my right to finish in a position identical to my original stance but having advanced two steps. If I wish to retreat, I initiate the movement with my forward foot, stepping to the rear and then recovering my left. For those who are not aficionados of historical fencing, the full pass step is usually referred to as 'walking.'

The Half-Pass

The half-pass is simply a single step initiated and completed with the rear foot. If I'm in right-foot-forward position, I step forward with my left foot, passing the right, and plant it a shoulder-width in front. Same thing in reverse if my left foot is the lead foot. Half-passes are used to cover short distances and often used for very specific attacks such as the Coupe de Jarnac which is a slicing move that targets the tendons in the back of the knee of your opponent's lead leg.

An important point in the pass is that your feet should remain almost shoulder-width apart from any position. Many historical fencing positions, most especially in rapier combat do not pull the chest back like modern competitive fencing positions. This is because they used either an off-hand weapon such as the dagger or utilized the left hand to deflect thrusts, the usage of which necessitated at least a three-quarters-to-opponent position for them to be effective. In early period rapier play, the left foot was often the lead foot so the off-hand weapon could more readily engage and deflect your opponent's blade. This also allowed for your own blade to be drawn back, in some cases even behind the point of your dagger which is the case in several guardia positions depicted by Camilla Agrippa in his treatise *Trattato di Scienza d'Arme* and also in the depictions of rapier and buckler play in Giacomo di Grassi's text *His True Arte of Defence*. This position made it more difficult for your opponent to engage your weapon directly and also allowed you to defend and counter-attack simultaneously (the technique known as Scanatura).

The Lunge

We should also mention the common lunge since it can be executed incorrectly in ways that risk injury. The lunge is accomplished by picking up the front (right) foot and advancing the body by pushing forward with the rear foot, unleashing the body like a spring. The forward foot should land flat with the toe and the knee pointing directly toward your opponent. Do not let the knee bend in, as this will risk damage to the ACL and DCL ligaments. Allowing the toe to turn in will often result in the deflection of your point to your left. The right knee should be directly above the heel. If you under-lunge so the knee is over or beyond your right toe, you will place tremendous pressure on the tendons of the knee. It will also be much harder to recover the lunge. The rear foot should remain flat on the floor since this is the foot you will be recovering to. Allowing it to roll will promote sliding on the recovery and also risk damage to the rear knee.

The lunge should always be preceded by the weapon. The sword goes out first, fixing the target and the body follows (albeit by a fraction of a second). The reason for this is safety since it is not always historically correct. Pick a target on the wall at about centre-chest height. Extend your arm and lunge simultaneously without any adjustment to the sword arm. Upon completion you will notice your point is at least six inches below your intended target. When you lunge you lose height. This is why the sword arm must precede the body movement. It allows you to adjust the sword while the body is moving to compensate for loss of height, ensuring your point is going exactly where you want it.

In the real world, the idea of preceding the lunge with the sword is that the arm moves faster than the body as a whole, and you may be able to hit your opponent before the lunge is completed. This, in illusionary combat, is not an issue – it is entirely a safety concern. To recover the lunge, push off with the forward foot while simultaneously bending the rear knee, and recover the forward foot to its original position. You should check, in practice, to ensure the distance between the legs is the same. Do not recover to a narrow stance as this is not a good balance position. Also make sure that your forward heel is in the correct position relative to your rear leg. Your final position should be one where, if you slide your forward foot backwards, the forward heel should pass to the outside of the rear heel by a couple of inches.

This is a common mistake in the forward single-step advance and retreat. Students often allow the rear foot to begin traveling to the right so if the feet were brought together they would form a ballet third position with the heel of the right foot ensconced in the instep of the left. This is bad form since it's not conducive to good balance.

The Ballestra

The ballestra is another interesting move for gaining larger distances and changing the rhythm. A ballestra is a leap forward immediately followed by a lunge. The spring forward should be initiated by the rear foot as though a lunge were contemplated but not completed, landing the feet in their original en garde position, then immediately executing the forward lunge. This move has a very agreeable explosive quality to it.

The pattinando is essentially a ballestra that lacks conviction. Instead of a leap forward, the pattinando is done by executing a standard step forward, then directly into the lunge.

The half-pass to the rear is a move illustrated nicely in Federico Alfieri's treatise *La Scherma*. From a right-foot-forward stance, the defender foils a thrust from his opponent by stepping back with his forward foot, bringing it into contact with the rear, stationary foot and bending slightly forward at the waist. This voids the target which, presumably, was his forward leg. At the same time as the footwork, he then executes an imbrocatta or over-the-sword thrust to his opponent's sword-arm shoulder. The sword arm itself could also be a target of opportunity.

Another problem with movement is when you are tracking a moving target with a slash.

This can be interjected into choreography as a desperation move to keep an opponent from gaining an advantageous position. As long as the slash is controlled (i.e. kept from tracking across the plane of the face, having no significant force behind it and ensuring that it cannot actually reach the target), there is no problem with using this move. However, unlike a slash directed at an opponent facing you, a turning slash (when, for instance, you have let an opponent by you with a grazing parry with the result his prime target of opportunity is now your back) must include a crucial element to ensure its safety. As your opponent passes you, either to the right or left, your head must turn to follow him prior to beginning the slash.

If you watch dancers execute a pirouette, you'll notice the head whips around preceding the actual turn of the body; the dancer is spotting the turn (I got this drummed into me in drama school through four years of classical ballet training). You must do the same thing prior to executing a turning slash. Spot the head, acquire your target, then begin the sword movement.

Rhythm and distance are also often dictated by where the blow comes from in relation to the arm. This in itself is usually dictated by the distance between the combatants. Let's take a look at this concept using the system that defines distance in absolute terms, the Spanish Destreza, often referred to as the magic or mysterious circle (although not by the Spanish).

The Spanish system breaks down distances as Instances that refer to the distance between the fighters. In the First Instance, the points of the swords touch or slightly overlap. In the Second Instance, the blades overlap to about the middle of the blade, and in the Third Instance, the points are almost touching the hilts. Each of these Instances demand a different part of the arm be used for a blow to be effective. Blows from the shoulder (Arrebatar) are used in the First, blows originating from the elbow as half-cuts or reverse cuts (Medio Tajo and Medio Reves, Tajos being performed pronated and Reves suppinated) are used in the Second and wrist cuts (Mandoble) are used in the Third.

I'd like to note here the Spanish system of body movement since it can provide a very interesting visual variation in choreography. The Spanish *en garde* position is with the body held in the upright position with the right foot forward and about six inches in front of the left foot. The right heel is often depicted as being positioned angled about 90 degrees to the toe of the left foot. The body is oriented so the right shoulder is angled towards your opponent with the chest and hips presented sideways, thus reducing the target area. The left hand is held with arm close to the chest, the palm presenting at breast level. If a dagger is used, it is held in the same position but with the point angled forward so the point comes to the inside of the sword arm's elbow joint. The sword itself is held straight out from the shoulder with the wrist canted very slightly to the right, the hand in either pronation or supination. The point always threatens your opponent.

The Spanish system trains on circular diagrams with the right foot on the circle and the left off. Movement is generally circular, both forward and back. The whole idea, without launching into a multi-chapter dissertation, is the Spanish system as taught by its three main exponents, Carranza, Narvaez and Thibault, is all about angles or, as Narvaez describes, *Ganado los grados al perfil*, or 'gaining the degrees to the profile.' Simply stated (and believe me, this is a grossly simplistic statement), you acquire your targets by successive steps around your opponent. To help recognize these targets, circles drawn on the floor, especially those of Thibault of Antwerp (who used Euclidean geometry to create immensely complex diagrams) include lines going through the centre from the edge of the circle. In Thibault's diagrams, a human figure is depicted to further explain the lines which are known as chord lines.

When a target is realized, one steps into the circle on that particular chord line, the blade following it as well, which directs the point to its target. This was usually accompanied by a previous defensive action that dealt with your opponent's blade. Narvaez calculated there were 83 angles of attack formed by two opposing bodies. Cuts were sometimes used as primary attacks, and sometimes as distractions prior to a thrust.

Due to the extreme proximity of the Spanish system, it doesn't use the lunge per se. Movement, known as Los Compases consisted of the pasada – a step of about 24 inches, the pasada simple, a somewhat larger step of about 30 inches, and the pasada double, two pasada steps with alternating feet, or in other words, a full pass step.

It's interesting, since we are working in a dramatic medium, the Spanish system ascribed qualities to attacks and defenses that Narvaez refers to as the six rectitudines: violenta, natural, remissa, de reduccion, extrano, o accidental (violent, natural, forgiving, decreasing, rare and accidental). These descriptions can be of use to an actor in interpreting the emotional quality of the move.

The Slash

A short comment on slashing. To my old master Paddy Crean, nothing embodied the spirit of stage combat as the sound of a sword cutting through the air. He described this phenomenon as the 'Zawhhh!'

Slashes that miss create a safety hazard since, in order to have credibility they can't be held back; they really have to sizzle. When a slash is made to the stomach, you should aim at the level of the navel. Slashing from left to right (if you're right-handed), cock your sword-arm so the point is facing backwards on your left side. This will cause your right elbow to point directly at your opponent, and at the exact level of the slash.

The elbow is important because as the elbow points at your partner's stomach, this is his cue to leap back. The timing from prep to slash should be and-one. Also, when he leaps back, his hands and weapon should be carried up so as to ensure there is no possibility of his hands being hit or his weapon inadvertently struck out of his hands. To create a further safety margin not detectable to either audience or camera lens, as the slash is arcing through the target zone (and always cutting perfectly horizontally, never allowing the slash to rise or fall), you should pull your sword-arm elbow back so at the end of the slash, which should finish with your weapon's point completely outside your opponent's body line, your right elbow is close to a foot behind the level of your right hip. This serves to truncate the reach of the blow, adding a safety feature to the technique, but doesn't detract from its dramatic effectiveness.

When slashing to the head, always go for the head. There is nothing phonier looking than a slash clearly visible as being aimed above the target since it begs the question 'Why did the person feel compelled to duck?' Aim at ear level. The same cueing technique is used. When your partner sees your elbow pointing directly towards him, he immediately ducks.

UNDERSTANDING THE SCENE

The first thing to learn is what your scene is going to be. The director may have a storyboard – a series of drawings depicting how he plans to shoot the story – which can give you an instant idea of how he envisages the action. If not, it's up to you at production meetings or in private discussion, to go through the fight with him phrase by phrase to understand how he plans to film it. This is important on many levels. Apart from giving the director what he needs, it can also save you a lot of work.

Even if there's no dialogue in the fight, there will be times when the director will wish to 'push in' to a close shot to get facial reactions. If this isn't done on a *corps-à-corps* this will usually be a head-and-shoulders shot which is exactly as its name implies. This is not the time to have moves such as cuts to the leg which won't be visible to the camera. For shots such as these, keep the action high with both attacks and parries – shoulders and head cuts, cuts and thrusts to the high chest which will promulgate parries such as 3, 4, 5 and 6 and high primes. In other words, attacks and parries that allow the sword to wipe the lens across the plane of the actor's face. What's the use of choreographing action the camera won't see? It's a waste of precious rehearsal time and saves you having to change it on the day which usually results in lame-looking action that might even have the added attraction of being dangerous.

Fred Astaire had written into his contract that when he was dancing, he must always be shot full body. This seems obvious – the dancer's principal tool of expression is his or her body. Why would you focus on the face when the feet are madly tapping away? When I see a fight in the movies where the director has chosen to fixate on the face rather than show the action, my first response is that the action is either under-rehearsed and looks it, or is just plain abominable. If it's supposed to be an action scene, then we should see the action!

A good place for dialogue within the fight is in the pauses between phrases while the characters are jockeying for position. Remember that speaking lines of dialogue while fighting is not the easiest thing in the world.

Any scene in a movie or TV show is normally shot three times. One shot is a master shot with a wide lens that shows both performers and the other two are points-of-view (POV) shots that feature individual dialogue and reactions. Unless you want a very one-sided scene, the editor needs this footage to make sense of a scene. The same applies to action; you need both sides. You can often get POVs through movement by choreographing action that changes the combatant's places by employing techniques such as grazing parries, thwarts or slips. You can also have the action move in a circular fashion while the camera (most likely a steadicam or hand-held), moves circularly in the opposite direction.

A small caveat on this last one. There are some directors who, in recent years, have become addicted to having a steadicam move in circles around and around and around and around the actors until the audience is on the verge of throwing up. Personally, I think it's confusing, unnecessary and can now legitimately be considered derivative. However, that won't stop a director from using the technique. Design your fight to accommodate this technique if it's being used.

You can also get two POVs in a single shot by having one combatant backed up to a large mirror. When the shot is lined up properly, both the actor's faces are visible simultaneously, one facing the camera and one in the reflection over the other's shoulder.

Normally, a director will always shoot everything in one direction or 'axis,' then turn around and shoot everything in the opposite direction. Once, fellow actor and choreographer Tony De Longis and I were engaged in a climactic sword fight for a TV show and we had gotten our first series of shots. However, it was late in the day and we were almost in what is known as golden hours, that time of the day when the sun is going down and creating beautiful colours. It also signals you are on the verge of losing an F-stop on the camera every ten minutes. The turn-around shot would have necessitated a large and time-consuming redress of the set behind the camera as well as moving all the camera and lighting equipment. There simply wouldn't have been time. So Tony and I gave them their turn-around shot by having them shoot us from 45-degree angles and we compensated for the rest by re-positioning ourselves in relation to the background.

You will, on many occasions, be shooting a fight scene with multiple cameras. These can include a tripod of normal height, a shorter tripod known as short sticks, and a dolly camera or tracking shot where the camera is mounted on a platform on wheels (often called a peewee), upon which the camera operator sits, the whole contraption riding on two tubular tracks and pulled by a camera grip. The tracks can be constructed to curve and the result is very smooth movement and the ability to follow action over a large distance. The dolly itself also has a hydraulic mechanism that allows the camera and operator to rise several feet.

You may also have a steadicam in the mix which, in case anyone doesn't understand the term, is a camera attached to an articulated arm which is itself attached to a rigid body harness, the entire thing being worn by the camera operator. He manipulates the camera arm by hand while watching a monitor on a separate arm and focus pulling is done by remote control by an assistant cameraman. The camera is gyro-stabilized so that no matter what contortions the camera operator is going through as he pursues the action, the camera itself remains absolutely rock-steady. You may also use a hand-held camera which is carried on the shoulders of the operator and is often used to create the illusion of watching the action through the eyes of an observer since the camera jerks and moves with the operator. *The Blair Witch Project* is a good example of this technique.

And you might also be using a crane or scissors-lift for elevated shots. Crane shots often employ only the camera, which is controlled remotely from the ground. Apart from the initial contact of the two opposing sides, which should only last a few seconds, crane shots can often create choreography problems for battle scenes since the whole purpose of the shot is to show masses of soldiers in close deadly conflict. This will usually negate the ability to have proper safety distances between individual combatants – a condition the camera wouldn't pick up were the action to be shot horizontally from ground level. Shooting crane shots of a battle requires these shots be individually choreographed to meet the shot's unique requirements and the weapons and moves must be chosen with great care. Such a shot should not be allowed to go on for very long.

It's normally not necessary for the editing process and it puts the performers at considerable risk. Therefore, unless the crane shot is a sweeping panorama of the entire battle field, it should be treated as a separate, specific shot and done separately from the rest of the action.

The greatest number of cameras I've ever had to deal with in a single battle or fight scene is four; a dolly shot, long sticks, short sticks and a steadicam. Each camera had a very specific mission – long, wide pan shot, close-up shots that targeted specific groups and individuals, a medium-wide travelling shot, and the steadicam 'fishing' for interesting targets of opportunity. In order to create the movement of the battle and set the foreground, mid-ground and background action, it was necessary for me to understand the number of cameras involved, their range of movement, depth of focus and the angles from which they would be shooting. This is information that can only be obtained from the director and the director of photography (DOP). Getting this general information allowed me to create focus points in the choreography and also direct the general flow of movement that aided the director and DOP to get very specific with their shots and also begin to think about editing cut points in the overall montage. As you can see, the relationship between the fight director, director and DOP can become very symbiotic.

The crane or scissors-lift shot can also be used to shoot straight down. This gives the fight an entirely different look for the audience and makes them focus even more on the action of the blades. We achieved some wonderful shots using this technique during the filming of the *Highlander* episode 'Duende' in which all the sword action was based on the Spanish form of rapier combat, the Destreza. The final fight took place on an exact replica of the circle as depicted in the treatise by Thibault of Antwerp. It allowed the audience to see the purpose of the multitude of 'cord' lines drawn through it as the actors, Adrian Paul and Tony De Longis were so skillful that their blades often followed the lines exactly.

Some directors like to get inside the action. This usually means taking a shot of the fight from over the shoulder of one of the combatants. This has to be carefully rehearsed with the cameraman who will normally also have an assistant to help him as he's backing up, preventing him from tripping over objects. It's very important for the camera not to interfere with the fighter in any way, such as bumping the lens on his shoulder or the side of his head, especially when he's retreating. Another way to accomplish this is to have the actor beside the camera so the attacker's blade appears to be coming right into the lens. When a director wants this, I always do the action myself (wearing the appropriate clothing of the performer I'm replacing, of course). Camera lenses are very expensive and whipping a sword around them from behind the camera operator is not an easy job. If the director wants this effect, the phrase or portion of a phrase should be specifically choreographed to take these specific physical demands into account. The lens may also be equipped with barn-doors – the door-like attachments on all four sides of the lens to control extraneous light. It takes rehearsal to accomplish this method since it's important you do not physically jostle or interfere with the cameraman's ability to operate his equipment. You must both move in sync to prevent tripping the operator up. Also remember that the blade of the man fighting towards the camera must reach past the lens where the body of his opponent presumably is. This means that your parries, for the most part, must be behind the lens on both the right and the left and above and behind it for head cuts. Your sword will be seen to wipe the lens as you respond to attacks and your entire weapon plus your hand and arm will be visible when you attack.

Generally speaking, you can only accomplish the above with a hand-held camera with a relatively short lens. It's not practical to do it with a steadicam operator since the entire camera plus its balance arm (which also contains the video monitor by which the cameraman observes his shot) is in motion. If it's impossible to execute moves from behind the cameraman, you might end up standing slightly in front of him close to his right side. The best body position I've found for myself is to stand at 90 degrees to the operator, chest facing the camera, and tuck my left hand behind my back to get it out of the way.

You must also instruct the actor (although the director or camera operator is likely to do it first), to direct their eye-line straight into the lens. He cannot look at you since you are standing off to one side.

Another way of getting the camera into the action is to use a helmet cam. As the name implies, this is a camera fitted onto an actual helmet. Again, I'd advise that you do the action yourself since the added weight of the helmet can be a distraction to the actor and extraneous head movement can render the shot useless since the camera's field of focus is fixed and usually fairly tight.

I once did a large fight scene on a ship, specifically, a beautiful replica of a frigate of the early 1800s. All of the fight action was filmed with the ship tied up at the dock. Both hand-held and tripod cameras were used as well as booming a camera from a unit on the dock.

Part of the problem of filming on a sailing ship is that even tied up against the dock, it has a tendency to roll a bit and move up and down. When you view instruction manuals for the use of the naval cutlass, you will notice the footwork involves a lot of pass-steps to both sides of the lead foot. This was done to accommodate the roll of the deck and maintain the combatant's balance. The deck will inevitably become slick just through dew or humidity and sand must be laid down regularly to provide sure footing.

Another problem is that what with hatch covers, the masts, etc, unless you're on Nelson's flagship, *HMS Victory*, there's not a lot of open space to place combatants and swing weapons. There's also the hazard (as well as the opportunities), posed by the rope ladders, which can become catch-points for swords. When I first visited the ship to make my measurements, the decks were largely bare. On the day, they were cluttered with every form of sailing paraphernalia imaginable – ninety per cent of which had no relationship to the action, so I had it taken out. The fact that open space for fighting is at a premium on sailing ship decks is the main reason why the weapons of choice were the short-bladed cutlass, the boarding axe and the dirk, a long-bladed knife. Boarding pikes were used primarily to prevent people from swinging over from one ship to the other when two vessels pulled aside each other to cast grappling hooks, although there were short-shafted pikes used for deck combat. During the first takes, I noticed, as did the actors, that the ship was rolling rather alarmingly.

It was being caused by grips in Zodiacs on the seaward side, hauling on the ship with ropes. The shot was being taken by ship-board cameras which rolled with the ship and consequently, the movement of the roll was not registering whatsoever since there was no stationary reference point in the deep background. All the ship's movement was accomplishing was to create a hazard for the actors and I had it curtailed. Later, we shot a few specific shots where the camera shot through the action and over the starboard side the horizon was visible and consequently gave a fixed reference point that allowed the roll to be visible. We also did a crane shot of one couple fighting, but since the action was filmed straight down, no reference point was visible and the ship could remain stationary. One of the actors showed up with a hook (which I knew about and had accommodated), and an eye patch (which I had not). He had no depth perception whatsoever. This created an unacceptably dangerous situation, but the director liked the look so we went back to wardrobe and had them create a patch out of black gauze that allowed him to see through. It wasn't ideal, but his vision no longer constituted a safety hazard.

STUNT DOUBLES

It's also often necessary to employ a stunt double for one or both of the principals in a fight for film or TV. This is usually because there's a stunt within a particular phrase or, in some cases, the actor for whatever reason is incapable of performing the action. This always presents problems. First, the actor's stunt double has the responsibility to watch his principal daily and practise moving like him. Everyone has very visually distinct body movements that are based on many things – body type and weight, height, physical disabilities or previous injuries, etc.

It's important the stunt double not only be able to move like his principal in the moves of the fight but also in movement in general. You can fudge hair and costume, but nothing gives the game away as fast as movement. It's also your responsibility as the fight director to train the stunt double in all aspects of the fight and look to his credibility movement-wise. The problem is, how do you mask the fact that you're putting in a double. Nothing

screams 'stunt double' so much as pulling back to an unnaturally wide long shot. They used to do this on the original 60s TV series *Star Trek* whenever they decided to throw in William Shatner's stunt double who so resembled Bill that he could be easily mistaken for him in the pitch dark by a blind man. Lighting can often help.

I had one sword fight where we were shooting in the Museum of Astronomy in Paris. The floors were marble and conducive to slippage, and the artifacts were not cased. The original telescope of Tycho Brahe, for instance, was just sitting there right out in the open. I decided to err on the side of caution and have half of the fight performed by stunt doubles who I masked by placing the action in front of huge arched windows which, when properly lit from outside, silhouetted them quite convincingly. The end result was that you could not tell the doubles from the principals and we also managed not to damage or destroy any world heritage artifacts in the process.

UNARMED COMBAT

So far, we've been dealing with choreography as it relates to sword work. Naturally, the same general principles with regard to logic, rhythm, etc., also apply to unarmed combat choreography. The real problems inherent in staging punch-ups come from the fact the combat occurs in much closer proximity and consequently can be often difficult to see or follow by the audience if poorly done.

We've already mentioned making the choice of different fighting styles to help define the actor's character. I'm not going to go into detail here about the physical differences between the various arts such as Wing Chung or Hung Gar versus Shotokan or Hapkido. I would, however, like to point out that unarmed combat, contrary to popular opinion, is not solely an Asian practice. Savate, a French art, has been around for well over a century. There are a multitude of Western European grappling arts developed by masters such as Fiore di Libre and Achille Marozzo – both sixteenth century practitioners, as well as masters such as Hans Talhoffer, Joachim Meyer, Jacob Sutor and Sigmund Ringeck just to name a few of the more accessible manuals that have been reprinted or have had modern scholars publish books with translated text and depicting the moves with both diagrams and photographs. And, of course, there are modern military martial arts that have been created for various nation's special forces which are generally a compilation, modified or original, of techniques lifted from other cultures' unarmed fighting arts. These arts include Russian Martial Arts known as Samozashchitya Bez Oruzhia ('self-protection without weapons'), commonly referred to by its acronym, SAMBO which is divided into three divisions: Sport, Combat Sambo and Combat Sambo Spesnaz. It is a compilation of over twenty-five indigenous Russian styles plus anything else that works from Japanese, Chinese, Indian, etc. systems. Another similar art is Israeli Krav Maga, which was developed by Czechoslovakian-born Imi Lichtenfeld after moving to Israel and serving in the predecessor of the Israeli Defense Force, the Haganah. It is one of the very few martial arts that has no sport form. It's been made popular in recent years by the *Bourne Identity/Supremacy* movies. And, of course, there is classic English boxing.

It has been noted by many who observe the classic grappling techniques of the Renaissance masters that they were previously unaware that Chinese and Japanese fighting techniques could have reached England and Europe so early on in history. To this, I often cite the Sino-Scottish Border War of 1532.

Suffice it to say that, of course, you are going to have similar techniques. The human body is the human body. A technique that will render unconscious a German will also knock a Chinese person cold. Whatever throws an Englishman is going to put a Korean on his back as well. Why should this be a foreign concept?

As an aside, you will find the same thing in swordsmanship. Compare the cutting diagram of the Italian rapier master Salvator Fabris from his *Sienz e Practica D'Arme* to the cutting diagrams of the Japanese Iaido system of the Happo Giri-Hachi Giri and they are also identical. Why should they not? Regardless of the differences in how the rapier and the katana are used to cut and thrust, the vital targets on the human body remain the same. So don't ignore the Western unarmed martial arts. They exist.

Choreography for unarmed combat needs to follow several principles for both safety and audience comprehension. Firstly, unless it is a singular move designed to shock the audience, such as a quick punch that comes out of nowhere with no visible preparation, the audience should be able to see the blow coming.

Remember, the audience should see the wind-up, and the reaction and follow-through. The point of impact (in reality, there is no impact) should be hidden from their view and happen too quickly for them to acquire it visually. Naturally, this implies that the blow be placed in the proper position: either up-stage for theatre or up-stage of the camera lens. In film and TV it's also possible, using the concept of the lens-as-audience, to catch air. This implies positioning the camera so a blow can be whiffed past an actors' face or straight into the face from a distance (although usually no more than a foot) so that due to the angle and speed involved, the camera doesn't register the distance between the blow and the recipient. Bear in mind that, unlike stage, it's not necessary to create the 'splat' sound of the strike, this being added later in post-production in what is known as 'foley' recording. This also implies the reaction must be properly timed so that it doesn't occur prematurely or after the fact.

There's also a further caveat for film and television. You need to understand what the camera is seeing and how it is seeing it. Remember it's recording the action with its eye, not yours.

How the camera sees the action is dependent on both the camera's lens and its angle. It's often the case that when you target a blow that looks on-target to your own eyes, the camera will read it as going high or low. Watch the blocking rehearsal on the video monitor and determine what (if any) adjustments are necessary to get the blow on target as the camera sees it. You should also consider watching playback (the recording of a take) to ensure consistency. This is also part and parcel of knowing how certain lenses see the action.

Back to bringing the audience along with you; in a real fight, winding up a blow would telegraph your intentions and ensure your opponent could block or avoid it. This, however (and I think I've mentioned this), is not the real world. The wind-up to a blow doesn't have to be hugely exaggerated or slow (although it could be if your character is supposed to be drunk). It just needs to be enough for the audience to react to. It also is part and parcel of keeping your fight partner safe. I normally will place my left hand on my opponent's right shoulder prior to throwing a punch. There are several reasons for this –

first, in placing my hand with the elbow locked, I am measuring to punch and, since the elbow is straight, preventing me from stepping into the blow or having him inadvertently come forward into the danger zone.

Secondly, if this is on stage rather than film, I am placing my left hand in a position (justified by grabbing some fabric on his shirt with my lower fingers) to create the 'knap' or noise of 'contact' (I realize I've already mentioned the knap in Chapter Two but we're looking here at the technique in a different context and I believe it bears elaborating).

This noise is not strictly for the audience's benefit since it's doubtful it will be heard past the first three or four rows. Since I am aiming my punch for my hand, it will pass under and along the outside of my partner's jaw line so at the second of impact when my fist strikes my left palm, it will not be visible to my partner. The 'knap' sound will, however, occur directly under his ear, and that is his cue to react. This provides both a safe and consistent cue. The knap hand is kept in position by down-pressure on my opponent's shoulder and, needless to say, the knap is done on the up-stage side.

One last word on knaps. Many fight directors use a technique where the knap sound is created by the actor receiving the punch by holding his hands in a position whereby one hand slaps the other, the slapping hand usually continuing its movement to cover the mouth, or jaw. This technique can work if the recipient's back is to the audience, but with most sight lines and especially in the round, the technique is clearly visible. Since the clap usually occurs around mid-chest level, it's also obvious to the audience, especially if they're seated close to the action, that the noise isn't coming from the area being struck. I have a tendency not to use it, but you must judge for yourself.

The placing of my left hand on my partner's should prior to the blow also tells him 'Here it comes! If you're not ready, this is your last chance to indicate it.'

This is very important. You and your partner must both share responsibility in each other's safety. A punch, or any blow for that matter, must never be thrown unless the recipient is prepared to receive it.

So the audience sees the wind-up. Now that the blow has been thrown and the point of impact concealed, they will now watch the reaction and the follow-through.

The reaction should always be consistent with the laws of physics. By this, I mean the reaction should follow the line of force generated by the blow. Help your partner to find this. Gently place your hand on the area of the body being struck – the jaw, for instance. Now, slowly, without force, exert pressure in the direction of the blow. Your partner can now follow this pressure with body movement and as your hand slips off, this will also dictate the direction of your follow-through.

A note on the follow-through: if I am making a straight punch to the jaw with my right hand, I will be following through the blow on my opponent's right side. He will also be turning to his right. I must therefore continue my blow in a straight line to his right, turning slightly away from him to clear for his reaction. I do not hook the punch away by bending at the elbow. This is because I will now be presenting my elbow to his face where it is possible that it could strike him. It also means that my follow-through is now traveling in a different direction, indeed, probably away from my opponent's reaction. This splits the audience's visual attention, giving them two moving objects, each going in different directions.

The above applies mostly to stage. In film, where 'catching air' allows for a greater safety margin, hooking the punch away is perfectly acceptable. It's also not much of a distraction since the action is visually much closer to the audience than in a theatre where many of the seats are a considerable distance from the action. In any case, it's a question of knowing your medium and choosing techniques appropriate to them.

6 THE BATTLE SCENE

I consider this one of the most dangerous venues in the art of fight choreography.

The main danger in battle scenes or mass brawls comes not from your opponent, but rather the people around you to your right, left and behind.

Remember the example in a previous chapter of how much room is necessary to perform a sword fight using all the techniques available to the weapons in question? Are you going to get even remotely that amount of space in a battle scene? Not bloody likely.

One of the main considerations in the choreography of battle scenes is how to restrict and control the movement of the weapons within a given area or circumstance. Part of this can be accomplished by the choice of weapons, although normally, this has already been largely dictated by the historical period of the scene.

As an historical recreationist, I've been in battle recreations involving well over 2,000 people. At times, the crush of bodies was such I was unable to raise my arms above my shoulders. Both my sword and shield were immobilized against my body. If I had been 'killed' I would have had to wait for at least twenty people to leave the field before I could've even sunk to my knees. The same thing occurred at the Battle of Agincourt where the dismounted French knights coming against Henry V's army were packed so tightly together they couldn't raise their

Remember safety at all times

Apart from the fact no one is ostensibly actually trying to kill you, battle scenes are dangerous for many of the same reasons that real battles were dangerous. Weapons of all different lengths and designs are being wound up and swung on virtually all sides, and the possibility of getting whacked in the head from the rear by the shaft of a descending halberd or catching a point in the face from someone winding up a blow to your right or left is terribly real unless the choreographer has been very attentive in setting the action and rehearsing it with great care.

This also goes for battles using firearms. I once came within a second of discharging a black powder musket right into the side of an extra's face during one take of a movie where, after several previous takes, this gentleman opted to suddenly charge across my muzzle rather than straight ahead.

The keys to keeping performers safe in choreographing a battle scene are: know your shot, and the shot's duration. And no free-lancing choreography!

arms. The English archers, having depleted their arrows, walked right up to them with maces and mauls and killed them where they stood. Many in the front row were also knocked down by the pressure of those behind them. In the sea of mud that was the battlefield, some of them (including the English Duke of York), actually drowned in mud inside their own helmets, having been trodden upon by their fellow warriors pressing forward. This can easily happen if the press of performers is not controlled.

Also remember that in mass combat, mob psychology often takes hold. The jostling, noise, etc, can make some people react with the same adrenaline reaction as in a real situation. You must never allow the scene to get out of hand.

The first thing to do is to pair off the combatants. Performers may state pre-ferences in weapons based on previous training and experience and you should assign weapons on the basis of demonstrated proficiency. I don't care what you say you know – show me.

Obviously, the length of a weapon dictates its danger potential to those around the user with the exception of pikes or spears which obviously always face towards the enemy. When filming a shot from the edge of the battle line, the best fighters with the longest blades should be placed on the outside where the weapons are not just more visible but allow for at least one open side for them to be swung with minimal danger. Once again, know your shot. The first part of any battle scene is when the two armies or groups of combatants clash together. This can happen with both groups coming together at a dead run or from one group advancing against another such as a Roman shield wall. Some directors will want to film this initial clash from a crane shot in order to show a larger

number of men. In any case, this initial impact can't last very long – realistically only a couple of seconds past first contact.

The first thing is to rehearse all the performers without weapons. From their start marks (or Number Ones as they say in film) have them walk, not run, to their final positions. Obviously unless one group is hitting a shield wall, this will require a staggered overlap of the first and possibly even the second row of combatants. Now have them do this again at a half-speed jog, ensuring their final positions are being maintained. Only after you are confident that they are stopping in the correct place can you rehearse this, still without weapons, at a run.

Only now can you allow them to do this with weapons. Here, the main concern will be how the weapons interact in close proximity. If some people in the front line are running with spears, these must be allowed to pass safely in between combatants on the opposing side, save those that are engaged by the enemy first row or actually hit their target. Swords should be at least at shoulder level and most will be above the head, preparatory for the first strike (the exception would be a scenario using Romans whose sword was held behind the shield preparatory for a thrust. Romans also often advanced with their heavy spear, the Pilum, advanced in between the shields).

Pike formations such as the Greek Phalanx or the Scottish Schiltron or pike formations of the English Civil War normally have three levels. The first row is either holding their pike at just above hip level, or with the butt grounded and the point angled up at 45 degrees (a position designed to repel cavalry, a position not utilized by the Greeks). The second row will be holding theirs at shoulder or just above, and the third row will have their pikes held above the head angling into the faces of the oncoming throng.

All levels of pike must have choreographed safety margins and specific targets. Does the pike-man hit a target, either body or shield? Where do the pike points go on contact with the opposing force? The answer is: in-between the bodies, taking into consideration they will likely pass at least into the second or third row depending on the depth of first contact.

Swordsmen should have at least two blows to strike. If they are in the middle of the throng, these strikes will be straight down on the head or angled 45 degrees to either the right or the left. Care must be taken to rehearse these blows with the swords already raised so the preparation for the blow doesn't allow the point to drift backwards on a level that could strike the man behind in the head or face. Similarly, the parry for such a blow should begin with the point of the sword angled slightly up so the point raises with the weapon and is not allowed to drift right or left at shoulder level where it can hit actors on either side. If thrusts are being used, it's best to deliver them with the sword at shoulder level so the entire weapon is raised and the thrust delivered down at an angle. This would be entirely logical if you were facing a man with a shield, but it's mostly to allow the move to be visible. Other men can get involved in a shoving match between shields. Pole weapons such as the halberd need to be carried in the upright position and the target, which will probably be someone in the second row, must be clearly visible to the attacker and there must be room between people in the first row to accommodate the descent of the weapon's shaft.

Obviously, the amount of room between combatants in this initial clash scenario will be at a premium, perhaps even shoulder to shoulder, which is precisely why this take can only safely go on for a relatively limited time.

Stop and start marks cannot be placed visually since they would be visible to camera or moved about as people charged through. The performers must be aware of their final marks, or their cue to begin their individual fight action must be predicated on their own awareness of who or what is around them (i.e. I can't start my swing at Joe until Bob passes me on my right).

CHOREOGRAPHY WITHIN A BATTLE

Place your best fighters in the foreground where their work will be visible. The less experienced can fill up the mid-ground and the Special Abilities Extras (SAEs) or General Background Extras (BGs) should be used in the deep background where, for the most part, they will be moving coloured blurs. Understanding this, they don't have to have complex moves. Some can engage in the time-honoured lock-swords-and-shove-back-and-forth or the similar I-grab-your-wrist-you-grab-mine sort of thing.

The best place to film mass action is from the sidelines. In this manner, you can allow for proper safety distances between combatants that allow the weapons to be swung in more or less their entire range of movement and the position of the camera will not read the distances, left to right, between combatants. This is much the same concept of a film punch that catches air.

However, space can still be at a premium. On stage, for instance, or in certain film situations, it's necessary to have full-out action with pairs in relatively close proximity.

If you have several layers of combatants you can maximize the visual effect by placing them from front to back in ascending order of height. Place the shortest men in the front line, then the next tallest in the second, the tallest in the third. This layering effect allows for the maximum number of combatants' faces to be visible to the audience.

If the space available dictates that the above group is fighting in close proximity, one row to the other, the choreography must not allow for wind-ups to blows to overlap into another row's space. The first row may deliver blows that wind up in circular moulinettes close to the body to make downward head cuts, but blows to the lower body must only wind up on the downstage or camera side. The middle group is restricted to head cuts or down-thrust delivered from above the head since they have fighters on either side of them. The rear row may wind up in tight circular moulinettes to each side and to the upstage side. The choice of weapons can help ameliorate the risk caused by a weapon's reach. Full-sized swords can be used for the first row, mace and axe for the second (accompanied by shields) and perhaps even pole axes for the third.

Let's take another situation where two groups (using great imagination, let's call them A and B), are fighting towards each other from two different directions. Let's also say, for purposes of demonstration, group A is going to pass group B on their right (which, of course, will be group B's left). As the groups converge, either one moving past the other which is stationary or both groups moving in opposite directions, just as the groups are about to pass each other, this must occur: Group A must only wind up for blows overhead and on their left side, and group B must temporarily only wind up for overhead blows and cuts to their right side. This allows the action to be continuous but ensures for the few seconds that it takes them to pass each other, and that no points are moving inwards toward each group. This has to be timed and rehearsed so as to achieve absolute consistency.

When backing your partner up, you must be his eyes, alerting him to dangers behind him that he can't see. The above A – B scenario is largely controlled by the actor who is backing up his opponent.

If a principal actor has to wend his way through a battle scene to find his opponent, it's absolutely critical that the people around him are executing their choreography with precision, and that they are acutely aware of their marks and where their weapons' points are on wind-ups. I will often have one of the combatants force his opponent back at the moment the principal barrels through to ensure the way has been cleared.

It's not safe and generally not even necessary for any individual shot in a battle scene to go on for very long or involve a huge number of men. In extremely long, wide shots, individual action isn't going to be discernible so very generalized movement can be used. Any other shot will involve a maximum number of people to fill the frame. Don't use more than you have to.

Understand where your edge of frame is and only use the number necessary to fill it. This also includes how deep your lens will see the action. You could conceivably have the fighting confined to the first three rows, and beyond that, have others standing at a safe distance from the foreground and mid-ground action, occasionally swing an overhead blow with a sword or pole weapon at virtually nobody just to get the movement of the weapon into shot.

Similarly, if the action is moving through frame or the camera is moving past the action, you should understand what is going to be in shot and for how long. Naturally, you must both enter and exit the frame of the shot moving, but there's no real value to be had in choreographing a ten cut phrase if only three or four cuts are actually going to be visible to the camera. There is also no reason whatsoever that, if you have to fill a wide shot with many people, that you can't use the same piece of choreography for several, even many pairs. This allows you to rehearse people in groups and saves much time. So long as these groups are sufficiently separated from each other in the action, it shouldn't be apparent, what with the chaotic visual nature of a battle scene, that a pair in the second row, camera left, a pair in the fourth row, camera right and a pair in deep background are all doing the same set of moves.

Also remember a battle takes place on many levels. Sufficiently into the action, there should be at least a few people wrestling away on the ground. It's also quite realistic for a single fighter to have to deal with two opponents at the same time. And if the shot is intended to go on for a reasonable time, people will kill other people and either look for a new victim or be attacked by a fresh opponent. And there's always the little sod going around stabbing or bludgeoning people from behind.

Naturally, you are not going to have unlimited resources regarding numbers. You can make thirty or forty people look like a hundred or more if you're only seeing twenty or so in frame at any given time. People in the front row can push out of shot while another couple might enter from the opposite side of frame. Meanwhile, those leaving the shot can retreat to a pre-arranged assembly point to loop around to the opposite side (out of frame, of course) to re-enter in the background performing the same set of actions. If they are facially identifiable, they could don a helmet. It may also be possible, if surcoats or tabards are a part of the costume scheme, to have people change them and literally fight as both sides of an army. I've often used the same

people three times in a single take.

Bear in mind too that battle scenes don't entirely consist of two groups of men hammering away at each other. There will logically be men not yet engaged in combat racing through shot either in the foreground or background attacking a flank or reinforcing a faltering line.

Background extras are especially valuable for this.

On stage, in large scenes of violence, it's usually not possible to reproduce a battle per se. There may be an individual clash of groups, but after that, it's mainly fights between individual characters. Try to reproduce the edge of the battle – groups rushing in to reinforce their side, individuals fleeing the carnage, wounded or being pursued. If there's a cyclorama, it might be possible to use shadow effects to suggest larger groups. A sound track utilizing drums, trumpet calls, screams and shouts, together with lights to isolate individual groups can also add to the impression of chaos.

If many groups have to be fighting on stage simultaneously, such as the brawl between the servants in *Romeo and Juliet*, I will give each individual group one relatively complex and highly visual phrase I refer to as their 'feature' phrase. Each group will have one such phrase specifically sequenced and staggered from one group to another so that the audience's eye is drawn from one side of the stage to another or suddenly pulls their attention to a specific place. This benefits the audience so they are engaged in the entire scene and don't feel they are missing anything by having to focus on one group or another. Also, since there are townspeople around, they can be unintentionally drawn into the brawl or purposely interject themselves to stop it.

GENERAL POINTS REGARDING BATTLE SCENES

If you are presented with a large number of men, it's often impossible to choreograph all the action. I am able to pre-choreograph all fight action for groups of up to forty or fifty, but past that, not so much. A lot of stunt performers have had sword training, but it's often fairly generalized and many times not appropriate to the weapon they're going to be using.

You have to allow for training time, especially since it's usually unlikely the producers are going to spring for a lot of pre-rehearsal with stunt men prior to the shooting day, if at all. I like to choreograph as much as possible, especially the foreground action, because nothing endears you to an editor more than giving him twenty or thirty versions of the same shot with all the action different in each take. Try and cut that together.

The point is that it's safer to choreograph as much of the action as possible. You can't keep a principal character safe in the midst of a battle scene when the action around him is different with every take. Stunt men are usually capable of putting together their own routines, but as fight director, that's your job, not theirs – they've been hired to perform. It's also important to maintain a consistent visual style. It's a bit jarring when, in the middle of a Medieval battle, with people fighting it out with sword and shield, long sword, etc., the camera suddenly comes upon a pair slashing away at each other in a style right out of *Crouching Tiger, Hidden Dragon*.

Spears should always have rubber tips. Daggers should also be painted rubber. I've seen daggers dropped and, due to their weight bias being in the pommel, land with their points facing up, just waiting to impale a falling body. Hard rubber stunt swords (which have internal stiffeners to maintain their shape), can be used for deep background. I've also used bamboo-bladed swords and they are surprisingly resilient and very light. Their main problem is that, unlike an aluminum blade, they can't really have their edges re-ground so they can be reused. Once they start to splinter, they're done.

Do realize that there are a wide variety of pole weapons that can add visual variation to a battle scene since many of them have radically different heads. There are halberds, berdiches, glaives, gisarmes, becs-de-corbyn, the fauchard, awl-pike, partizan and military fork – to name but a few. Mind you, it will help facilitate things if you actually know how to use some of these various nasties.

The fighters must be aware of the 'dead.' Don't tread on or trip over bodies. Those on the ground might also help protect themselves by their body positions, or even getting their shield over themselves if they are deep in the shot.

All weapons must be examined by the combatants in between takes for broken points, bends in blades, significant and potentially dangerous nicks in edges, and loose pommels. They should also check their armour.

If firearms are being used, all precautions must be taken to ensure that people don't walk into muzzle-blasts, especially from black powder weapons. Also, gun-flash extends not only to the front of a weapon. Flintlock weapons also have a flash in the pan. And modern automatic weapons eject their spent cartridges which are HOT, having previously just contained burning plasma. Understand where these ejected cartridges are going and how far they will travel from the weapon. (For more information on safety when working with firearms, *see* pages 101 to 107.)

If horses are being used, give them a wide berth. If you have to go around a horse from the rear, either hug his hindquarters closely or give him a lot of space. This prevents collecting a kick.

Equestrian fighting techniques and the related safety issues are discussed further in the next chapter.

Above all, always remember that you can see behind your opponent and he can see behind you.

Protect each other.

7 FURTHER TECHNIQUES FOR THE FIGHT CHOREOGRAPHER

FIGHT NOTATION

This refers to writing down the moves of the fight as you choreograph. Dance choreographers use two different recognized systems, they being Laban and Benesh. There is no set notation for fight directors, each of us developing our own shorthand to record our bursts of brilliance while we set the moves to a fight scene. In reality, although I habitually use the universal numbering system for parries, and often refer to moves by their proper historical names such as the Punta Riversa or the Zornhau, I usually write out everything in longhand. The reason for this is that I don't have bursts of brilliance so much as the dogged plod of a colour-blind person doing a Rubik's Cube. I tried to develop my own personal system many years ago and found after a while I couldn't understand what I'd been trying to say. Kind of defeats the whole idea, doesn't it? Use it if you want. Just don't expect a stage manager to be able to read it. Perhaps even you won't be able to after a few years.

SLOW AND FAST-MOTION FILMING

Film is usually shot at twenty-four frames per second, a speed known as 'persistence of vision' in which the eye perceives movement as normal. The legendary director Kirosawa is credited with the being the first to film fight scenes in slow motion, the concept that 'slow is fast'. Conversely, sometimes it is necessary to shoot action slower than normal and then speed it up in post-production (this normally indicates to me an inadequate rehearsal time or a degree of inability in the performer which negates the possibility of doing the moves at full speed). These two filming techniques are referred to as 'over-crank' and 'under-crank', indicating the scene is being filmed either faster than or slower than twenty-four frames per second.

Running the footage at normal speed then produces either slow motion or sped up motion. Slow Mo can be extremely dramatic. However, when you speed up action in order to make it look 'normal,' you have to take certain precautions.

First, doing a fight at less that full performance speed is not just a matter of slowing down the weapon. Every part of the body must be moving at the same speed; the arms, the legs and feet, head movement, etc. It requires considerable body awareness. It can also be difficult to execute certain moves both slowly and evenly, such as the lunge, because gravity works.

The other aspect of filming action slowly is that not everything in shot is going to cooperate with you. You have to control your background. Even if the performers look normal when the footage is sped up, you may find leaves falling off trees in the background in a manner that suggests they're made of lead. In fact, the foreground can flummox you as well. I remember seeing a sword fight in a movie once that had obviously been filmed with the actors doing the choreography at about half-speed, but they were fighting in waist-high grass which was flailing about in what appeared to be a force four gale.

There is another technique used to create small jarring explosions of action. It's called skip-frame and is done in editing where certain frames of film are removed. This can be effective if judiciously used. However, I've seen entire fights done with this technique and the effect was almost enough to cause epileptic seizures.

KNIFE COMBAT

In the real world, knife fighting is probably the most dangerous thing you can indulge in with a bladed weapon. The reason for this is knife combat takes place suffocatingly close. You must be able to hit your opponent without fully extending your arm – that is, straightening it completely at the elbow. If you do so and your opponent is any good at all, you will quickly find your arm broken or the radial and brachial arteries slashed. And of course, if you are close enough to hit him thus, he is also close enough to hit you. The traditional 'measure' that one enjoys in sword combat is, for all practical purposes, gone. You are also now in range of your opponent's other appendages and must guard against strikes with the opposite hand and elbow, the foot, shin and knee and when grappling, the Glasgow Kiss or head butt.

Many of the same reasons that make knife fighting dangerous in the real world apply in choreographed fights. The close proximity allows very little room for error, and consequently even more stress must be placed on precise targeting and the two performers working at a very specific and mutually agreeable speed.

First, let's look at the techniques employed by knife combat in general. Again, I stress this is not a book on fighting technique, but there seems to be a lot of misinformation regarding the use of the knife and a fight director should know realistic technique and the principles on which they're based in order to choreograph safe and exciting action.

The primary method used in knife fighting is the cut. The first target is usually the knife hand of your opponent, based on the idea that if he can't hold his weapon any more, this will seriously impede his ability to kill you.

For this reason, most knife fighting stances hold the weapon back and the off-hand forward to use for defence. The wrist of the knife hand is a primary target since it not only contains arteries but also contains tendons that are crucial to the use of the hand. The thumb of the knife hand is also a viable target for more experienced practitioners. Targets that require a thrust include the brachial artery under the arm, the subclavian artery which can induce shock trauma in the lower abdomen, the hypatic artery going into the liver and the femoral artery, not in the leg but the groin. Thrusts are predicated on your opponent's knife hand being either disabled or immobilized since thrusting requires you to close with your opponent and to do so when his weapon hand is still viable would be extremely dangerous. At close range you can also thrust to the eyes and throat and, of course, the carotid artery is a definitive fight ender.

You must always approach any target on the neck with great care. Remember – most arteries in the body have bleed-out times ranging from two and a half to four minutes or so. However, since the carotid carries oxygenated blood to the brain at considerable pressure, loss of consciousness is in mere seconds with death occurring in under two minutes.

Never target the neck or throat with a metal blade, especially if the blow is intended to hit. The speed at which the attack is made is more than enough to cover non-contact. If the reaction is credible and a blood effect is used, the illusion is complete.

Blocking, in the knife fighting styles I myself use, is done by deflection very much in the manner of a Wing Chung block. Usually, this slapping block is accompanied by a small step or displacement of the body in the opposite direction which is not only done to remove the target should the block not be fully effective, but to attempt to gain targets on your opponent's body. Sometimes seizures are used. With these techniques, it's necessary (in the real world), to not simply control your opponent's wrist (which you must never immobilize in theatrical combat), but also control the thumb and at least two fingers to ensure the knife is fully under control. When stepping in to your opponent's centre line from the front, the knife hand must be dealt with at minimum from the wrist. When going to the outside of your opponent's knife hand, which is always preferable, you can successfully control the arm and knife hand from his elbow. The reason going to the outside of the knife arm is preferred is not simply because control can be effected in such a manner, but also because it opens up several important targets for exploitation. It also forces your opponent to reach across his own

chest with his left hand to try and block your attacks. You never block knife to knife.

Very often, the block and the counter-cut can be performed as a single action. Say you have your weapon in a forward (sabre) grip. Your opponent makes a thrust at your throat. Using your left hand, you execute a deflection block from left to right, thumb and fingers together, with the palm slightly cupped (this would normally be accompanied by a step to the left leading with your left foot and drawing the right foot towards you as you go).

Simultaneously, your knife moves from right to left, slashing your opponent's wrist or forearm, passing under your deflecting hand. You are in effect, both cutting with your knife and pushing your opponent's knife arm across the edge of your blade, making avoiding the cut almost impossible. This is known as a scissors cut because your arms cross during execution. It can also be accomplished in reverse grip.

We should also mention, with regard to grips, the proper knife grip for front presentation or sabre grip is one where the thumb is pointing forward and in opposition to outside edge (or possibly the only edge) of the weapon. The knife should not be held with the thumb against the forefinger in hammer grip as this allows no fine control. In reverse grip the thumb can be in 'hammer' grip or overlap the pommel.

Also bear in mind that while all modern knives can be used in these positions, many historical daggers cannot since their design doesn't predicate such a grip. Some Medieval daggers, for instance, had a grip that required not only a reverse grip but the thumb placed in between two circular devices resembling finger cymbals. This was to add power to a down-thrust since the dagger in question was designed to punch through chain mail. A shell-guard main gauche dagger cannot be used with a modern grip since the protective guard prohibits it.

Disarming a person of a knife is dangerous but entirely possible. Although some techniques require a block coupled by a seizure after which the wrist and possibly the arm are broken, it's possible to disarm a person by attacking the weapon directly. This must always involve going against the flat of the blade.

Here's an example to illustrate what I mean: start with your hands widely separated, the right hand (if you are right handed) up and positioned just below the chin and the left hand just below your left hip. This is to invite an attack in a predictable area. As your opponent thrusts to your abdomen, bring the right hand down and the left hand up simultaneously. The left hand should be held in shuto or knife-hand position and strike your attacker's knife hand from underneath, directly on the wrist joint. The right hand is brought down to strike the upper flat of the blade with the back of the fingers at knuckle level, fingers and thumb together. This is done in a scissors action, the left hand rising and the right hand lowering to about six inches above and below the horizontal line of your opponents' forearm. This bends his wrist while simultaneously deflecting the point down.

When done with sufficient force, this will either tear the knife from his grasp or, as is more often the case, deposit his knife into your up-facing right palm, where you then take it and return it to him into his right armpit or liver.

There are also historical manuals such as by Achille Marozzo, depicting disarms wherein the knife is seized by the blade. It should be understood such depictions feature a dagger having no cutting edge, it being solely a stabbing weapon capable of penetrating chain mail. Such a move is viable for a weapon of this design. Try that with a modern fighting knife such as the Gerber, K-Bar or Randall and you'll quickly find yourself short a finger or two.

All of the above represents realistic fighting technique but this is necessary for a fight director to understand. You can't choreograph realistic looking fights if you have no knowledge of the actual art. After all, the art of choreography is about selecting appropriate real techniques and theatricalizing them through the various methods we've previously discussed. And many realistic techniques actually solve some problems inherent in presenting choreography, especially in knife combat.

For example, one of the big problems in theatrical knife combat is the closeness of the two combatants ends to block the moves of the choreography from the audience's or camera's view unless the two performers are fighting while constantly circling which is both difficult and unrealistic. When performers on camera are directly in line with each other, they are said to be stacked. The cameraman can't get a decent face shot with an over-the-shoulder angle. Un-stacking requires one actor to step to the side so that the performers are now standing off-centre to each other with their heads visible over each other's shoulders. The step to the side when executing knife combat moves accomplishes this 'un-stacking' principle, opening up the action to the camera or the audience.

I have seen many knife fights where the moves were made more visible to the audience by utilizing broad slashing movements. Unfortunately, unless you have specifically chosen this type of movement to indicate either panic or total inexperience on the part of one of the combatants, huge slashes usually end up looking ridiculous, undercutting the credibility of the character. One of the reasons you should never allow a cut to travel more than a few inches outside your own body line, or allow the point to flip at the termination of the cut so the point of your weapon is now 90 degrees to your opponent's axis, is that such a position totally exposes your arm and puts your weapon in a non-threatening position with regards to your attacker. In real technique, at the termination of a cut, the point of your weapon should pointing towards your opponent. It's also axiomatic that the farther your moves travel outside the line of your own body, the greater the recovery time for either a defensive action or follow-up to your offense.

Overall, there are certain moves I will only use in film and television since I can use a shot that goes into the action to feature a specific move, ensuring the audience doesn't miss it. With the permanently defined sight lines inherent in theatre, a lot of moves are not good choices unless you are performing in a small house or perhaps in the round.

I also use the knife quite frequently in reverse grip. This still allows for good slashing capability, although it changes the nature of thrusting technique, but also allows for hooking techniques. Here, the block is made with the blade, then the hand is turned quickly to hook around the wrist and the weapon and entire arm are re-directed in a semi-circular fashion. Here, if the hook is being executed from the hooker's left to right, care must be taken not to allow either blade to cross the plain of the face of either performer.

Naturally, one of the most difficult aspects of both real and theatrical knife fighting is to integrate the entire body into the choreography; that is, to use foot and knee techniques as well as the off-hand in offensive capacity and even to execute throws. Here, let the ability of the performers and the amount

of rehearsal time available be your guide.

In film, it's actually easier to get away with not including certain techniques using the feet since knife fighting is often filmed in what's known as a 'cowboy shot,' that is, a camera shot that goes from head to just below the hips (it was named thus since it was desirable that the shot include showing the gun which was habitually worn slung low on the thigh in a manner never used by real gun fighters). Since the audience can only focus on what the camera itself is seeing, it's often the case that what is not seen simply doesn't register. That's not to say the audience temporarily forgets the actors have feet, simply that the action doesn't allow them time to dwell on things momentarily unseen. That's why it's always more challenging to choreograph for full body shots.

I generally only use metal knives with aluminum blades for close shots in film. Normally, an appropriately painted and dressed hard rubber knife is sufficient and far safer. Although there is a slight disparity in weight, unlike swords, balance really doesn't impinge on the choice of metal versus rubber when it comes to knives.

When 'killing' with a thrust on film, it's usually possible to do it out of shot, or to adjust the camera angle so as to be able to place the blade against the actor's side, although this often looks quite obvious and hokey. When thrusting directly onto the target, first you must ensure the actor receiving the blow has hard under-padding in the area completely surrounding the striking point. As the thrust is made, at the last second, the knife is turned, always to the left if you are delivering the thrust right-handed, and the blade is slapped flat against the recipient's stomach. On stage, if the knife is to be let go, the recipient can take control of the weapon and adjust it to the proper protruding position as he staggers back.

If the weapon is to be withdrawn, slide the flat against the actor's stomach and re-direct the point forward as the knife arm is pulled back.

I do not favour retractable daggers. First, they usually look ridiculous since the blade must be short enough to fully retract into the handle, making the weapon look disproportionate.

They also usually produce this silly clicking noise as the spring re-articulates the blade. But my main reason for not liking them is the fact that an actor can easily become inculcated into thinking the safety of his opponent has now been relegated to a device rather than his control. Unfortunately, devices can fail without warning. I know of a production where retractable daggers were used to kill Caesar. The assassins got used to delivering blows with unnecessary force since the actor playing Caesar wore a padded vest. However, one night, the vest was partially undone and one of the daggers didn't retract. It broke one of the actor's ribs and pushed it into the lung and Caesar almost died on stage of haemothorax.

Actors often have a tendency to punch with a knife, thus exerting far more force than necessary. Force should be acted, not physically induced. Knife moves, especially when brought up to performance speed, should flow. Most often, both in sword and knife, excessive force is created by the performer holding his weapon in a death-grip. You must allow the actor to find a happy medium where they are assured their grip is sufficient to hold and control the weapon but not white-knuckling it.

In any form of illusionary combat, unnecessary body tension is problematic. Concentrate on emphasizing proper breath control and develop a sense of flow by having the actors go through the choreography without weapons as fast as they can. They will soon understand, physically, that one of the prime inhibitors of speed is body tension.

WIRE HARNESS

I've used them on both stage and in film and television and there's really not much, choreography wise, to say about them. There are two types: the single wire harness and the double wire harness. The single wire harness normally attaches to below the centre of the back in order to distribute the weight evenly.

I used these in the stage version of *Peter Pan* and found that while Pan was fighting Hook, it was necessary to choreograph the fight so there was always an immediate counter-move to the blow previously struck (i.e. if a blow was struck to the right, the next blow needed to be to the left). This was because the first blow, being thrown by both the arm and (since the actor is no longer grounded) involuntarily with the torso, would cause the actor to begin to rotate on the single wire on the side the blow was struck. The next blow to the opposite side tended to neutralize the rotation. This can be ameliorated somewhat by having the cuts delivered with just the wrist, but this isn't always possible depending on the weapon, or even visually desirable. This phenomenon doesn't occur significantly on parries unless the action is very broad and violent, since, generally speaking, parries are executed with less arm movement.

Double wire harnesses can be attached to either the shoulders or the hips (in which case they are often referred to as 'somersault harnesses'), depending on what flying effect is required. Still, the performer needs to understand the range of movement of his blade so as not to strike the wires while winding up for a blow.

There is also another use for wire harnesses, that being when an actor is 'wired off.' This is done not for flying effects but for safety, usually when a performer is working high above the ground or floor surface and an air bag, box tower or pit bag cannot be used. This is a single wire attached directly to a vest worn by the actor and the wire then attached to a reel or tracking system above their head. The wire is not under tension per se, but the slack is taken up by the operators. Therefore, if the actor is fighting, care must be taken not to choreograph any move that would intersect the wire in any way. This is especially true when weapons such as longswords or quarterstaffs are used.

One final word on wires. They can also be used to enhance action that is not necessarily related to fight choreography. Many years ago when I played Dracula on stage, when the Count attacks Renfield, we had a wire harness on the actor which was hooked up to him when he backed into the closed curtains of a tall set of French doors. When I seized him by the throat, I then lifted him from a kneeling position to the full extension of my arm and held him hanging over three feet above the stage for my entire scene with Harker and Van Helsing.

Another time, in a TV episode, we had a scene of Cossacks attacking a village. My stunt coordinator and I put a vest on a stunt woman and had the wire go up the back of her neck and firmly attach directly to a long, artificial braided hair-piece blended into her own hair. The Cossack then reached down from the saddle, grabbed her braid and proceeded to drag her screaming through the camp.

FIREARMS

Generally speaking, a fight director won't often be called upon to advise on firearms on a film or television set. The company renting the weapons to the production will send handlers to see to their loading, unloading and handling. I have had the occasional call to assist on a few productions because I have military training and a lot of experience with firearms in general. On stage, however, it's a different story. All fight choreographers should know the basics regarding safety and handling of firearms.

First let's just put to rest an old myth, that blanks make a weapon safe. This is errant nonsense. A blank simply makes a firearm dangerous in a more subtle way. Let us consider: a blank cartridge simply lacks a bullet. It's still loaded with propellant – propellant looking for a projectile of opportunity. Also, when fired, the propellant exhibits the same characteristics as a 'live' round. When the mercury fulminate primer cap in the centre of the cartridge's base is struck by the weapon's firing pin, a spark is produced that ignites the main charge in the cartridge. This charge then converts from a solid (powder) to a burning plasma of expanding gases at extremely high temperatures. It is this expanding wave of gas that forces the bullet off the cartridge and sends it screaming down and out of the barrel. When the bullet bursts free of the barrel, that expanding gas, no longer constrained, expands even further in the form of a muzzle flash. Firing blanks, the muzzle flash can scorch or burn anything in front of it or even to the sides if the calibre is sufficiently large. I have personally burned a line of 6in 'Tudor Roses' on a wall using a MiniUzi submachine gun at a range of a foot and a half, using half-load blanks to impress upon a director why firing it 12in away from an unprotected actor was not a good idea.

These physical properties are the very reason why you must never place a weapon's muzzle directly against an actor (or any surface for that matter). Years ago, a soap-opera actor was killed when he placed a .44 magnum loaded with blanks against his forehead as a joke, and pulled the trigger. By forcing the barrel against his head, he created a sealed air chamber of the barrel. When the blank fired, the expanding gasses under tremendous pressure sought an escape route. Horrible but instructive to relate, the gasses created their own bullet; the actor blew a 44/100 of an inch piece of his own skull through his brain with fatal results. This ghastly tragedy was made even more poignant by the fact that they had already finished filming the scene and there was no reason for the gun to have been left loaded on the set.

If a firearm is to appear placed against an actor, then the cartridge must contain no propellant of any kind. This requires not only emptying it out but also washing the interior to remove residual powder clinging through static attraction to the inside of the brass tube. The cartridge is then loaded with a very small amount of talcum powder and the weapon held closely but not directly against the performer. The primer cap will create enough 'pop' to discharge the talcum harmlessly. Even so, the actor should wear padding if for no other reason than for their own peace of mind. Naturally, this will result in no discernible noise so the sound of the gun firing must be either created off-stage or in foley recording during post-production.

Generally speaking, since blanks don't make the same sound as a live round due to the lack of gas compression caused by the bullet while still in the barrel, the sound of gunfire is routinely added in post-production anyway. Just another reason why it's almost never necessary to use full loads. A little more on this subject in a moment.

There is another phenomenon inherent in blank firing – powder burns. By this, I don't simply mean the flaming plasma. When any cartridge fires, there is invariable some unburnt powder ejected by the shot. This, at close range, can ingrain into the skin and create a mildly painful burn. More dangerous, a blank has to have something to contain the powder charge – a job normally accomplished by the bullet. Blank charges are contained by a plastic cap or crimping the top of the cartridge. This can result in some of this crimping or capping exiting the barrel as a mini-projectile. When the end of a metal cartridge is crimped, this can occasionally

Always ensure safety first with firearms

Just as the sword is an extension of your reach, so is the firearm; the ultimate extension. The main problem with guns is the speed at which they function. When you throw a blow or deliver a thrust, the sword is visible to your opponent and you control the weapon's speed. You should be able to stop the weapon at will if you perceive a problem.

Unfortunately, simply putting a blank cartridge into a firearm doesn't make it safe. Unburnt propellant and other things can and will exit the barrel upon firing. And they do so at speeds measured in hundreds of feet per second.

Understand this simple statement: once you have pulled the trigger, it's done. You have no further control over the con-sequences. Guns don't give you a second chance. You have to get it right the first time.

result in little triangles of metal exiting the barrel. All of the above are dangerous, especially to the face and the eyes. I will never allow a weapon to be pointed and fired at an actor's head and will not allow firing a weapon to the body at a distance of under 15ft. On camera, there's no convincing reason why the camera angle can't be cheated to accommodate pointing a weapon slightly off-target.

Just remember, the muzzle flash will be determined by the calibre of the weapon and the size of the load. Also remember that since the gun's report is going to be put in later, there is no need to use full loads on the set. They're unnecessarily loud and drive sound-men crazy. This being said, a blank does have to be loaded to a certain level for some classes of weapons.

The Mechanics of Firearms

Some firearms don't have to be mechanically adapted to use blanks. These include side-by-side and pump action shotguns, bolt and lever action rifles, and revolvers. This is because the manner in which these weapons eject a spent round or reload the next cartridge to be fired is accomplished by internal mechanisms that are independent of the cartridge or done by the user.

Semi-automatic pistols, rifles and fully automatic weapons such as submachine guns (which fire pistol-calibre ammunition), assault weapons such as the M-16 and AK-47, and belt-fed machine guns such as the FN Mag, MiniMi and Browning M-2 .50 calibre (or cal), all require internal adaptation. This is because either the recoil developed from gasses trapped behind the bullet or gas bled off into a piston mechanism microseconds before the bullet leaves the barrel are used to re-actuate the mechanisms that eject the spent cartridge, re-cock the weapon, and chamber a new round from the magazine or belt. Since no bullets are being used, it's necessary to insert a device called a bore restrictor in the throat of the barrel that cuts down the diameter of the barrel and ensures that the gas is trapped and returned to the weapon so it can recycle. In the military, a blank firing adapter (BFA) is used for war game exercise, but these fit over the end of the barrel and are quite visible and consequently not viable for film. Naturally, there's a limit to how small a load can be and still generate enough gas or force using a bore restrictor to put the weapon back into battery or condition one where it can fire again. Normally, a half-load is sufficient.

I have also seen and used heavy machine guns such as the Browning .50 cal that were adapted, not to fire blanks, but to fire bursts of propane gas. The gas line is fed in as a tube under the ammo belt and ignited in a sealed breach by a spark plug. This gives a tremendous muzzle flash comparable to a real .50 cal and a sort of thudding noise. The only problem is the ammo belt doesn't move and, of course, there is no cartridge ejection. This type of adaptation is best used in background some distance from the camera.

There are other terms you should be familiar with, especially in handguns, these being double action and single action. Single action refers to handguns that have to be manually cocked in order to fire. This applies to both revolvers and semi-auto pistols. An example of a single action revolver would be the 1873 Colt Peacemaker and the Remington and Smith and Wesson Schofields of the 1870s. These have to be manually thumb-cocked for each and every shot. Automatics such as the Colt 1911A .45 automatic have to have their slides manually cocked in order to chamber the first round and cock back the hammer. This means that a single-action auto-pistol must be carried in condition one with a round in the chamber and the hammer back (and the safety on), in the holster if it is to be drawn and used instantly. Double action handguns are capable, as the name implies, of firing simply by pulling the trigger. Double action revolvers, examples of which would be any modern weapon by Colt, Smith and Wesson, Dan Wesson, Taurus, *et al*, can also have their hammers manually cocked to provide a very accurate first shot since it greatly reduces the trigger pull. Cock the hammer on a double action revolver while you watch the trigger. You will see, as the hammer locks back, the trigger moves back by half its pull length. This is because manual cocking is doing the job internal mechanisms would do were you simply to pull the trigger. Obviously, this means the trigger pull necessary to discharge the weapon after it's been manually cocked is roughly only half the pressure necessary than if you'd fired it using the trigger alone – the long stroke. An actor must be aware of this in order to prevent a premature discharge. Examples of double action autopistols would include the Glock, Sig Sauer, Heckler and Koch, some Smith and Wesson, Walther, etc.

One of the appeals of a revolver or wheel-gun is its simplicity. Its mechanism doesn't allow for too much to go wrong. If you pull the trigger and it doesn't fire, you simply keep pulling the trigger until it does. However, care must be taken to ensure that debris doesn't foul the exposed cylinder face. Since the cylinder revolves every time you pull the trigger, debris can be pulled into the space between the barrel and the cylinder, jamming the weapon. And it goes without saying that the barrel of any weapon be examined for debris that could either become a projectile or, if sufficiently compacted, even explode the

barrel. If the calibre is small enough, even water in the barrel can do this. The US M-16 uses a 5.56 mm calibre round. In Viet Nam, many soldiers, when working in or around water, covered the muzzle with the plastic bag their army-issue toothbrush came in, securing it with a rubber band, in order to keep water out of the barrel. Each and every time a weapon is dropped or when you go to ground with a weapon in your hands, you should check to ensure you haven't picked up dirt in the barrel. Better yet, learn to go to ground with a weapon properly so this can't occur.

You should also check black-powder revolvers for debris at the rear end of the cylinder since each shot is fired by a corresponding individual percussion cap set into a nipple at the rear of each chamber; these are also susceptible to fouling.

Single action (western-style) revolvers must never be carried with six loaded cartridges. The fabled six-gun really only fires five times. This is because it's very dangerous to carry a single-action pistol with a round in the hammer chamber. The hammers' firing pin would be resting directly on the primer and could discharge the weapon in the holster if struck with sufficient force.

The manner of loading a single-action revolver is achieved thus: open the loading gate (this is only for Colts, Remingtons and Rugers), load a round, then skip the next chamber, then load another four. Now, after closing the loading gate, manually cock the weapon's hammer until it locks back, then, very carefully, with your thumb on the hammer, squeeze the trigger and return the hammer to rest position. This will bring it onto the empty chamber.

Just as a final mention on cowboy guns: no real gunfighter wore his pistol slung low on his hip. Since drawing the weapon requires you simultaneously to begin to thumb back the hammer so the gun is fully cocked when the barrel is thrown forward and the finger falls onto the trigger, the low holster would greatly increase the possibility of discharging the weapon prematurely and – this would be so embarrassing – shooting yourself in the leg or foot. Real gunfighters, many of whom were still alive in the early 1900s, like Bat Masterson, wore their weapons on the hip. A few preferred cross-draw where the right hand drew the weapon from a holster angled over the left hip. Some even wore their guns in reverse draw position where the right hand drew the pistol from a holster on the right hip, but the gun carried in the holster with the butt facing forward. I've tried all these permutations and, personally, I've found that with practice they're pretty much equally fast.

And nobody ever really 'fanned' the hammer. Using the palm of the left hand to cock back the hammer on a fast draw may seem simpler than thumbing it back with the pistol-hand during the draw (which is probably one of the reasons actors often used it), but it means your first shot will be accomplished from the hip. This is intrinsically inaccurate.

It takes an immense amount of practice to become an accurate hip-shooter. Gun fighters themselves attest to the fact their weapon was thrown up to eye level to fire. As one famous shootist observed, 'The gun fight isn't over with the first shot, it's over with the first hit.'

Successful gunfighters had the nerve to take the time to aim – albeit that time was measured in milliseconds.

Another feature about autopistols: apart from the fact they hold more rounds in their magazine than revolvers can hold in their cylinders, is that the slide, which articulates back and forth as the weapon fires, ejects, re-

cocks, and locks back into half-position after the last shot. You then eject the spent magazine, insert a new one, thumb off the slide release button on the side of the frame and the slide slams forward, stripping a round off the top of the magazine, and away you go again.

I mention this because I have seen way too many times in both movies and TV shows an actor who has been given only the number of rounds in his pistol he was told to fire. As a result, his weapon's slide locks back out of battery after the last shot, but the actor doesn't reload. Indeed, almost all of the time, he charges off with his weapon in combat grip as though it were still capable of firing. If an actor is only supposed to fire two or three times, load an extra empty and primer-less cartridge into his weapon so it chambers harmlessly but allows the weapon to go back into battery.

General Notes Concerning Firearms

Loaded weapons should not be put into performers' hands until just before a take. After the cut is called, firearms should have their barrels pointing up skyward or to the ground and should be policed up by the handlers. Always treat a firearm as though it were loaded.

Since there is little or no gas compression in the barrel when a blank is fired, recoil must be simulated by the actor. Gauge the amount of recoil to the calibre of weapon; realistically, a .38 isn't going to kick like a .44 magnum. Black powder weapons such as flintlocks don't have horrendous recoils even though their calibres are often huge. This is because black powder, unlike modern smokeless powder, has a slower burn rate and lower compression. That's why calibres as high as .75 were possible.

Keep your finger across the side of the

trigger guard until you are ready to shoot. You should never carry a weapon with the finger on the trigger.

Dry-firing a gun is permissible – once. You should understand how much or how little trigger pull the weapon requires. But dry-firing is not good for a weapons' mechanisms so don't do it more than necessary.

Never assume a weapon is unloaded. If the props man or gun handler hasn't demonstrated it to you, ask. If this isn't possible, break open the cylinder of a revolver and check that the chambers are empty. For an auto, remove the magazine and cycle the slide twice. With autopistols, I always hold the slide back and visually check the breach and throat of the barrel to be absolutely certain a round hasn't chambered and merely failed to eject.

Always hold the slide to return it, even when cocking the weapon. Pulling it back and letting it slam forward is very dramatic but it's hard on the weapon and amateurish. A blank weapon can't be fully silenced because one of the prime purposes of the silencer is to not just absorb and dissipate the explosive blast of the cartridge's detonation, but absorb the sonic shock wave behind the bullet. Without a live round, gas simply escapes down the barrel being only partially ameliorated by the silencers' internal baffles. A revolver can't be effectively silenced either because, in order to function, there has to be an incomplete seal between the barrel and cylinder face. Flash also escapes here when a revolver is fired.

Just as you should be aware of the dangers created by gun flash and powder burn, be aware semi and fully automatic weapons eject spent cartridges. Where is your ejector port? On most weapons, the port is on the right hand side. Military weapons also eject very forcefully to prevent empty brasses from piling up near a shooter and revealing his position. I've actually witnessed a Heckler and Koch 91 rifle eject an empty cartridge with such force it actually embedded half an inch into a wooden wall three feet away. Think of that hitting an actor. It's also no fun to be standing beside a person firing away with an AK 47, showering you with brasses that a micro-second ago contained burning plasma. Similarly, it's equally galling to have your own hot brasses bounce off a wall and down the front or back of your shirt or into your face. You should also be aware that a very few weapons such as the Icatha 37 shotgun and the Browning 1919A .30 calibre belt-fed machine gun eject downwards.

When using flintlocks, once loaded, ensure that the pan cover is fully closed and the hammer is in the half, not full cock position. It is then necessary to pull the hammer back to full cock in order to fire the weapon. Also be aware of the pan-flash which ejects flame and smoke to the right, and the fact that there is a 'hang-fire' factor in flintlocks. There is a brief moment after the pan flash before the flame is transmitted through the touch-hole on the barrel beside the pan and the charge in the barrel ignites and fires. Keep the weapon pointed safely during this period.

If a weapon jams or misfires for any reason, the performer should immediately stop and hold the weapon barrel-up to indicate a problem. The actor should never try to deal with a misfire himself. That's what the props people and gun handlers are for.

When a revolver has to be pointed towards the camera, the cylinder face is visible to the lens. Therefore, it's necessary to have dummy rounds loaded so that the bullet tips are visible so as not to present an obviously empty weapon to the camera. If you are creating your own dummy rounds, you must not simply crank off the bullet and empty the powder, then replace the bullet. You must wash out the inside of the cartridge to eliminate powder granules that can cling to the inside through electrostatic charge. Also, prior to replacing the bullet, you should load the rounds into the weapon and detonate the primer caps. Then and only then is the round safe to be used as a dummy.

To check whether or not a primer-cap is still live, simply look at it. A 'popped' primer will have a dent in it caused by the weapon's hammer.

If a cartridge misfires, don't attempt to re-use it. Dispose of it in a safe manner.

If a weapon has to be fought over by two actors, the weapon should be unloaded. It must certainly be rehearsed with the weapon unloaded. If the weapon has to be loaded in order to be used immediately after, you must never allow a finger on the trigger while the grappling is taking place.

When firing weapons such as submachine guns, remember, unlike bad movies, you should not hold the weapon by the magazine. Any submachine gun will have a magazine well where the mag is inserted into the weapon. This, or the weapon's forestock (such as in the Uzi or the Heckler and Koch MP5-A), should be used. Holding the magazine can bend it backwards causing the weapon to misfeed and jam. With belt-fed weapons such as the M-60 or FN-MAG, the belt should be looped over the left arm so it hangs down in a U shape between the arm and the weapon. I once saw an Extra whose machine gun was constantly stopping on him in the middle of the shot. It wasn't jamming; he was standing on the end of the belt.

Remember most fully automatic weapons are fired in short bursts of three or four shots. This is not so much to preserve ammo, but to maintain accuracy since the torque and recoil will tend to twist the barrel off the target. Long bursts do have an application in the real world and are very dramatic but bear in mind long bursts also heat up the barrel faster and increase the chances of a jam. Also, fully automatic weapons such as the M-16 or submachine guns have a shoulder stock because they are intended to be fired from the shoulder.

You really only fire from the hip while running. It's intrinsically inaccurate and only intended to keep the enemy's head down while you charge or change locations.

A firearm has only one function. It is not a pleasant one. The utmost diligence is necessary to prevent the firearm from reverting to its original function. There is no need to fear them but always remember: guns don't give you a second chance.

EQUESTRIAN FIGHTING TECHNIQUE

The hiring of horses is generally not your job. It is, however, your job to specify what is going to be expected of the horse. Are they to be ridden in close formation such as in a cavalry charge? Some horses can be divas and don't like working close to others of their kind. If you need a horse that can jump, you must specify it. I worked on one production where we wanted just such a horse and what showed up on the day was a large dobbin that had spent much of his previous life as a cart horse. If you brought him to a canter towards a hay bale, he'd slow down and step over it. Naturally, we had to change his action. If there is to be gunfire, the horse must be gun-trained, otherwise you can be in for a nasty surprise.

Normally it will be the stunt coordinator's job to secure stunt performers with the appropriate skills for horse work. Again, you must be very specific when appraising him about the action, especially when the scene will require live (metal) blades.

Fighting with a sword or lance from horseback requires considerable skill. Medieval warhorses wore armour, especially on their chest, muzzle and neck (the peytral, chanfron and crinet). This not only protected them from the enemy but also the invariable graze from its rider who, while undeniably skilled, might easily accidentally strike his mount while fighting for his life against people on both his sides. And the horse, being the size of a Percheron or a Shire, in the heat of battle, probably didn't even feel it. Movie horses will probably not be wearing real armour – aluminum at best – and won't have been trained like a Medieval horse. They will feel it. And they won't like it. And if your horse doesn't like you any more, he's liable to do something about it. And you won't like that.

The Medieval lance was couched both in combat and the joust. Prior to full plate armour you tried as much as possible to receive your opponent's lance on your shield side. This meant your opponent was coming at you on your left side and in order to engage him, your lance had to be dropped across your horse's neck from right to left. Shields often had a half-moon shape cut out of them on their right edge to accommodate the lance. This wasn't so much to support the lance as it was to allow the shield to cover you more efficiently, allowing its edge to be pulled almost to the centre of the body. Later, fold-down lance rests were incorporated into the breastplate.

It should be noted here that during Norman times, the lance had no guard such as is seen on jousting lances of later periods. The back end was held tightly against the body by clamping down on it with your right elbow and bicep. Plate armour of the 1400s to 1500s often also incorporated a plate that attached to the left paldron called the haute-piece which was a semi-circular standing collar that further protected against the lance. I mention this because armour should reflect the specific realities of horse combat, and the costume department should understand there are important differences between harness for fighting on foot as opposed to horseback.

In order to use a lance from horseback, you really must understand sword-work. It was never the done thing to just point your lance at an opponent, go thundering towards him and hope for the best. There was considerable skill involve including the use of feints and moves akin to parries. In his treatise, known simply as Ringeck's *Commentaries*, written some time between 1420 and 1440, Sigmund Ringeck, recapitulating the teachings of his own master, the great Johannes Liechtenauer, describes moves that are designed to lay aside your opponent's incoming lance, or deceive him by dipping your lance below his and then suddenly lift it up on the inside of his to hit him while simultaneously warding off his attack.

British cavalry of the eighteenth to twentieth centuries made use of the bamboo lance made from the female bamboo plant, which was more flexible. The lance itself was secured to the right hand via a strap. When engaging targets on the ground, you had to swing your arm up into the octave position which will be described in greater detail below. This was to facilitate the withdrawal of the weapon from the target without ripping your arm out of its shoulder socket. Young Winston Churchill, due to a weakened rotator cuff, abandoned the sabre and used instead a Mauser broom-handle pistol at the Battle of Omdurman.

Just a not regarding a term used in conjunction with Medieval war horses. Such horses were often called destriers. This term was once explained away with the notion they were led by the squire with the right hand. In reality, they were called destriers because they were trained for the joust to break to the right after impact to help avoid your opponent's lance.

Finally, with regard to lances, riders must guard against having their points ground. The result will not necessarily catapult you from the saddle, but it's very likely to either break your arm or dislocate your shoulder.

When swinging a sword from right to left, it's necessary to make large Molinellos to avoid your mount's neck. This is especially true in periods such as the American Civil War where sabres were being used astride horses that wore no protection whatsoever. One manual of sword for U.S. cavalry documents at least one position where the rider lies flat on the horse's neck and reaches around the front of the horse on the right side, bringing his blade across the front of the horse's throat (with the blunt spine of the blade against the horse) to protect it from the direct front.

Fighting from saddle with sabre also uses what is sometimes called the 'auxiliary parry' of high octave wherein the sword is held with the hilt high and the hand in full supination so the inside of the wrist is on the level of the right eye and the sword is held with the blade vertical, point down, parallel to the right forearm. This position requires the sword being held essentially with the thumb, forefinger and middle finger – the lower two manipulators are of virtually no use. This is one of the reasons the sword knot was invented as a way of ensuring the weapon wouldn't be torn from your hand.

This position is referred to in the December 1796 edition of the *British Sword Exercise of the Cavalry* as Sword Arm Protect. It's

advantage was that it protected the rider from head to hip on his sword side, and was also conducive to cutting to both the front and the rear with both down and uppercuts. There is an essential reality in horseback combat. If you are maintaining a gallop, you're really only going to have two shots at your enemy – one closing, and one as he goes past you. A standard exercise of Canadian cavalry in WWI, which was taught to me by Mess. John Linell, MBE, was to ride forward in a crouched position, head down and shoulder hunched, point directly on your enemy who would be passing on your right. Your first attempt would be to both parry or deflect any blow or thrust he intended for you and try to stab him in the right armpit. Bearing in mind that in World War One, some cavalry still wore breast and back plates so the armpit was usually the only viable target. Hit or not, you would then roll the sword back into the high octave position to protect you against any cut he might throw at you while passing. You would then swing the sword out of the parry position in a semi-circular molinette to cut to the back of his neck as he passed. After that, he was out of range and someone else's problem.

When engaging on the left, you would use a high and slightly angled prime parry to guard the head and shoulders. For lower down the torso, tierce and quarte parries are used. By the early 1900s the cavalry sabre was considered a point-predominant weapon. Prior to that, accepting the notion that you often only had one shot at a man either on horse or on the ground, some sabres, specifically those of the hussars, featured points that flared wider than the rest of the edge to provide a more definitive cut. Other cavalry sabres simply got heavier to the point where a few became known as wrist-breakers. I mention this because you should be able to tell from both weight and blade design which swords were meant to be used from the saddle and which were intended to be used on foot. Swords designed for the former do not serve well in the latter role and were never intended to.

Saddles are of great importance for safety. Girth straps should be checked after every take. The saddle should also be of the proper design if at all possible. Much fighting from horseback during Medieval times required the knight to stand in the stirrups with his crotch clearing the saddle by only a couple of inches. The reason for this was that standing in the stirrups allowed you to put the entire weight of the body into a blow. To facilitate stability and make it harder for the knight to be knocked off his mount, the pommel and cantle of a war saddle was often built up so that it reached the navel in front and the small of the back in the rear. The only way you could unhorse a man sitting in such a saddle was to drag him off sideways, presumably with him doing his best to inconvenience you in your attempt. Saddles for jousting (which, again, was a sport), very often wrapped completely around the front of the legs since leg armour was often not used. Also, for certain 'courses' where the object was to actually remove a competitor from the saddle, the cantle or rear portion of the saddle was omitted completed in order to prevent the knight from breaking his back.

However, standing in the stirrups while in combat was not a universal practice. In his commentaries, Sigmund Ringeck specifically refers to riding with a good seat, which can only realistically be interpreted that the knight is sitting the saddle, not standing in the stirrups. When filming scenes using horses against foot soldiers, you must allow for as much space as possible between horses. The last thing you want to have happen is for a man on foot to be caught between two horses. Similarly, while charging, sufficient space must be allowed between horses to prevent 'cannoning,' which refers to horses bumping together, flank to flank. This is not only bad for the horses, it tends to result in broken knees in their riders.

When cavalry is charging in squadron formation against ground troops, you should consider filming in small segments. Foot soldiers being 'killed' will have to fall down after which they are put in considerable danger by the second wave of horses. The only way you can have multiple lines of horse charging through the shot is if you stagger the lines of horse and shoot from ground level so that the wide spaces between horse, foot soldier and horse are not discernible to the audience. I usually stagger the lines diagonally in a back-slash formation so all open spaces are seen by the lens to be filled. It creates a greater depth of field and makes the safety space between horse and ground ranks much less visible. It can also make a relatively small number of horses look considerably larger.

When using firearms off horseback, do yourself and the horse a favour and don't crack off a blank right next to the animal's ear. Always remember that horses are intelligent animals and hence, are fully capable of getting bored. If you've ever stood around on a film set watching nothing happen, for several hours on end, you can appreciate this. Don't expect them to work a twelve-hour day.

The fight choreographer's checklist

If the answer to any of the following questions is 'no', then you are not ready to begin choreography.

- Have you ascertained the story of the fight?
- Have you spoken to the director and understand what he wants dramatically out of the fight?
- Do you understand the physical dimensions and the quality of the environment in which the fight is to take place? (This includes set decoration and lighting.)
- Have you determined the path of the action on the set or location? Where does the director want it to move?
- If your fight is in film or on television, have you determined how the director wishes to shoot the action? Where are the close-ups, long shots, dolly shots, etc?
- Have you made yourself aware of the actors' physical needs? Are they right or left-handed? Does anyone have any prior injuries or disabilities, problems with vision, etc?
- Have you discussed characterization with the actors?
- Have you discussed costuming with the designer with regards to mobility, flexibility, etc? Do you have the necessary rehearsal costumes or costume items such as capes and footwear? Are the soles of the boots and shoes appropriate for the floor or ground surface?
- Have you identified your rehearsal windows in the proposed shooting schedule?

- Do you know when the actors are arriving in relation to the day/s their fight scenes are being filmed/performed? (This factor will be important in determining the length and complexity of the fight.)
- Do you know, exactly, your weapons budget?
- Do you have the appropriate weapons? Where are they coming from and what is their delivery date? Are they being shipped internationally and have the appropriate customs documents been procured? Do you have duplicate hilts? Who's making the blades and when will they arrive?
- Have you ordered sufficient quantity of blades? If the weapons have not yet arrived, are your rehearsal weapons the same design, weight, balance and length? Are stunt swords (rubber weapons) necessary and who is making them? (Original weapons are necessary to create casts for rubber stunt duplicates.)
- Do you need stunt doubles for the actors and if so, are they available for rehearsal with their principals? (Stunt doubles need to observe their principals so as to be able to duplicate their movement.)
- Do elements of the fight impinge on the stunt department and if so, have you spoken to the stunt coordinator?
- Do you have a camcorder to video rehearsals for the director?
- If there is a battle scene, when will Special Skills Extras be available for rehearsal? Are horses involved and if so, when can you speak to the horse wrangler?

8 SPECIFIC FIGHT SCENES

MOTION CAPTURE

Motion Capture or MoCap filming is the process whereby performers are filmed by multiple cameras while wearing special suits with the end result the image of their bodies will be replaced with computer animated figures. This process is used for feature films, animated films and video games.

The MoCap suit is usually a black spandex body suit, sometimes with a hood, more commonly not, which has many Velcro patches attached to it. Silver-grey balls in different sizes are then affixed to the Velcro. These balls have a reflective coating that is picked up by the cameras and are then identified by the computer so as to form a three-dimensional stick-figure image of the performer. Do not touch the actual ball since residue from your fingers can alter or degrade the ball's albedo or reflectivity. Balls are located on both the front and back of the suit, the joints, back of the hands, and both sides of the foot and forearm to allow the computer to track the rotation of the wrist and foot. In some cases, very small markers can be attached to each finger joint, but normally for things such as video games and movies lacking *Lord of the Rings* budgets, the finger movement is animated in. Mini markers can also be applied to the face in order to track

with great detail the facial expressions of an actor. The character of Davey Jones in *Pirates of the Caribbean – Dead Man's Chest* was done in this fashion. The head can either be covered with a marked hood or the performer will wear a pair of clear safety glasses onto which three markers have been attached to define the head.

Motion capture uses cameras at least two different elevations and on all four sides of the playing space. At least eight cameras are required and I have worked in studios with as many as thirty-two. MoCap cameras shoot much faster than the standard 24 frames a second used for 35mm movie cameras. Although shooting rates vary, the average is over 160 frames per second. The performance area for MoCap shooting is referred to as the 'volume,' a rectangular area whose size will be dictated by the size of the studio. I have shot in studios where the volume was only around fifteen by eight feet, and in studios where the volume was literally the size of a professional basketball court. Before beginning the shoot, the operators have to 'initialize' the volume. This involves someone wandering around inside the volume waving a T-bar upon which have been fixed several markers. This essentially allows the computer to recognize the volume. Prior to beginning the shot list, each performer must go through a range-of-movement exercise in the volume that involves various poses and movements such as squats, leg lifts, foot, wrist and head rotations that define for the computer the movement parameters.

Each performer begins and ends each individual portion of the recording with a T pose, which is exactly as it implies; standing with feet apart and the arms outstretched to each side. For feature films that use MoCap to create a template to animate a character through computer generated imaging (CGI) such as Gollum in *Lord of the Rings*, the actor must perform the entire role just as though MoCap was not being used. However, for general animation, with the exception of things like fight and dance scenes, this is not necessary.

The performers will be asked to go through the full range of normal movement – walking, running, sitting and rising, kneeling, squatting, falling, etc., that the storyboard requires of the characters. This will then be used by the computer animators to flesh out all of the movement for that character. If there are the occasional gaps in transitioning from one movement to another, the animator will use a technique known as key framing to bridge it.

It's important for the performer to understand the dimensions of the volume since when one is close to its edge a performer's body might be fully in the volume but a broad gesture with the arm may extend the hand and forearm outside the volume's limits and the computer will lose the appendage.

When tracking a character at full run, the performer will enter and exit the volume running. In this instance, the beginning and end T pose is obviously not applicable. When making up a shot list for venues like video games, you need to include transitional moves. By this, I mean if you have a character fall or get knocked down, you should include a shot where the character stands back up. The full range of movement must include transitions from level to level.

When using weapons or props, they too must have markers. Swords need markers to define their orientation as it relates to the hand (i.e. pronated or supinated). I've also used markers on the tips of blades to ensure the length of the blade is constantly defined, but this can often be problematic with regards to certain moves such as binds. The nature of the weapon and the combat should dictate whether a tip marker is necessary. You should also be aware of the orientation of the performer's wrist if a tip marker is not being used since the wrist markers together with the markers on the sword's hilt will define the angular orientation of the blade.

One of the aspects of MoCap is that the performers need to be aware of occluding markers. If one or more markers are blocked from the camera's view for too long, the computer will lose the integrity of the image. This will dictate how long you can have two characters grapple or stay lying on the floor. Shields can also present problems of occlusion as well. Construct a prop shield like the frame of a kite. This gives you a handgrip or grip and arm strap on the horizontal arm of the frame, plus a vertical piece. Markers on the ends of both the horizontal and vertical bars will define the shield's dimensions without occluding the actor behind it.

Difficulty can also be had in performing certain rolls or falls because they occasionally result in marker balls being torn loose from their Velcro patch. This also occurs on certain types of throws where body-to-body contact is necessary. Unfortunately, short of not using certain moves, which is not always an option, there's nothing you can really do about it.

One of the great things about MoCap is there is absolutely no need to perform any move at full speed. The idea of MoCap is to obtain clean data. Excessive speed can actually be counter-productive. Therefore, precision is what you're after. The final speed at which a performer moves will be based on how slow a move can be executed with complete body control. Obviously, certain moves such as running or falling can only be done at realistic speeds because, unfortunately, gravity works. How slowly can you execute a lunge or a full moulinette with a sword? The fighting speed will be determined by the animators.

Performers should understand that, seeing as the face does not enter into the equation for ninety-nine per cent of MoCap performances, the body is their only instrument of expression. Mimes and dancers often make superior MoCap performers.

When doing MoCap for video games, performers execute the moves alone in the volume. The reason for this is you are trying to build up a library of moves for the games' program for each of the characters, whose only interaction will be controlled by the players. Therefore, a full range of defensive and offensive moves together with all necessary non-fighting moves is essential for creating a full movement tree. With this in mind, it's very important that blows be struck on the correct level or orientation to their intended target which will not be in the volume with the performer. It's often helpful to the actor to have a person standing outside the volume to act as a reference point so the performer can target the areas of the body his actions are intended to attack with the greatest precision. Otherwise, corrections must be made in the animation process,

dragging around pixels, which is both time consuming and expensive.

This is especially crucial when the game features characters of significantly unequal height. Think of a game involving the characters from the Edgar Rice Burroughs' *John Carter of Mars* novels. The human Martians are of normal size but the race of green men, known as the Tharks, average about fifteen feet tall and have four arms, all of which can be used to wield weapons. Because the cameras and computer will only recognize markered performers, it's entirely possible to have a person who's not wearing a MoCap suit inside the volume to act as a reference point, except that you can run into the problem of occlusion. But it certainly can be done provided that he's not consistently blocking the performer from more than a couple of cameras.

Finally, the performer must be able to simulate appropriate reactions to blows being struck against him, both on his weapon and to his body. Usually this will involve a shot list that specifies light, medium and heavy blows.

There are portions of video games that require choreographed fights performed in the volume by actors interacting with each other directly. This is known as the 'cut' and is used to advertise the game, to start the game or to bridge levels of the game. For animated movies using MoCap all the fighters/dancers will be in the volume at the same time, interacting as they would were they being filmed for live-action.

There's a limit to how many people can be placed in the volume at the same time. This is due to the computer's ability to deal with input more than occlusion. The greatest number of people I've ever had in a volume was twelve.

GREEN SCREEN

There's not really much to say about this. There's a screen, either on one or more sides of the performers and it/they are green. Green is used because it's relatively easy to chroma-key out.

Naturally, everything but the performers will be animated in post using CGI. The movie *The 300* is a good example of a film shot entirely in green screen. The only real difficulty is on the performance end. Actors must imagine their entire world. I've been chased around in a movie by a demonic slathering beast that was, in reality, a member of the crew behind me holding a stick with a green tennis ball on the end to give me my eye-line. It can be a bit of a challenge to forget the image of a wheezing grip and replace him in your mind's eye with the gaping fanged jaws of a Hell Hound.

I mention it because eye-line is very important, especially when groups of actors are involved. It must be uniformly consistent. Apart from that, green screen doesn't really present any special problems for a choreographer.

COMEDIC FIGHTS

Comedy, above everything else in the entertainment field, is highly subjective. I remember when *Monty Python* first debuted on North American TV. My friends and I were rolling on the floor hooting like a pack of baboons but the vast majority of the viewing public just didn't get it. You were exposing absurdist humour, satire and wit to an audience used to one-liner comics of the 'Take my wife...please...' school of comedy and it took quite a while to catch on. Then there's the Politically Correct fringe who are insistent that watching a person take a pratfall (i.e. hurt himself), can't possibly be funny. Now personally, I find the Three Stooges moronic, but the physical comedy of Charlie Chaplin, Buster Keaton and Laurel and Hardy, hilarious. Perhaps what we regard as funny or not says more about us as individual human beings than most other things.

So what can be funny with regards to physical action? The unexpected, the incongruous and parody. The essential thing, to my mind, regarding parody, is that you must fully understand the genre or form you are attempting to parody. Mel Brooks, as broad as his humour is, does this very well. And parody, unlike satire, which can often be biting and occasionally mean-spirited, is often a back-handed homage to the form being parodied.

I have done several plays and TV episodes where I have parodied the old swashbuckler movies in which all of the highly contrived tricks that worked so well in the original just don't seem to make it. Once I had two swordsmen fighting on a tabletop. The duellists both make slashes at candles in an elaborate candelabra between them. Nothing happens. They both stop and stare expectantly. One of them forcefully stomps up and down. Nothing. They finally say the hell with it and come on guard, crossing their blades in tierce. At the barely audible sound of their swords coming together, all the candles suddenly fall in half.

One scene required a dashing hero to rescue a fair maiden from a dastardly spotty-faced villain. But the lady was also entirely clueless when it came to staying out of the way. Throughout the fight she would constantly blunder into the action in an attempt to stay clutched in the hero's arms, each time inhibiting his actions or almost being skewered or sliced by her would-be abductor. The hero finally resorts to flinging her out of the way of cuts and thrusts by manipulating her like a cross between a marionette and a ventriloquist's dummy.

Personally, I thought that it was the actor's performance, not simply the moves that imbued them with humour. It is always thus, much like the adage that not everybody can tell a joke.

There are some outrageously funny fights in Jackie Chan's *Legend of the Drunken Master*, which derive most of their comedic success by presenting a person utterly inebriated, defeating kung fu experts, very often by complete accident. But it's the masterful performance that sells it. I could cite many more examples, but it would be gratuitous as I'm sure you can think of a host of favourites of your own. Analyzing humour is usually the death of it. Trust your instincts and do what you think is funny. Somebody will share your point of view.

The one truism of this genre is in the fact comedy is harder to play than tragedy for the simple reason it requires you to take more extravagant risks.

CHILDREN'S THEATRE

First ascertain what age group you're dealing with. The word 'children' is somewhat generic and can essentially apply to anyone under the age of eighteen or nineteen and include a wide variety of degrees of visual and intellectual sophistication.

For younger audiences I try to avoid realistic violence of any kind. The movement is broad and easy to follow with cuts mostly targeting the shoulders, hips and centre head and thrusts being made to just above the hips and out of distance. Think swashbuckling, as

evinced by the Errol Flynn movies such as *The Sea Hawk*. Generally in such scripts there is no one being killed and I avoid wounding with the sword, opting instead for disarms or tripping up the villain and holding him at sword's point. In other words, nothing overtly threatening or outright dangerous.

For adolescent audiences, especially when producing Shakespeare specifically for their age group, it's not possible to avoid killing both Juliet and Romeo, but try not to do it in a gruesome manner. Doing such a thing doesn't tell the story any better and is frankly gratuitous. Having said that, I also think it's a mistake to talk down to adolescents. I think it more important for the script to show the results of violence as consequences that occur to its perpetrators which can include the innocent. *Romeo and Juliet* illustrates these concepts quite well. Graphic violence is unnecessary. You must understand that the violence in such a play is a plot device and not an opportunity to pander to the audience's baser instincts. Don't try to gross kids out or scare them. They'll get enough of that as adults.

MUSICAL THEATRE, OPERA AND BALLET

It would help if the fight director could actually read music, but it's not absolutely essential. Music is literally the universal language since its appreciation doesn't depend on speaking a specific language or even possessing knowledge of the art form.

The first and most obvious thing to do is to listen to the music over and over again until you literally have it committed to memory. The first thing to note is what time signature the music is written in (i.e. 3/4, 4/4, etc.).

117

Does the time signature change during the course of the music?

What is the rhythm, the flow of the piece? At what volume are specific sections of the score played? *Forte* – expressed in the score as *f, ff,* and *fff* – or soft, *pianissimo*, expressed as *p, pp, ppp* and *mp*? How does the volume of the piece flow? Do sections of it become loud or soft suddenly (*crescendo* or *diminuendo*)? Does the piece begin in a major or minor key and does the key change in certain sections? How does the key set or change the emotional tone of the piece?

What instruments are being used to carry the overall theme and what does the character of that instrument suggest in the way of movement (an oboe, for instance, conjures up an entirely different image, movement-wise, than say, a violin, a bassoon or a tuba). What is the overall emotional impression of the music – how does it speak to you?

For an example, listen to the *Romeo and Juliet* opera by Gounod. Listen to the music accompanying the entrance of the Capulets and the music undercutting the fight scene between Romeo and Tybalt. The movement suggested by the rhythm and the overall dynamic of the music gives you a virtual guide to structuring the phrases of the fight, up to and including the final hit.

The emotional quality of the music is the emotional quality of the characters in the fight.

This is not intended to imply that the fighting be done on the beat, although in some cases this could be considered for comedic effect when appropriate. But the phrasing of the music, the number of bars and the speed, volume and quality of the music within them are quite obvious clues to the content, speed and emotional quality of

the choreography.

It's also axiomatic that the length of a fight in these circumstances is set by the duration of the music allowed for it in the score.

When choreographing for opera, there are a few points to take into consideration. First, this is a highly stylized form of drama, an extremely heightened reality. This isn't to say gritty realism can't be employed, only that the choreography has to come up to the level of the music.

Opera singers also tend to be performers of substantial physique. This does not in any way imply a lack of fitness – something which I have found from personal experience. Indeed, I have been impressed by some singers' physical capabilities. However, certain moves such as long lunges or ballestras may not be the best choice. As always, let your choreography reflect the capabilities of your performer. If there are sung passages within the fight, you most also be aware of how your choreography affects the performer's breath control.

For dance, especially ballet, you should be familiar with certain dance moves in order to incorporate them into the choreography, or at least be aware that they exist and inform the performer's movement. Dance is also an example of extremely heightened reality. You should be familiar with the movement implied by terms like jeté, chausse, foutté, pas de chat or soubresault. Dance, like sword work, has its own unique language and if you are to fully exploit the performer's ability to perform your fight, you must understand how that art form expresses itself in movement. This is essential, especially when certain jumps are to be performed, such as the grand jeté, that you know where the feet are going, how the jump must prepare and be landed, and to provide fighting moves or carry the weapon in such a manner that it doesn't compromise the performer's balance.

In musical theatre, fights still have to conform conceptually to the tenor and quality of the music. Think, for instance, of *Seven Brides for Seven Brothers* or *West Side Story*. The mental imagery evoked by music and the visual imagery created by a fight scene can often clash with one another.

Whether or not you notate the musical score is up to you. My personal preference is to commit the music to memory, although I still rely on the score as a reference.

9 PRACTICALITIES AND ADVICE

CAN YOU REPEAT A PHRASE IN PRINCIPAL CHOREOGRAPHY?

I'd rather not, although Lord knows I've seen it done. First, if you've asked all the correct questions, there should be no surprises as to how long the fight is needed to be. The director should also know how long it will take to film the action, and shouldn't need to bulk it out.

However, on occasion (and I'm speaking here of episodic television), the director might require a fight to be longer than it's possible to rehearse in the time available. This could be due to the nature of the location, the distance the fight has to be seen to traverse, or any number of other reasons. Therefore it may be necessary to repeat a phrase to grow a four-phrase fight up to a five-phrase exchange. The problem is that very often, the choreography can be integrally tied to the physical environment with each phrase tailored to its exigencies. But for the most part, this restriction probably won't exist. If you are going to insert a phrase a second time, it can't be the first phrase. That sets the tone for the fight. I would suggest, in a four-phrase fight, performing the second phrase again in-between the third and final phrase.

I would also recommend at least two new moves be added to the beginning so that it breaks the visual pattern the audience has just seen a few minutes ago. Possibly even consider adding a new move to the end – anything to make it start and end visually differently from its original form. Adding a couple of carefully chosen moves to the beginning and end should, by this time, be within the capabilities of the performers. I would also suggest the repeater phrase be shot either as a long shot or as alternating head-and-shoulders shots of both the combatants. In this manner, the movements of the swords won't be easily recognized. It's a bit of a cheat, I admit. I've had to do it a couple of times and never liked it, but with the additions I suggested above, I was actually surprised at how hard it was, even knowing the fight backwards and forwards, to recognize it as a repeated phrase.

BLOOD EFFECTS

You might not think this is really a venue for a fight choreographer but it is. Remember everything that impinges on the physical action of a fight must be considered. And although you won't have to deal with creating the effect in film and television, being properly the domain of the special effects department, on stage you will often be stuck with dealing with it. First, on stage, an actor must wear a blood bag or capsule during the fight scene if such an effect is to be employed. The nature of the bag or capsule and its position must inform to a small degree the movement of the choreography. It would be rather counter-productive to have an actor start haemorrhaging a couple of phrases prematurely.

I have employed intravenous bags (the ones used during surgery) as blood bags which were then worn in pockets on a specially designed vest under the costume. This prevented them from slipping or changing positions during the action. The bag contained an appropriate amount of gore with the plastic tube leading to the area where the wound was to occur. I always looped the tube, leading it down, then curving it up to the wound area. This prevented the tube from gravity-feeding and starting the blood flow prematurely. To activate the wound, the actor would compress the bag with the inside of his upper arm. This meant locating the bag just in front of the armpit where it wouldn't be affected by the rotation of the arm from the shoulder, but could be easily reached as part of the overall body reaction to being stabbed or slashed. For a stab, the end of the tube was sufficient. For a slash, I would tape closed the tube and perforated it on its underside with the number of holes sufficient to the length of the cut. The bags and tubes needed to be washed out every night to prevent the blood mixture from 'clotting' and closing off the tube or valve.

Another way of creating a sudden blood effect without wearing any of the above (and also when dealing with a gunshot to the head), a blood sponge can be used. The actor can carry it or have it taped to the inside of his palm and slam it onto the appropriate spot when necessary. If the action doesn't allow carrying the sponge, it can be secreted somewhere on the set. It's not a good idea to carry such a thing in a pocket for obvious reasons.

To simulate arterial spurts, the best piece of equipment is a rubber bulb of the type used to aspirate ears and noses of small children. These can be carried in pockets and the effect, especially when they arc onto a wall or piece of furniture that clearly allows the colour to be seen, is horrific. Knives are often made with the blood reservoir in a rubber grip that is then squeezed to send blood through a pipe attached to the flat of the blade which then leaves a visible trail when the edge is drawn across the throat.

Here's an effect I created for the stage using blood and other things in combination. During a production of *Macbeth*, I once had the murder of MacDuff's son done in the following manner. I had a garrote made using hollow rubber reservoir handles and the wire being a black painted surgical tube perforated about a half dozen times. The murderer was a very tall, physically powerful man. I had a vest very much like a parachute harness constructed for the young boy with two large fabric rings at the base of his neck. His costume had a Velcro flap in the back corresponding to the rings. The murderer would then come up behind the boy, slip the garrote around his neck and, while the child struggled, open up the Velcro with his thumbs, then put his thumbs through the rings. He then lifted the boy completely off the ground, ostensibly by the wire garrote, and hung him. As he squeezed the grips, blood suddenly cascaded from the boy's throat. His struggles stopped and he went completely limp.

The murderer held him at arm's length about three feet off the ground for a moment, shook him once and then slipped his thumbs out of the rings, allowing the body to drop in a heap in front of him. This was on an outdoor stage, in the round. The audience knew a wire couldn't possibly have been used. The effect was very satisfying.

Another effect I designed was probably the most horrific I've ever put on stage. It was a sabre duel. The actor being killed had a bald skullcap fitted, upon which we affixed a thin latex prosthesis that resembled raw flesh. The wig was specially constructed so the front and top could be pulled back independently from the rest of the wig. A flat blood bag was fitted into the underside of the wig and a wire attached to the centre of its front. The wire ran through the wig and down the back of the actor's neck, under his costume and terminated in a ring protruding from the base of his vest. The last cut was a slash across the forehead, done entirely out of distance with the recipient upstage. Simultaneous with the slash, the actor, whose left hand was held behind his back, seized the ring and pulled. The entire front and top of his scalp then peeled back and blood cascaded down his face.

One of the other problems with blood is it can very often create a hazard if the fight scene continues after its use. First, some types of stage blood get sticky as they dry. If blood gets on the actor's hands and transfers to the weapon, it can create a safety hazard. This is the principal reason many swords have wire-wrapped grips. Smooth wooden grips are very susceptible to this and I prefer to wrap them with leather. Blood can also create a hazard on the stage floor where it can alternately provide a slippery surface or it can become sticky and adhesive, making it difficult to even walk normally let alone fight. I was in a production of *Henry VI*, parts I, II and III at the Stratford Shakespeare Festival where I was both acting and choreographing the fights. The director wanted a lot of blood – so much so that the floor of the set was designed with spaces in between the floor boards the sole purpose of which was to allow the buckets of gore to drain safely away.

In my opinion, blood effects should be used sparingly. Excessive use destroys their shock value.

ON-TARGET, OFF-TARGET

This refers to thrusting with a sword, since any cut must be thrown directly to a specific target, but must always stop a minimum of five or six inches from actual contact.

Some fight directors, for the purposes of safety, like to direct thrusts off the body, either to the right or left. I fully understand their concerns and won't disparage this technique. For my own part, I thrust to the body, again, with the understanding the point must always stop several inches from reaching the target. This disparity in reach is masked by the redirection of the parry.

My reason is that when thrusting off the line of the body, there can occur a lack of consistency regarding the direction of the point. The target can vary from take to take or performance to performance. This forces the actor receiving the thrust to sort of hunt for it which can be somewhat disconcerting.

The other reason is that, for film and television, unless the shot is specifically constructed to mask the fact the target is off-line, it can often be clearly visible that the thrust is not targeting the body itself, which results in a loss of credibility. Remember from a previous chapter we've mentioned that blows actually aimed to a target on the body can often be read by the camera as either having a different target than intended or appear to be going off-target completely. You decide for yourself which technique suits you best.

To Edge or Not to Edge

Nothing sends a purist of historical fighting technique into a spit-flecked diatribe against us ignorant fight directors more than taking a parry on the edge.

The controversy is whether parries were taken on the edge or the flat, so let's look at the historical perspective first. We have a great deal of documentation handed down through the ages to help us understand how the weapons of the day were used (I won't go into the various texts here – look for them in the research bibliography). Using the German longsword, one was admonished to strike with the schwech or upper portion of the sword and to parry with the stark, or lower portion.

The stark would, in modern parlance, be referred to as the forte. This section of the blade closest to the hands, gave the greatest leverage to resist powerful cuts. It also gave you the leverage and strength advantage when executing binds, *pris-de-fers* or similar strategies against your opponent's blade known collectively as winden. The German master Sigmund Ringeck further admonishes his students to bind strongly 'with the true edge'. Whether this implies the parry or engagement was initially taken on the edge is up for interpretation. However, deflective parries were delivered by striking into your opponent's flat with your edge and if your opponent's blade was turning, edge to edge, if only accidentally, was inevitable.

Let's look at the disposition of the quillons – the cross-hilt of a typical European sword.

The arms of the cross-hilt come away from the grip in direct line with the cutting edges of the blade. Ostensibly, the cross-hilt is there to prevent an opposing blade from sliding down onto your hands. This suggests that since you didn't cut with the forte of the blade (and

likewise, didn't parry with the schwech or weak), it was possible to take a parry with the lower edge at least occasionally. I have personally seen several swords in museums in England and Europe that bear nicks in the forte of the blade that could only have been caused by another sword.

I am fully aware that in certain later periods, swords often bore a side ring on the right side of the hilt that developed to prevent slide-downs occurring against the flat of the blade. And it's also entirely true that you would try to preserve the integrity of your cutting edge by not parrying with the portion of the sword reserved for such a purpose since a badly nicked blade is pretty much useless. In Japanese sword-fighting in particular, parries, especially against head cuts, are done by deflecting the opposing blade away using the spine or mune of the blade in a move known as a sokomen, or ribbon-cut which incorporates both deflection and counter-attack in a single movement. I've even had one practitioner whose knowledge of the sword is quite formidable, contend that the purpose of the quillon was to protect the attacker's sword hand from accidentally striking an opponent's shield on a cut.

However, before this becomes a thesis on parrying technique, let's just remind everybody we aren't talking about reality here. This is a visual entertainment medium and one of our main considerations with regard to choreography is the safety of the actor. When you parry using the flat of the blade to stop a cut, your wrists turn in a fashion that puts the energy of the cut very much directly into the wrists (it also exposes your knuckles, but that's another thing). Parrying with the edge, properly placed in the forte of the blade allows the sword to be held in opposition with a straight wrist backed up by the entire arm. The biceps and triceps come into play and, with the elbow bent, the arm acts as a shock absorber. It also positions the sword so the quillons are now definitely in a position to guard against a slide-down.

Cultural considerations

It's also necessary, when choreographing, to take into consideration cultural aspects of the society in question as they often inform the manner in which the weapons were used in certain circumstances. A good example would be the Viking duel. The Viking sagas tell us that a duel took place on a 'hyde', literally an ox or cow hide stretched out on the ground and staked down, within which dimensions the duellists were admonished to confine themselves. The combatants were allowed three shields and there's even a saga that describes the action being halted while one of the combatants re-tied a loose lace on his legging.

In Japan, a cultural imperative even created a new weapon. In 1876, the government banned the public wearing of the Daisho, the katana and wakizashi – the very symbol of the samurai.

Naturally, this didn't sit well with the samurai class who created a straight-bladed katana without a guard, concealed in what was ostensibly a walking stick – the Zatoichi.

Similarly in Japan, the taking of the high Jodan guards against a person known to be an experienced swordsman is considered insulting. In the German Mensur duelling societies, although the head is the only legitimate target, cuts to right cheek are usually not allowed, this being known for some reason as the 'Catholic Cut'. Don't neglect the cultural aspects of a fight. They can not only make the fight more interesting but add to the audience's understanding of the society be depicted.

In point of fact, there are also rapier moves that cannot be executed unless the edge of the forte is used, since the move requires the use of the quillons to prevent the immediate disengagement of the opponent's blade by creating instant entrapment between the quillon and the defending blade so as to allow the riposte to be executed instantaneously.

THE VALUE OF HISTORICAL ACCURACY IN FIGHT CHOREOGRAPHY

Quite frankly, there are certain movies that drive me out of my mind. The production values seem to indicate a considerable amount of effort was put into creating a visual atmosphere of historical authenticity. The costumes are correct, the sets accurate, the weapons themselves carefully chosen. Then those weapons start swinging and all accuracy seems to go out of the window.

If you are actually attempting to present an historic event such as the Battle of Agincourt or the Battle of Little Round Top or any subject on which there is a wealth of documentation, including first-hand accounts, then I think you owe history the courtesy of getting it right. I think this is not only an obligation we owe to the past but to the future since many people nowadays seem to get their sense of history not from school, but from film. So it does history no service to have popular mythology perpetuated and enlarged upon by the entertainment media – Vikings wearing horned helmets, swords that apparently weigh around 25lbs being slung about like sledgehammers, knights in block and tackle, etc.

If you think this is an exaggeration, I would cite the following example. I know of an incident in a classroom in an American high-school where the teacher was discussing a particular battle that occurred during the Civil War, which, coincidentally, had also been the topic of a recently aired made-for-TV movie. One student in particular, disagreed with the interpretation of the events as described by the dusty, dreary old textbook, citing that the version of the action in question was somewhat different in the movie. But, noted the teacher, the textbook quoted verbatim the eye-witness account of this battle from the letters of a soldier who actually fought in it. The student continued to dispute the text because the text was only writing on a page whereas he had actually seen the event on television. I sincerely wish I could tell you that I just made that story up to illustrate a point, but lamentably, it's true.

As fight directors we shouldn't be contributors to the creation or perpetuation of historical inaccuracies. That being said, it must also be recognized that we work in an entertainment medium and, barring working on a script having the Confederacy winning Gettysburg, or the French prevailing at Poitiers, the purpose of choreographing fight and battle scenes is not about teaching the viewer how to handle a weapon.

Here, however, is my main argument for historical accuracy in fighting technique; when you use the appropriate moves and technique for a particular design of weapon, regardless of its historical period, it is safer because you aren't trying to force the weapon to execute moves for which it was not designed.

The fighting techniques utilized by a particular weapon are based on the weapon's design and what that weapon is expected to come up against. I have mentioned this previously but I consider it a very important point so I'm not simply reiterating it to flesh out a few more paragraphs. Apart from executing tip cuts, it's pointless to choreograph a small-sword duel with a flurry of cuts and slashes because it has no cutting edge. It's solely a point-oriented weapon.

Stop treating the Roman Gladius Iberius like a sabre – it too is almost exclusively a thrusting weapon. Roman soldiers were only taught one cut and actually ridiculed their

How accurate should you be?

I have a friend who was watching a science fiction movie with his wife. At one point in the plot the characters were discussing various lines of DNA in which the 'R' line was mentioned.

'R?' exclaimed my friend's wife (who has a PhD in bio-chemistry), 'There is no bloody R!' The purists do rail against the ignorance of fight choreography in movies and television when there's 3in too much slope in the guard position of the Iron Gate (see Appendix: Reference Photo Commentary), or a move contradicts something they just learned last week in martial arts class. And frankly, so do I, but I don't let it ruin my day. Choreography is first and foremost about entertainment. However, the concept of the 'willing suspension of disbelief' doesn't mean taking all your historical study and heaving it out the window. Historical authenticity is a very valuable thing since it not only makes the fight look better, but is safer for the actor since you aren't trying to force the weapon to perform moves it was never designed to execute.

That being said, if you want complete authenticity, go work for the History Channel. I'll use as much historical authenticity as I feel appropriate to tell the story of the fight.

enemies who slashed and hacked. You must understand the nature and function of the weapon for which you are choreographing.

Having said this, pure historical authenticity can, in some instances, require an educated and discerning eye to recognize and follow. And here is where dramatic license must be allowed.

Remember, we are trying to tell the story of the fight, not reproduce, plate by plate the books of Capo Ferro or Talhoffer. No one should expect or make as a pre-requirement of the audience that in order to fully enjoy the fight scene they must have previously studied their Marozzo. There are some historically authentic techniques that would look entirely ridiculous to the audience. Many of the guard positions of Fabris for instance, leaning forward with the bum stuck out behind and the left hand cupped close to the ear, giving the appearance that the practitioner is going deaf. Now there are perfectly valid and practical reasons for adopting this guard stance, but unless you have studied Fabris (and I guarantee maybe one member of the audience in 100,000 will have even heard of him), then you are making the actor look silly to them which is probably not in the character's best interests.

In the *Highlander* episode 'Duende', where all the fighting was done with rapier and dagger, the style of combat was supposed to be based on the Spanish Destreza. This is a very esoteric system for which there are precious few actual master practitioners alive today. The moves can be very subtle and the style in both stance, body and weapon movement is quite different from, say, the Italian style of rapier play.

I soon realized using pure Spanish technique would not tell the story of the fight effectively, so Tony De Longis (who was playing Consone, the main villain) and I

began to play with the choreography, feeding each other attacks and analyzing the defences until I was finally satisfied with the end result which used some Spanish techniques, but also techniques from the Italian masters Saviolo, Fabris, Grassi, and even one or two from Alfieri. The final choreography was a hodge-podge of styles, but it worked visually – and unless you are terminally intellectually abstracted, you must admit that television is largely a visual medium. It wasn't the Destreza, but it was 99 per cent authentic rapier technique, which meant the weapons were being used in the manner for which they had been designed, and consequently it was both safer and looked better.

There are also times where a totally authentic move may closely resemble the technique of an entirely different weapon, bringing criticism of borrowing techniques. If you were to look up the longsword positions of the German masters, specifically Vom Dach (from the roof) or as it is also known, Der Eisen Gaten (the iron gate), you would find it looks pretty much identical to the positions of Jodan No Kamae in Japanese Iaido. People who have only studied the Asian martial arts often criticize fight directors of cribbing moves to use for European weapons without understanding the principles of bladed combat virtually guarantee there will be overlap between cultures.

The *Highlander* TV series was a tour de force of styles, usually pitting weapons against one another that could never have possibly met historically. And very often, I used weapons in ways different from what their historical period would have dictated. This was simply a physical necessity dictated by various factors such as blade length and hilt design of both weapons involved. However, since I was keenly aware of the physical limitations of the weapons, there were certain moves I would not make them attempt.

The result was an extremely high degree of safety in the execution of the fights without sacrificing the visual excitement of telling the story.

The weapon itself will often tell you what it does and doesn't want to do. Pick up a weapon – the design is immaterial. Now, making certain you have adequate space and won't endanger anyone around you, slowly swing the weapon about. Execute Molinellos, horizontal, vertical and diagonal slashes. Occasionally try to stop the weapon in mid-move. Feel the weapon's momentum and inertia. Let the weapon speak to you. It will tell you by its feel what it is happy doing and what irks it. The hilt may prevent you from executing certain moves, the weight and momentum will demonstrate to you how the weapon wishes to change direction or stop. Again, do this slowly – don't make the weapon 'yell'.

I have a friend who was using a Mongolian-style shamshir once who tried to make it change directions quickly without the proper body movement and managed to severely pull muscles in both his wrist and arm. If you have a weapon for which there exists a very specific fighting style, then you need to learn it, else-ways, the weapon will probably hurt you. And, since the style will predicate your control, you will probably hurt your partner as well.

The bottom line here is know the weapon, do the research, and then – if necessary – decide, based on knowing the weapon's strengths and limitations, what other styles may be used to vary the choreography to make it more visually interesting and not require of the audience knowledge it is unreasonable to assume they possess. Give history its due and don't perpetuate myths or start new ones, but remember that stage, film and television are entertainment, not teaching mediums.

EXTRAPOLATION AND VALIDATION FROM HISTORICAL SOURCES

We are now fortunate as fight directors in having a wealth of historical research available to us from which to extrapolate historical fighting styles.

Over the last ten years or so, the interest in sword-work has promulgated the publishing of serious scholarly works by people who have spent years, sometimes decades, pains-takingly translating, analyzing and presenting the ancient works or simply reproducing these works in their original form. Over thirty years ago, when I first began my profession as a fight director, these books didn't exist except in the original. If you wanted to read them, you had to go to the library or museum that held a copy. If you wished to study under a modern master of these arts, you had to go to his country to do so; there was no Paddy Crean International Combat Workshop then. I can't even begin to tell you how many tens of thousands of dollars of personal money, grants and awards I went through over the years gaining what little knowledge I consider I now possess.

First, when approaching a modern interpretation of the period manuals and manuscripts, you need to bear in mind that very few were written in English. First, what is the period of the original? Language is not a static entity; it changes, sometimes radically over the centuries. This includes English. When performing a play of Shakespeare's, an actor must examine virtually every word of the text in order not to attribute a modern interpretation or definition of the word that may improperly colour or even completely change the meaning of the line. A good example of this would be the word nice. Nowadays, this is a generalized, somewhat wishy-washy term, vague and rather noncommittal, but definitely positive. Not so in Shakespeare's day. The word nice had an entirely different meaning. Making a nice distinction implied that you were splitting hairs. It could even imply pettiness – not exactly a positive implication.

Therefore, it's necessary to understand that language evolves, often to the point of ascribing different meanings to words still used today, and many times, using words no longer in modern parlance, especially when describing bladed weapon technique.

So one of the first things you should consider when reading a modern translation is does the author have any credibility in his facility to translate the original language? This is a difficult thing to know. Perhaps the author's bio might shed some light on this subject.

Another factor, regarding the author should be whether or not the author also a practitioner of the art on which he is writing? I know a museum curator for a major arms and armour collection who was without doubt an expert on the history of arms and armour, how weapons were made, etc. However, he freely admitted that never in his life had he actually picked up a weapon with the intent of trying to actually make it do anything. He was solely an academic and, to his credit, never claimed to be anything else.

The problem here is that such a person might inadvertently make mistakes in translating terms since he has no physical understanding of the art to inform him.

In the case of period manuals themselves, is the author known to have been a practitioner or predominantly a theorist?

Camilla Agrippa, who wrote his treatise *Tratatto Di Scienza D'Arme* in 1604, is recognized to fall into this category, although one with a very high degree of credibility in practical terms. For instance, he reduced Morozzo's eleven guardia down to four and was the first to suggest that the point was of equal importance to the edge, thus beginning some very significant changes in rapier combat that also initiated changes in the design of the sword itself. Let's just say that not all theorists are Agrippa.

Also with regard to the original writer, in the case of descriptions of battles or duels, certain questions should be addressed. First, is the author a first-hand witness to the event being described or is this the recapitulation of stories handed down second and third-hand over a long period of time? What is the author's background? Remember that not every member of society was literate. Even certain kings could barely write their own name. The account of a particular battle as written by a monk may not be the most accurate rendition of the event in terms of accurate and useable detail. You should always attempt to find secondary sources to corroborate your information.

On the other hand, there are certain authors to whom we might ascribe a good deal of credibility; Viking bards for instance. This is because, regardless of the fact that their principal occupation was the composition of music and epic sagas, these men accompanied their leaders into battle and were expected to be able to fight credibly. The Icelandic Sagas are a very good source of unembellished accounts of battles and duels.

One might also consider whether or not the author has an axe to grind. George Silver springs to mind. Silver's treatise *Paradoxes of Defence* could be viewed as a very convincing example of ethnophobia, specifically when it comes to everything Italian.

It was Silver's contention that the rapier was an entirely ineffectual, indeed, effete and effeminate weapon. He said: 'These Apish toys could not free Rome from Brennius' sack nor France from King Henry the Fifth his conquest.'

True to a point, but nobody in his day was about to fight with a Gladius Hispanica. It also ignores the fact the victories of Henry V and his predecessors against the French at Agincourt, Crecy and Poitiers was largely credited with the employment of the longbow, not the sword. Nor was it ever suggested that a rapier was a weapon of war. Indeed, one of the theories of the origin of its name derives from the term *espada ropera* or a sword of the robes, referring to its civilian rather than military nature. It is also a fact that reading the treatises of Di Grassi and Saviolo, Silver's Italian contemporaries, there is no mention of the rapier being a weapon of war. Furthermore, the face of battle was becoming more and more dependent on the firearm and the pike.

There was also the perceived upper-class snob appeal of the rapier. The times were changing and Silver wanted no part of it. With the rapier came a uniquely Italian concept of honour, which appealed to the English upper class at a time period when the world was opening up to England in a way unprecedented in its previous history. In an attempt to refine the definition of the upper class at this time, there was an openness to adopting new ideas including the concept of what constituted honour and what it meant to be a gentleman. Silver was stuck in a sort of middle-class insularity with regards to outside innovation.

Cultural and societal influences not-withstanding, there's also a great deal of commentary on the part of Silver that is either misunderstanding, misrepresentation or sheer nonsense. He contends, for instance, the cut is superior to the thrust. Considering his weapon of choice is essentially a hacking weapon, this isn't surprising. But he doesn't take into consideration the massive internal bleeding that can occur with a thrust perforating multiple organs. More people appear to have died from internal haemorrhage or septicemia after the duel than were actually killed during the fighting itself. It would be a pyrrhic victory at best to succumb from your wounds after having previously killed your opponent. And yet, Silver also fulminates that rapier combat can occasionally result in double kills. More significantly, he insists that if you measure the arc of a cut, and the line of a thrust, they are one and the same in terms of distance travelled and the cut may be delivered faster than a thrust. He uses, by way of illustration, two duellists, both with rapiers, which 'not be crossed of either side'. One makes a cut, the other a thrust and, 'the measure of the distance or course wherein the hand and hilt pass to finish the blow' shall be 'in distance, all one'.

Now consider that any cut must require several inches of the weak of the blade to be effective whereas a thrust need only penetrate two inches to be fatal, albeit in the appropriate area. The cut, from presentation of the guard to completion, requires at least the rotation of the wrist whereas the thrust can be delivered with the mere dropping of the point and possibly only the extension of the arm. Geometrically speaking, an arc and a straight line cannot be equal in length.

Silver also distains the rapier on the grounds that neither its blade nor its hilt are capable of withstanding the good downright manly blow of a heavier sword. Apparently he'd never been exposed to the concept of the void or simply to step back out of distance. As Saviolo says in his commentaries, 'There is a difference between retiring orderly and running backwards, for to hit and retire is not discommendable.' Many Englishmen of Silver's class (which was not upper) regarded any back stepping as shameful.

I could go on at considerable length debunking the bulk of Silver's carping about Italian and French rapier technique but that's not to the purpose of this section. *Paradoxes of Defence* is widely available, including on the Internet, and it's in English! Get it, read it yourself, draw your own conclusions.

Does this mean Silver is merely an ornery old crank whose methodology is without merit? Not in the slightest. First off, Silver was a highly credible practitioner and was more concerned with the sword as a weapon of war or a tool for serious self-defence, not a duelling weapon. Indeed, it was his contention that the introduction of not only the rapier but the Italianate ideas accompanying it were leading to frivolous and oft fatal duelling. But when it came to the traditional English weapons, George provides much sound advice. And, to be fair, he does make a couple of valid points regarding certain weaknesses in the rapier play of his day.

George Silver admonished Englishmen to 'cast off these Italianated, weak, fantastical, and most devilish and imperfect fights', and return to 'their own ancient weapons.' In other words, he wished the old ways to be preserved, regardless of whether or not they had any current validity in the society that was evolving at the time. And, of course, he was also attempting to state a case for the validity of his own methodology against what he saw as dangerous competition.

Poor George and his contemporaries ultimately lost. In 1624 the Monopolies Act struck down the warrant granted to the English Masters of Defence and within about ten years, most were out of business largely for refusing to adapt to the changing times.

Many existing original manuals of instruction are profusely illustrated. Some, such as Talhoffer's *Fechtbuch* of 1476 contain almost nothing but illustrations. However, I think it's safe to say they weren't drawn by the authors of the works in question. Therefore, we need to examine the drawings as they relate to the text to see if they accurately represent the move of the written description. The first consideration is that prior to about 1450, art of the day lacked perspective. This often leads to misunderstandings regarding the actual intended positions of the combatant's bodies.

With regards the grip, almost every manual I've studied shows the disposition of the thumb and fingers quite clearly either on the two-handed longsword or through the bars of the swept-hilt rapier together with the grip of the dagger. One should pay specific attention not just to whether the grip is pronated or supinated (or in some cases, half-way between either), but also the angulation of the wrist on both defensive and offensive techniques. It is the angulation of the wrist in rapier play that is critical in ensuring the strong and complete deflection and redirection of the opposing blade. It is also clear in certain cases, that the thumb rests not on the back of the ricasso – the unsharpened lower portion of the blade that, in rapiers, is located above the quillons, but still safely inside the barring of the hilt – but on specific movements (and to compensate for the position of the sword), the thumb is moved from the back of the ricasso to the inside (your left) flat. You can see this technique most clearly in the illustrations of Di Grassi's book *His True Arte of Defence*, of 1594 and also in Capo Ferro's *Gran Simulacro dell'Arte e dell' Uso della Scherma* of 1610.

As for the rest of the body, for the most part the illustrations are quite finely drawn. Although, a notable exception is *The Compleat Fencing Master* by Hope which has some very simplistic illustrations in it.

These illustrations, which include the works of Meyer, Marozzo, Fabris, Grassi, Capo Ferro, etc, not only include shadows on the ground or floor, but some also depict the floor with either a grid or specific pattern that makes it possible to determine with considerable accuracy the placement of the feet and consequently the disposition of the body. These illustrations clearly depict the relation between the front and rear foot that, when combined with a grid the size of whose squares can be extrapolated by their relation to the size of the human body upon them, also show us the degree of displacement forward, left or right on movements such as lunges, thwarts, passes, riversi, voltes, etc. They also show the proper lower body position for guards prior to engagement of the blade. And, of course, Spanish School masters such as Narvaez and Thibault provide direct illustrations of the position of the feet with footprints on the actual floor. You must also note the position of the arms in relation to the body (i.e. how much flex appears in the elbow).

Meyer, in his *Grundliche Beschreibung* (1570), also clearly illustrates German two-handed langenschwert technique of the day by illustrating with exceptional detail, the exact position of the sword in guard position and the relationship between the edge and quillon on defensive actions.

Many of the Renaissance masters' book illustrations show the combatants either nude or scantily clothed. This, I believe, was not an homage to the Romans or Greeks, but an artistic convention that allowed a clear view of the precise target being struck. Without going into immense detail, you must look at the entire illustration and all its details, including the floor.

It is also my contention the extant treatises on swordplay were not intended as how-to books on sword instruction, but rather *aide-memoires* for the students of specific masters. One must remember some masters such as Liechtenauer (according to one of his students, Sigmund Ringeck) 'wrote down his teachings in secret and hidden words so that the art would not become known by all.' Naturally – for if such information was generally know and readily learnable by a text, the master would soon find himself done out of a large number of potential students. It is, of course, both extremely difficult and dangerous to try and teach ones' self from scratch using only a text. It is redolent of the old adage that a self-made man is a horrible example of unskilled labour.

But when all is said and done, the only real way to test the validity of a text's documentation (after having taken all of the above into consideration), is to take up a weapon and try them. To do this, you will require a weapon to be of the authentic design, and as near to the proper weight, balance and length as possible. And the only way to determine those criteria is to have handled the originals. Anyone who makes the claim that their home-made bodkin, is the exact dimensions, weight and balance of an original without ever having gone to a museum and done so is labouring under a delusion. Perhaps it is, but how do you know? Don't make the mistake of claiming such-and-such a master's techniques are nonsense because you tried to duplicate them using a manifestly inappropriate weapon.

You are never going to be able to exactly duplicate a move because, without a time machine or the ability to resurrect the master in question, you are never going to be able to get the fine-tuning or understand his intention. And certain illustrations will flummox you. I've tried many times to reverse-engineer a couple of the pictures from Talhoffer's *Fechtbuch* and never achieved a satisfactory solution – with a partner and a very accurate replica of the weapon in question. The picture with its two lines of text simply doesn't give me the critical small points of information.

However, the sword won't lie to you. Try the moves in question slowly, preferably wearing a mask at least, and listen to what the sword is trying to tell you.

A FINAL CAVEAT ON REALISM

The occasional viewer will try to learn moves from your choreography. I have had people travel to conventions apparently with the sole purpose of asking me to teach them a particular move they were unable to duplicate simply by watching the show on tape. Now, there's nothing intrinsically wrong with this; it's actually rather flattering. However, it made me realize there are certain moves that perhaps I shouldn't show, since anyone trying to learn these moves from taping a show or renting a movie are not going to be attempting them in a venue of professional supervision. As I mentioned before, there's nothing more dangerous than the phrase 'I think it goes like this...'.

What a person sees when they watch a movie or episode of a TV show is the finished product; a move carefully selected, painstakingly learned and rehearsed and not only shot several times but often in small individual 'pops' to allow the audience to focus on the important bits – in other words,

to unfold that particular portion of the story of the fight. That's not exactly instructional video standards, nor is it intended to be.

You can't stop the audience from doing this so you sometimes have to think twice about what you choose to present to them.

An example might be a scene where a character has their neck broken. Most people have seen the standard way of breaking a person's neck depicted many times in film. A person seizes someone by the back of the head with one hand and by the jaw with the other, then suddenly twists and the bad guy's neck snaps with the appropriate foley (foley is the sound effects that are added during post-production) recording of a crunching sound. But when you think of the physics involved, it's not really possible. You might think that you have all the leverage advantage, but the lower jaw is moveable. What you are actually going to do is break the man's jaw, which is bad enough. But never their neck.

When I was in the armed forces and in a very few instances when I had a martial arts instructor who trusted me, I learned several ways to break the human neck, all of which work. They work because they're based on sound anatomical principles. And I have no intention of documenting them either here or in any work on stage combat I might write in the future. Similarly, I will never depict them in my choreography for the simple reason that they do work. I have no desire whatsoever to find out some time in the future that someone made his friend into a paraplegic or quadriplegic trying out a move on him in the back yard.

There is also another problem with creating extreme realism that occurs exclusively on the stage. In film, regardless of how much or how little an audience member knows about how films are made, there is the separation of audience and performer created by the screen.

On stage, the audience is very aware these are living actors. If you create scenes of such incredibly realistic violence that the audience begins to fear, not for the life or safety of the character, but for the safety of the actor portraying the character, you have now effectively broken down the fourth wall, and the audience's willing suspension of disbelief.

SYMBOLISM AND STYLIZATION

Fights that are intended to be symbolic can be very powerful dramatic statements. Naturally, your first question might be 'What is to be gained by presenting the fight scene in this manner?'

Personally, symbolism can often be employed in a heavy-handed fashion. I've occasionally been sitting in a movie theatre when all of a sudden I've been knocked into the aisle by the cudgel of symbolism wielded with the finesse of a Sasquatch with a baseball bat (like being 'struck by a bolt of the bloody obvious on the road to Damascus' as one author puts it). Generally, I suggest the use of symbolism when I want to heighten reality or stimulate the audience's imagination in a way reality cannot. Let's look at a couple of examples from my own work experience by way of illustration.

In 2009, I choreographed a production of *Coriolanus*. It wasn't a huge budget show and the number of people available for the battle scene was around fourteen. However, the director had set the show in the here-and-now. The battle scene was to be two groups of special-forces commandos, one team ambushing the other in order to blow open the city gates. It was to be up-close and personal combat fought with knives. As the first team infiltrated the area, the opposing force dropped onto them from out of the audience (it was in the round).

Prior to this, there had been only smoke and the sound of distance artillery fire. The instant the teams engaged, the lighting changed to a lurid red and the sound of overhead helicopter gunships cut in, together with flashes of light and tremendous detonations of close artillery strikes and even debris kicked up from the vomitories. The fighting simultaneously went into slow motion.

This allowed for some very complex choreography that would have been difficult to perform at speed. It not only emphasized the incredible brutality of hand-to-hand combat with people being stabbed and slashed often multiple times (together with kicks and empty hand techniques), but it also allowed the audience to clearly see and follow the action. Coriolanus himself engaged, wounded and brought to ground a Volscian soldier centre stage. While holding him, all the other combatants went into a freeze while he delivered his speech exhorting his soldiers on. Then, suddenly, the lights went back to normal and the last moves, which killed every enemy soldier (including Coriolanus cutting his wounded opponent's throat) were done at full speed. The effect was jarring. One member of the audience said it was akin to watching a multiple car wreck in slow motion. You wanted to look away but you couldn't for fear that it might actually soon involve you.

The rationale to do the battle this way was predicated on the first-hand experience of real soldiers. Gunfire, in the heat of battle, especially when mortars and artillery are involved, can so overwhelm your sense of hearing that it all melds into a cacophony of mindless noise. The only way I can describe it (unfortunately, from personal experience), is that, illogically, it's the equivalent of very loud white noise. Soldiers have also reported when the adrenaline is pumping, that motion seems to slow down, which many attribute to the hyperacuity of the senses brought on by a flood of norepinephrine – a super-adrenaline – that kicks in during the most life-threatening of situations. This was the experience we wished to give to (inflict on?) the audience and theatrically, this was the only real way to do it.

Another example in a slightly different venue was during the production of *Dreaming and Dueling* by John Murell, a play about two young highschool students who develop fantasy personalities in response to their obsession with their extra-curricular fencing classes.

The play opens with a fencing bout between the two. I decided to try and impress right from the beginning the elegance of this art, as well as try to foreshadow what was to come. I chose some music that had a very driving forceful rhythm that rose and fell in a series of crescendos and which also featured historical instruments. On a totally dark stage the music came up gradually, growing in volume as the rhythm became more insistent. When it reached the first crescendo, spotlights suddenly flared, revealing two fencers dressed in whites and helmets frozen in mid-move. The light then dimmed to black as the music went into a diminuendo and began to build to another crash of brass and percussion, together with another freeze-frame of the fencers in a different pose.

There were three in all. Then the music changed and with it, the lights came up dimly on the entire stage, revealing a gym. The two fencers then began to move in slow motion to the rhythm of the music. As the music increased in speed, so did the fencers, and the light crept up slowly, notch by notch. Finally, in the last section of the music, the fencers were moving at full speed, completely ignoring the rhythm of the music which was building to a climax. The lights were now full up. The final hit was made on the very last note of the music. We had now fully returned to the here-and-now.

Naturally, this was very difficult to choreograph and rehearse. It takes great coordination and muscle control to fence in slow-mo. The actors had to go from one cut for every four beats of music to one cut for every two, then one-to-one, and then go full speed completely off the music and still land the final hit on the very last note. Never once did they fail.

The result was the audience was given visual images that were modern, and auditory symbols (through the music), that were archaic and suggested the roots of the art form. They were also brought gradually through specific visual imagery into the world of competitive fencing – something very different from what they were used to seeing when swords were involved. And, because they were given a single fight that evolved visually through slow motion to quarter speed to half to full, they were essentially being taught how to watch the fights.

Without going off the Freudian deep end, you must be very specific with regards to symbolism in fight scenes. What is it that you wish to convey that requires heightened reality or surrealism and what visual images enhanced by music, soundscape, etc., will convey it best? What selective reality will you present to establish the framework for communication to the audience. As always, what is the story of the fight?

10 REHEARSING THE ACTOR

I've left this section to the end because if you haven't gone through the process of everything we have discussed prior to this, you really aren't ready to rehearse anyone.

We've already mentioned identifying and securing rehearsal time for the actor. Now that you have them, you have to begin the rehearsal process. The following are some of the steps to go through. As I've said before, some of them may seem obvious, but it's always worth reminding ourselves.

First, introduce yourself. Let him ask questions about you and answer them honestly. His safety and a large part of the credibility of his performance lie in your hands and he must be able to have confidence and trust in your ability and your priorities. Introduce him to the weapons he will be using. Let him handle them, swing them, etc, under supervision. For the most part, unless he has come in very early in the game, the weapon choice will have been made and the weapons already produced. Some actors believe they have a choice of what weapon they get to use. This is not the case. Explain that the weapon is dictated by the script and/or historical period. By now you should have ascertained what, if any, previous experience and training the actor has had and that may have informed your choice of weapon.

By the time you actually meet the actor, you should have already found out whether or not he is right or left handed. You will probably have to go through his agent to find out as this very important bit of information is rarely listed on a resume. And you will be surprised (or not), by the number of agents who don't know. Occasionally, I had the situation where the agent wasn't able to get in touch with the actor (Lord knows why), and because I had to pre-choreograph his fights to

Leave the acting to the actors

The most important thing a fight director needs to understand is it is the actor that will be performing the fight. It's also their credibility on the line. I seriously doubt most people, having seen a somewhat under-whelming fight in a movie, are going to leave the theatre talking about the amateurish choreography. They're more likely to be saying something along the lines of 'Man (insert actor's name here) really sucked in that fight scene.'

How many times have you seen more than a handful of people stay in their seats after a movie's over to watch the credit crawl?

be ready the day he showed up on the set, this lack of critical information forced me to choreograph all his fights twice: once to accommodate a right-hander and a second set of choreography for a lefty. It wasted a lot of my time but there was no choice – I had to be prepared for either possibility. So must you.

You must also be aware of any physical disabilities the actor possesses. Again, this must come from either the actor himself or his agent who must be made aware of your requirements as early as possible. I once had an actor who withheld the information that he had just recently had hip-replacement surgery until his first day on set. Similarly, an actor who had only one kidney and another who, a couple of months prior to beginning rehearsal, had a 20in stainless steel rod removed from his back that, for about fifteen years, had been surgically inserted to correct a spinal defect.

Pre-choreography is normally the case, especially in episodic television where rehearsal time is measured in hours, and, increasingly in feature film.

This being the case, you must understand that choreography can't be written in stone. The actor performing the role must have some input, especially when it comes to moves he finds physically awkward, or moves that reflect characterization. I reiterate: you aren't playing the role.

There are a number of things that must be emphasized to the actor regarding both rehearsal and performance of a fight scene. First, just as the opposite of speaking isn't waiting but listening, the fight scene is about give and take. This implies concentration. Regardless of how many times a fight scene is performed the same degree of attention is required for the one hundredth performance as the first. This applies to both stage, where long-running shows can create a degree of complacency, to film where you often shoot fight scenes (albeit in bits and pieces) for several days.

Many people insist on constant eye contact. I agree, but only to a point. It's true the eyes are normally the first place you will recognize the terrible fact your opponent has just 'dried'. It's also necessary to have eye contact prior to beginning a fight or a new phrase to ensure your opponent is ready. However, constant eye contact is not always the way to go. You must occasionally look about you or at least use your peripheral vision to ensure your safety on the set or the environment of the fight. You should develop the ability to see your opponent's body as a whole since you are his eyes and he yours with regards to seeing obstructions or hazards he or you can't see while backing up.

With regard to speed, the speed of a fight will vary within the phrase as dictated by the choreography. It's perfectly natural, due to adrenaline and especially on opening night or the first take, for actors to tend to speed up without knowing. This should be observed by you and corrected. Speed can create danger and also rob the audience of the ability to follow the story of the fight. Your optimum performance speed should have been found in the rehearsal process. Excessive speed in a fight is like excessive speed in sex – there's no prize for finishing first.

I would often come off stage after a fight scene completely knackered, often wheezing like a steam engine. This baffled me since (at least when I was younger), I was in good physical condition and never smoked or had any form of lung problems. Eventually, I realized I was holding my breath throughout an entire phrase; I just didn't realize it while I was on stage. I've learned many actors do this as well. Emphasize breath control to the actor and that they should breathe during phrases in much the same way as a singer approaches a series of bars of music. The practice of Tai Chi is excellent for developing breathing coordinated with body movement.

If one of the performers forgets the rest of their moves for the phrase, the proper response is to separate immediately as though it were the end of that phrase (this is obviously applicable to live theatre since in film you simply call a cut, run through the phrase and begin again). You must then have a pre-arranged signal between the two actors – either a specific line (poor example: 'Have at thee, coward!'), or a visual cue that allows you to pick up the fight by beginning the very next phrase. Do not try to start the offending phrase over again! First, the person who dried on it is very likely to dry again. Second, the audience will recognize the moves, and they're not there to see you work your way out of a problem. Re-starting the phrase will only emphasize the fact a mistake has been made.

If a weapon breaks, you must separate immediately. Don't try to continue the fight with a broken weapon! I suggest the person whose weapon broke begin to back up and then bolt off stage, pursued by other. Kill him off-stage. The Greeks did this all the time; the concept was known as decorum. Mind you, if the person whose weapon broke was supposed to win, then you've got a problem. I once had this happen to me when I was acting in the *Henry VI* trilogy at Stratford and, because of the theatre and set design, it was almost physically impossible to get off stage in a timely and believable fashion. My opponent, who trusted me implicitly (I was also the choreographer for the trilogy), and who I knew to be a man of considerable physical ability and intelligence (as well as a damned fine actor), stepped back the instant my sword broke. I established positive eye contact and

then rushed him and grappled, grasping his sword-arm with my left and grabbing him around the waist with my right. I whispered in his ear 'Let me pull the sword out of your hand and then I'll kill you with it with a stomach slash.' Knowing exactly what to expect, we hove about until we were both sure of our balance, I then brought my right arm over, seizing his sword arm (above the wrist), with both hands, took his sword and dispatched him.

Please bear in mind, however, we had literally months of rehearsal for the trilogy and the actors knew the fights backwards and forwards, plus I had discussed with them procedures in the advent of a weapon breaking (my incident was the only one during a three and a half month run and was the result of metal fatigue in an old weapon). But needless to say, it is always a distinct possibility that should be planned for and even rehearsed.

Excessive force is also a thing to be scrupulously avoided and is often the result of excessive speed. Actors must constantly be aware of how they are delivering blows and should always be taught proper body technique from day one of the rehearsal process to neutralize it. Some of the early texts documenting longsword technique often illustrate power moves as moving forward on the cut leading with the right foot. Since the right hand is always illustrated as the upper hand on the grip, this allows the weight of the torso to be put directly into the blow.

Therefore, you can draw power out of a movement while maintaining visual credibility by stepping into such a blow with the left foot which I have found can ameliorate much of the force. Naturally, this isn't possible with a large number of blows whose nature often dictates very specific footwork. The ability to stop the weapon is therefore dependent on ensuring that, although the body is used as a reference point, cuts always stop at least 6in from actually landing on their intended target. This ensures that the parry intercepts the cut while the latter is still in motion so it's not apparent the cut is being pulled. This also assumes the parry be sufficiently large enough, pushing outside the line of the body. Parries made close to the body may be more realistic for certain weapon styles, but are less visible to the audience and leave very little room for error. Further safety can be achieved by body movement coordinated with the parry such as the Small Sword inquartata where the parry of four is made while simultaneously making a cross-step to the right with the rear foot.

When dealing with weapons such as sabres and rapiers, I always teach actors that the thumb on the weapon hand is one of your principal guides to both accuracy and a palliative against excessive force. With the thumb pointed forward (which the sabre and rapier grip both predicate), wherever the thumb is pointing, that's where your point is going. When you point your thumb at your target in the case of a cut, let's just say for the sake of illustration, the top of the bicep on your opponent's right shoulder, plus six inches, since the choreography calls for the cut to be parried, then that's where your thumb should point and that's where your sword will stop.

There's another way of arresting the motion of a two-handed sword that's on the technique of the Japanese katana – hand-wringing. Put your hands together with the right hand on top. Now twist each hand in the opposite direction – the right hand twisting counter-wise and the left twisting clock-wise as though you were wringing the water out of a hand towel. This action will bring a down-cut to an immediate halt. Personally, I only

teach this technique in order to stop a blow when a parry has been missed. It's sort of the equivalent of slamming on the brakes of a pickup truck.

While we're on the subject of controlling the weapon, accuracy in targeting is a large part of actor safety in both armed and unarmed combat. For unarmed combat, it's a fairly simple process of acquiring a full-sized heavy bag and marking it with tape or getting a martial arts mannequin that is realistically anatomically configured. For swords, especially for point accuracy I use the following drills.

Hang a ring (perhaps a roll of gaffer tape), from the ceiling or an arm. Have the actor stand one lunge distance away. When the actor can put his point through the roll of tape ten times in a row, then have him back off the distance of a single-step advance and a lunge and repeat. After this is accomplished, let the ring swing from right to left. After he can cope with this, continue to let it swing but also spin it on its axis. Any actor who can progress through all four stages is a performer who is in control of his point.

I've often been popped by a thrust so hard it left a bruise on my back. Here's an exercise to get unnecessary force out of thrusts. Inflate a toy balloon and tape it to the wall at centre-chest level. Now have the performer thrust to hit the balloon. The purpose of the exercise is to dimple the balloon but not burst it. This is harder than it sounds when you consider that you won't be using a blunt.

Distance is half your safety factor. While rehearsing the actor, footwork drills, proper targeting, cutting with the correct portion of the blade, etc, must be stressed.

Let's go through this point step by step since it's very important that you understand the physical dynamic involved.

First, a simple exercise in maintaining a

constant safe distance. Have the two combatants stand facing one another. The one with the longest reach extends his arm so that the distance between the two allows him to just touch his partner in the centre of the chest. Now, as you call out the moves, the two move forward and back using simple single-step advances and retreats and pass steps. Now have them stop and have the first person extend their arm again to touch his partner on the chest. The distance should have remained the same. When the actors have demonstrated their ability to do this exercise, re-do it with swords in hand and adjust the distance so the point falls an inch or so short on a fully extended lunge. This time, also have them execute cross (side) steps and circle each other in both directions. At the end of the exercise, the actor executing the lunge should find his point the same inch or two distance from his opponent's chest. The maintenance of proper distance between the two combatants is crucial to safety for reasons we will now explore.

As we've mentioned several times before, you should always attempt to cut with the upper third of the blade and parry with the bottom third (i.e. the 'weak' and the 'forte,' unless the choreography specifies otherwise to accommodate a particular move or bring the actors closer together. When an actor moves in prematurely this means his blows will be landing towards the middle of the blade which will have the effect of increasing the felt force of the blow. If the actor becomes aware he has decreased the proper distance or 'measure', he will often try to compensate by pulling in his blows. The only real way to do this is to increase the sword's angle by bending at the wrist or flexing at the elbow. Normally, blows – unless otherwise specified – should be thrown with a straight arm, shoulder to wrist, with the idea of throwing

the point of the weapon past the intended target so the audience can plainly see the blow is reaching your opponent, hence creating a tangible threat.

When you break at the wrist or elbow, this has the effect of elevating the point and dropping the hilt. This does bring the blow back into the 'weak' but at the expense of shortening the blow's reach and increasing the possibility of a slip-off. In order to compensate for the change in distance, the defender now has to alter his parry, pushing it out further and, in the case of a head cut, even lowering it to defend against a possible graze-off which would send the cutter's blade unintentionally down the centre-line of his face. Roughly the same thing occurs when a cut is being directed at the shoulder in this fashion. The flexure of the wrist or elbow brings the attacker's hilt into the centre-line of his opponent's torso which could actually interfere with his next move, but similarly shortens the distance of the cut. Moreover, when you move the hilt in this manner in an attempt to compensate for the close measure, the point of the sword moves outward from its intended target. This forces your partner to reach out the parry in order to make blade contact.

Trying to compensate for prematurely closing distance by adjusting the sword move only serves to exacerbate the problem. The proper response is for the attacker (provided he realizes his mistake), to adjust his footwork by either taking a shorter step on his next move to widen the distance, or his opponent, who should also be sensitive to this condition, to take a longer step back.

Conversely, when an attacker or defender has taken such a broad step that it puts the combatants out of range with each other, this condition will force the attacker to reach his cuts or thrusts to such an extent that he will be leaning over his balance point which, given more than one move, can easily result in his falling forward in the middle of a move. It also can result in the defender either having to push his parries out to meet the foreshortened attack. As we've mentioned earlier, parries should be taken with a bent elbow for the purpose of shock absorption, but there's another reason for this. If both the attacker and defender are executing moves with a straight arm, it can sometimes become difficult for the audience to discern who's attacking and who's defending, both combatants presenting a pretty much identical body posture. And, when attacks are falling out of range, it means they are landing on the very uppermost portion of the attacking blade. This can easily result in slipping off the parry. Since the point is no longer being thrown beyond the intended target, this condition can ultimately result in the point of the attacking sword coming across the bodyline of the opponent or crossing down the centre axis of the face. If the next move has the defender stepping forward, this could result in his being struck or even impaled on the point. This factor alone is one of the reasons I prefer to work 'in-distance'.

Once it's clear that the performer has memorized the moves, effort must be made to create flow in the movements of a phrase. Out of necessity, an actor must learn a fight scene quite literally one blow at a time. However, the fight obviously can't be performed that way.

The flow of a fight should already exist in the choreography – how the weapon moves from attack to parry to riposte, to feint and compound attack. The timing and rhythm should be inherent in the choreography, there for the actor to feel and discover as he becomes more confident with its execution. The flow will also be dictated by footwork, by the reaction of blade against blade, by the changes in timing and size of motion dictated by movements originating in the wrist, the elbow and the shoulder. The flow is where a fight becomes like a dance and transforms into something far more elegant and significant than mere movement.

Personally, I do not rehearse actors with fencing masks. It provides a false sense of security which will vanish the moment the helmet is removed. Control and distance are the only two proven safety factors and should be inculcated from the first rehearsal.

Remember too if the actual performance has the actor wearing a hat or period footwear, these elements must be incorporated into the rehearsal period as soon as the actor has learned the choreography. If a cape is to be worn and is not incorporated into the choreography, then I would advise getting rid of it with the appropriate flourish at the earliest opportunity. They might look spectacular flying about in the wind but they can often simply be an added difficulty and a potential hazard. You might consider whipping it off and having it thrown at your opponent's head at the very start of the fight which is both dramatic and historically accurate.

Any actor worth their salt understands acting involves the entire body. The ability to convey emotion without uttering a word or the face being visible requires considerable ability but I can think of only a handful of actors who possess the subtlety the skill requires without degenerating into mime. A fight scene can be brilliantly choreographed but fall as flat as the proverbial pancake if the performers can't sell it. I once watched a Tybalt–Romeo fight which was, for all intents and purposes, perfectly well choreographed, but the actors literally walked through it. By that, I mean their swords were executing some nifty stuff but their body posture and movement suggested they were taking a Sunday afternoon stroll through a park. It was like watching someone recite the 'to be or not to be' soliloquy while picking his nose. A fight scene is pretty much as heightened an emotional state as you can get – a virtual life or death situation so far as the characters are concerned. There's fear, rage, etc. The entire body has to get involved to tell such a big story.

Also please remember that there's a limit to how long you can rehearse an actor. This is especially true in the beginning stage when they are trying to master a foreign skill that involves the entire body, not just dealing with the long, pointy thing in their hand. Apart from schedules simply not allowing it, there will come a point where the actor is in information overload. This is when to quit. There's no value to be had, indeed, it may even be counter-productive, to try and push an actor past his physical and mental limits. Their control over their weapon will diminish and they will become unsafe. They may even begin to forget what they've learned that very day.

On this subject, you often hear the phrase 'muscle memory' which essentially means the repetition of an action often enough that it becomes ingrained in the subconscious to the point where conscious thought is no longer necessary to replicate the action. The muscle remembers how to execute the move properly which is validated by the fact it feels right. This is a very important factor in training an actor in the choreography. After all, think about it: if an actor had learned his lines only to the point where he had to consciously think of his next line throughout the script, he couldn't stay in the moment (i.e. listen and react). His response to any cue would be a learned response that wouldn't change from performance to performance regardless of what he was receiving from his fellow actors. There would be no spontaneity, no interactive dynamic, only people waiting for their turn to speak. The same holds true for a fight scene inasmuch as the actor must respond to the physical dialogue, react to threats, discover opportunities, etc. In other words, the fight must be learned to the point where it can be 'forgotten,' that is, it must become reactive rather than a programmed response.

How long does this take? This varies from actor to actor. Realistically, it takes as long as you have time to rehearse, a fact that should inform your choreography. Various martial arts have a different response. In a couple of martial arts I have studied, I was told it would take at least 500 repetitions of a kata before you were ready to test for the next belt level. In classic Iaido you are told to start the day with 1,000 cuts, not as practice, but to prepare to practice. I've even read that in order to prepare for real combat, you should realistically practise a single technique 10,000 times.

Remember though, stage, film and TV aren't the real world. You're not trying to turn the performer into a swordsman or martial artist, just make him look like one.

The time you've got is the time you've got. Barring schedule changes, which invariably happen from time to time, you should already have a handle on this and your choreography should reflect this.

I used to give actors the script to the fight which I had typed out in long-hand, and I still have copies if they request it. But I have found it's usually best for the performer to write out the moves of the fight for themselves as they learn it. Bear in mind that this *aide-memoire* is for them to go through the moves of the fight on their own while at home, in their trailer, or hotel room and it's essential they don't learn wrong moves or not understand a particular moves' description, and so approximate. Unlearning a wrong move is frustrating and takes up valuable rehearsal time, which is usually at a premium. Encourage them to write out the fight move by move in their own language. I also have a few sheets of photos of the parry positions available for actors (which should be shot from both the front and the side for each position), to use as added reference. I am fortunate in also having an instructional video, *The Practice of Arms* which I can offer to a performer if they aren't going to be arriving for a while in order to bring them up to speed on both my techniques and teaching methods.

You have to develop the ability to connect with the actor on his or her level. I don't mean that in any condescending way. You are in no small way a script writer inasmuch as you are creating a framework for their performance, a template onto which they etch the details of their characterization. The fight scene is one of the few venues where they feel they can legitimately have some input. They have to personalize your moves within their interpretation of the role. If there is time prior to beginning the choreography for you to sit down with the actor and ask him questions such as 'What is your character's emotional state going into the fight?' or 'How far would your character go to win?' then you should do so and incorporate this information into the choreography. You should also understand certain aspects of an actor's performance will change during the rehearsal process as new understandings and directions become apparent. It is therefore necessary to make the actor understand that there's a limit to how much the moves of the fight can be changed once rehearsal is underway. This shouldn't really be a major problem since the fight scene has to necessarily conform to the outcome

dictated by the script. Many acting choices don't require a change in the moves so much as how those moves are performed.

The Canadian stage director John Neville once said he strove to frame his direction so it guided the actor to the discoveries that took him in the direction John wished the actor to go.

He could have just as easily told the actor what he wanted, but John, being a superb actor himself, realized there were some revelations an actor needs to make for himself in order to feel he 'owned' his performance. You need to develop the skill to guide performers to discover the story of their fight. To do this, you need to study the art and craft of acting if you are not one yourself. You need to be able to couch your direction in terms the individual in question can understand using metaphor, sense memory, etc. If all you end up doing is teaching the actor the moves, you've perhaps got a fight, but not a story.

REHEARSAL TIME

When beginning choreography, regardless of the medium, one of the first things you should do that will largely determine the length of a fight, is to determine how much rehearsal time you will be able to have with the actor (this is especially true in both episodic TV and film – generally speaking, theatre is much more generous with rehearsal time).

Shooting schedules and day-out-of-day schedules should be consulted immediately to determine when each actor is available for fight rehearsal during the shooting day. Of equal importance, you must determine when all actors in a fight scene are available to rehearse together. There is only so much value to be had rehearsing the actors with just yourself. After all, you aren't the one who ultimately has to perform the fight with them.

The amount of rehearsal time available will, as I mentioned, inform you as to how large or long the fight can be. There's no point in choreographing a huge fight if there's no time to rehearse it to the point where it can be performed safely and at speed.

The director must be made aware of this from the beginning. I once had a young director for an episode of *Highlander* who, on the location lock-down survey, was taking me through the route he wished the main fight to traverse from beginning to end. It started inside a building and then wended its way circuitously through a construction site. At the end, I asked him if he realized how many moves and phrases such a distance would require. The answer was over 300 moves broken down into a minimum of eight to nine phrases (the average fight on *Highlander* was four phrases). This would necessitate a rehearsal period roughly equal to our entire shooting schedule. He also had the fight going through an active construction site so a week from now much of the stuff that he envisaged running around, clambering over, etc, was highly unlikely to even be there.

A relatively short, but expertly performed fight is always preferable to a long, under-rehearsed brawl. The latter will not only look bad but will also be dangerous.

Episodic TV is where you will normally be boned for rehearsal time. On the *Highlander* series I averaged four to four and a half hours of rehearsal per actor, often for multiple fight scenes. You must also allow time to rehearse the stunt doubles.

In feature film and motion capture, it's always preferable to pre-rehearse as much as possible. There will always be times on the set when something must be tweaked, but on the set is not the time or place to be learning the fight. Generally speaking, it's impossible.

Producers will usually balk at giving you much extra time. I once had a project that had no less than twenty-two individual sword fights involving one-on-one, two-on-one, three-on-one, fighting on stairs, fighting on tables and fighting on a roof, plus stunt action within the choreography. I told the producers I would need at least two weeks pre-rehearsal with the performers prior to shooting. And I got it. It was a matter of explaining to them that it came down to efficient money management, which was absolutely true. The performers had to come in on the first day of shooting with the fights learned absolutely cold. What would be cheaper? Paying for two weeks of rehearsal or trying to learn it as we go while on the set – in a studio – with an entire crew? The performers rehearsed eight and nine hour days for two weeks, and we shot all the fights out in a little over a week.

Also bear in mind that while on the set, just because an actor isn't in front of the camera, doesn't mean you can simply grab him away to rehearse. Actors need time to prepare for up-coming scenes, which means some quality time alone in their motor home. The costume department will also not be pleased if you sweat up the actor's costume prior to the next shot.

APPENDIX: REFERENCE PHOTO COMMENTARY

The Itto Kamae (One Sword Stances) of the Niten Ichi Ryu (Two Heavens as One) school of Miyamoto Musashi.

The Itto Kamae (One Sword Stances) of the Niten Ichi Ryu (Two Heavens as One) school of Miyamoto Musashi.

The Itto Kamae (One Sword Stances) of the Niten Ichi Ryu (Two Heavens as One) school of Miyamoto Musashi.

The Itto Kamae (One Sword Stances) of the Niten Ichi Ryu (Two Heavens as One) school of Miyamoto Musashi.

Knife – Forward Grip. *Knife – Reverse Grip.*

Left to right – Swept Hilt, Pappen-heimer, Cup Hilt.

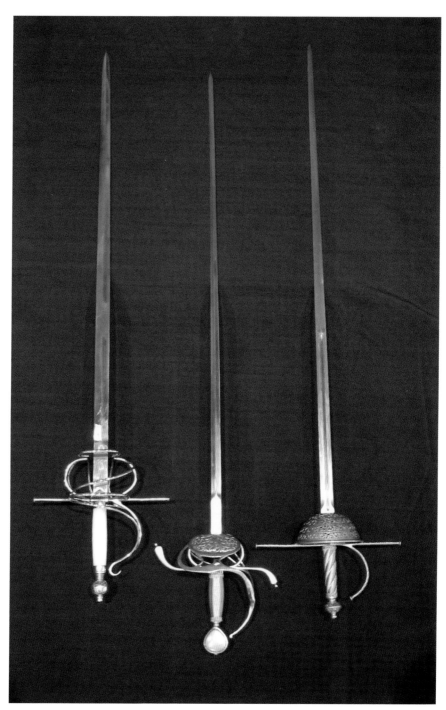

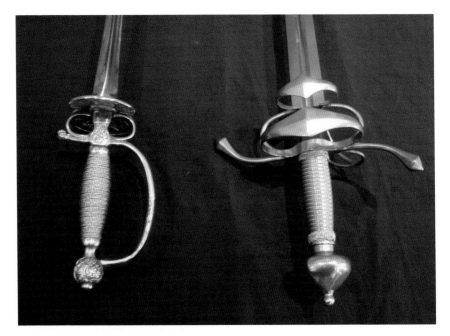

Left to right – Smallsword, Sidesword.

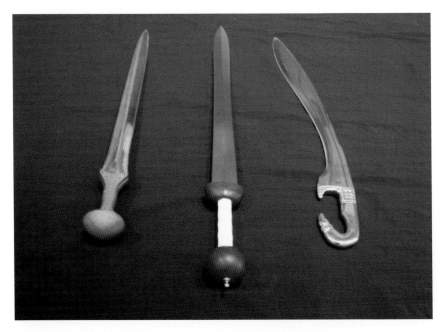

Left to right – Bronze Age Naue, Mainz Gladius, Iberian Falcata.

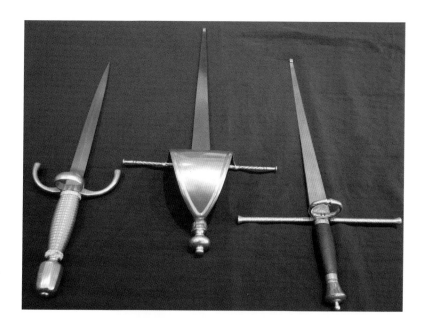

*Left to right –
Parrying Daggers.*

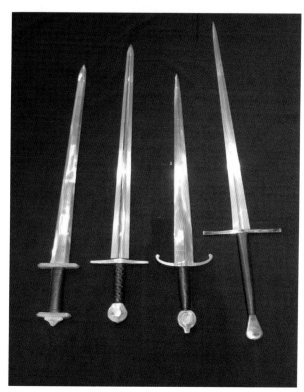

*Left to right – Viking Sword, Early
Medieval Sword, Late Medieval
Sword, Longsword.*

Left to right – Pole Axe, Halberd, English Bill, Winged Spear.

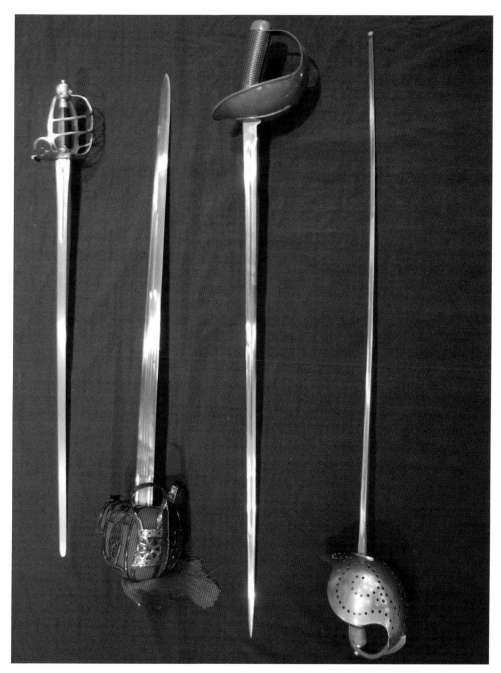

Left to right – Mortuary sword, Claymore, WW1 British Cavalry Sabre, German Mensur Sabre.

Rapier – Prima Guardia,
Agrippa.

Rapier – Seconda Guardia,
Agrippa.

*Rapier – Terza
Guardia, Agrippa.*

*Rapier – Quarta
Guardia, Agrippa.*

Rapier – Capo Ferro.

Rapier – Fabris.

Spanish Destreza, Principle Guard.

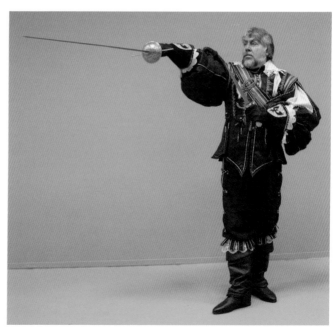

Spanish Destreza, Principle Guard with Dagger.

Rapier with dagger: Agrippa
– Prima Guardia.

Rapier with dagger: Agrippa
– Seconda Guardia.

Rapier with dagger: Agrippa – Terza Guardia.

Rapier with dagger: Agrippa – Quarta Guardia.

Ringeck – Alber (right side).

Ringeck – Alber (left side).

Ringeck – Der Ochs (right side).

Ringeck – Der Ochs (left side).

*Ringeck – Der Pflug
(right side).*

Ringeck – Der Pflug (left side).

Ringeck – Vom Tag (right side).

Ringeck – Vom Tag (left side).

Ringeck – Vom Tag (Alternate).　　*Sabre (side) – Prime.*

Sabre (Side) – Seconde.

Sabre (Side) – Tierce.

Sabre (Side) – Quarte.

Sabre (Side) – Quinte.

Sabre (Side) – Sixte.

Sabre (Side) – Septime.

Sabre (Side) – Octave.

Sabre – Mensur Guard.

Sabre – Prime.

Sabre – Seconde.

Sabre – Tierce.

Sabre – Quarte.

Sabre – Quinte.

Sabre – Sixte.

Sabre – Septime.

Sabre – Octave.

174

Smallsword – Prime.

Smallsword – Seconde.

Smallsword – Tierce.

Smallsword – Quarte.

Smallsword – Sixte.

Smallsword – Septime.

Smallsword – Octave.

Sword and Buckler – Marozzo.

Sword and Buckler – Marozzo.

Sword and Buckler – Marozzo.

Sword and Buckler – Marozzo.

Great Sword from Der Alten Fechter gründtliche Kunst – Hans Lebkommer.

*Dagger combat from Der Alten Fechter gründtliche Kunst – Hans
Lebkommer.*

Rapier, Gran Simulacro dell' Arte della Uso della Scherma – Ridolfo Capo Fero.

Rapier, Sienz e Practica d'Arme – Salvator Fabris.

Smallsword, L'Ecole Des Armes – Dominico Angelo.

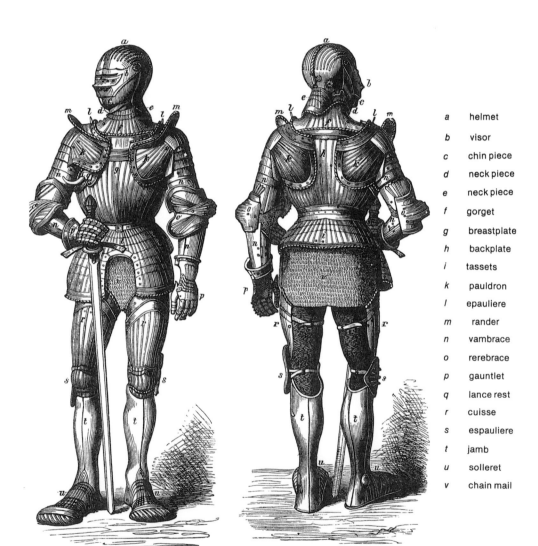

a	helmet
b	visor
c	chin piece
d	neck piece
e	neck piece
f	gorget
g	breastplate
h	backplate
i	tassets
k	pauldron
l	epauliere
m	rander
n	vambrace
o	rerebrace
p	gauntlet
q	lance rest
r	cuisse
s	espauliere
t	jamb
u	solleret
v	chain mail

The parts of armour.

BIBLIOGRAPHY

This bibliography is intended for use as a research reference source. In the case of original manuscripts, I cite only the title, author, date and city of publication. Many of the original manuals have been reprinted and their publishers can be located with the use of the Internet.

Agrippa, Camillo *Tratto di Scienza d'Arme* (Venice, 1604)

Alfieri, Francesco *Fero La Scherma* (Padua, 1640)

Angelo, Dominico *L'Ecole Des Armes* (London, 1763)

Angelo, Henry C. *Angelo's Bayonet Exercise* (London, 1857)

Angelo, Sydney *The Martial Arts of Renaissance Europe* (London and New Haven Press, Yale, 2000)

Baldrick, Robert *The Duel* (Spring Books, Chapman and Hall, London, 1965)

Bradbury, Jim *The Medieval Archer* (The Boydell Press, Woodbridge, Suffolk, 1983)

Brown, Terry *English Martial Arts* (Anglo-Saxon Books, 1997)

Burt, Payson *Of Paces: A Comprehensive System of Footwork for Stage Combat* (published by author, 1993–99)

Burton, Sir Richard F. *The Book of the Sword* (London, 1884)

Capo Fero, Rudolfo *Gran Simulacro dell' Arte e della Scherma* (Siena, 1610)

Caranca, Heronimo de *De la Philosophia de las Armas* (Lisbon, 1582)

Danzig, Peter von *Fechtbuch 1452* (n.p. Codex 44 A 8 Library of the National Academy, Rome, Italy)

Doebringer, Hanko *Fechtbuch 1389* (n.p. Codex 3227a, German National Museum, Nuremberg)

Edge, David & Miles, John *Arms and Armour of the Medieval Knight* (Bison Books Corp. 1988)

Fabris, Salvator *Sienza e Practica d'Arme* (Copenhagen, 1606)

Fairburn, Captain W. E. *Get Tough (British commando fighting technique of WWII)*, Paladin Press, Boulder Colorado, 1979)

Giganti, Nicoletto *Teatro* (Venice, 1606)

Girard, Dale Anthony *Actors on Guard* (Routledge, New York and London, 1997)

BIBLIOGRAPHY

Grassi, Giacomo di *His True Arte of Defence* (London, 1747)

Hobbs, William *Techniques of the Stage Fight* (Studio Vista Ltd, 1967)

Hobbs, William *Fight Direction for Stage and Screen* (A&C Black, London, 1995)

Hope, Sir William *Highland Swordsmanship – Techniques of the Scottish Sword Masters* (Rector, Mark & McBane, Donald, editors, Chivalry Bookshelf, 2001)

Howell, Jonathan *Stage Fighting – a Practical Guide* (The Crowood Press, 2008)

Hutton, Alfred *The Sword and the Centuries* (Grant Richards, London, 1901)

Labat, Toulouse *L'Art de L'Epée* (1690)

Lea, Henry Charles *The Duel and the Oath: treatise on judicial duels,* (University of Pennsylvania Press, Philadelphia, 1974)

Lebkommer, Hans *Der Alten Fechter grundliche Kunst* (Frankfurt am Main, 1529?)

Liancour, Andre *Le Maistre d'Armes* (Paris, 1686)

Liberi, Fiore *Dei Flos Duellatorum* (1410)

Lindholm, David, & Svard, Peter Knightly *Art of the Longsword* (Paladin Press, Boulder, Colorado, 2003)

McAleer, Kevin *Duelling – the Cult of Honor in Fin-de-Siècle Germany* (Princeton University Press, Princeton, New Jersey, 1994)

McBane, Donald *The Expert Swordsman's Companion* (Glasgow, 1728)

Manciolino, Antonio *Opera Nova* (Bologna, 1531)

Martin, Wierschlin Meister *Johann Liechtenauers kunst des fechtens* (Muenchener Text und Untersuchungen zur Deutschen Literatur des Mittelalters, 1965)

Marozzo, Achille *Opera Nova* (Venice, 1536)

Meyer, Joachim *Grundliche beschreibung der freyen ritter lichen und adelichen kunst des fechtens 1570* (Strasbourg)

Morton, E.D. *A–Z of Fencing* (Macdonald – Queen Anne Press)

Njal's Saga, *Egil's Saga, Grettir the Strong* (Magnus Magnusson translations, Penguin Books)

Oakeshott, Ewart *The Sword and the Age of Chivalry* (Boydell Press, 1964)

Osprey *Men at Arms* series, various titles, London

Reinhardt, Hank *The Book of Swords* (Baen Books, 2009)

Ringeck, Sigmund *Fechtbuch 1440* (C 487, State Library of Saxony, Dresden)

Sainct Didier, Henry de *Traicte Contenant les Secrets du Premier Livre sur l'Epee Seule* (Paris, 1573)

Saviolo, Vincentio *His Practice* (London, 1595)

Siddorn, J. Kim *Viking Weapons and Warfare* (Tempus Publications, 2001)

Silver, George *Paradoxes of Defence* (London, 1599. Reproduced by Falconwood Press)

Stone, George Cameron *A Glossary of the Construction, Decoration and Use of Arms and Armour* (Southworth Press, New York, NY, 1961)

Suddeth, J. Allen *Fight Directing for the Theatre* (Heinemann, Portsmouth, NH, 1996)

Taylor, Kim *Niten Ichi Ryu – The Sword of Musashi Miyamoto* (published by author, 2000)

Tibault, Gerard *The Academy of the Sword* (1628. Translation by Greer, John Michael, 1998)

Tobler, Christian Henry *Secrets of German Medieval Swordsmanship* (Chivalry Bookshelf, 2007)

Tokitsu, Kenji *Miyamoto Musashi – His Life and Writings* (Weatherhill, Boston, London, 2005)

Underwood, Richard *Anglo-Saxon Weapons and Warfare* (Tempus Publications, 2001)

Viggiani, Angelo *Lo Schermo* (Venice, 1575)

Wise, Arthur *The Art and History of Personal Combat* (New York Graphic Society, Arma Press, Greenwich, Connecticut, 1971)

Wolf, Tony *The Bartitsu Compendium* (www.lulu.com ID: 138834)

VIDEOS AND DVDs

de Longis, Anthony *Broadsword for the Stage and Screen* and *Rapier for the Stage and Screen* (Palpable Hit Productions, deLongis.com/PalpableHit/)

Martinez Ramon, *La Verdadera Destreza – The True Art and Skill of Spanish Swordsmanship* (Palpable Hit Productions)

Loades, Mike *The Blow by Blow Guide to Swordfighting in the Renaissance Style* (Running Wolf Productions, 1992)

McAsh, F. Braun *The Practice of Arms: Beginning Swordwork for Stage and Film* (Cord Productions, Ltd) and *The Actor's Blade* (distributed by author)

Masters of Defence (The Royal Armouries, Leeds, 1990)

Suddeth, Allen and Leong, David *Learning the Basics* (1) *Perfecting the Fundamentals* (2) *Mastering the Techniques* (Combat Masters International)

INDEX